Kinkel · Naemi, Ester, Raquel und Ja'ala

Tanja Kinkel

Naemi, Ester, Raquel und Ja'ala

Väter, Töchter, Machtmenschen und Judentum bei Lion Feuchtwanger

1998

BOUVIER VERLAG · BONN

Die vorliegende Arbeit wurde 1997 als Dissertation von der Philosophi-
schen Fakultät (Institut für Deutsche Philologie) der Ludwig-Maximilians-
Universität München angenommen.

Die Deutsche Bibliothek – CIP-Einheitsaufnahme

Kinkel, Tanja:
Naemi, Ester, Raquel und Ja'ala : Väter, Töchter, Machtmenschen
und Judentum bei Lion Feuchtwanger / Tanja Kinkel. -
Bonn : Bouvier, 1998

Zugl.: München, Univ., Diss., 1997

ISBN 3-416-02777-9

Für meinen Vater

Inhalt

Danksagung

Herzlichen Dank zuallererst an Herrn Prof. Dr. Klaus Kanzog von der Ludwig-Maximilians-Universität München, der mir neue Wissensgebiete nahebrachte, mein Studium tatkräftig begleitete und mit seinen Anregungen wesentlich zur Auswahl, Zielsetzung und Bearbeitung dieses Themas beitrug. Dank auch den Dozenten Dr. Edda Ziegler und Dr. Petra Dorsch-Jungsberger, den Professoren Jens-Malte Fischer, Prof. Dietz-Rüdiger Moser und Prof. Hans-Peter Bayerdörfer, die mir durch die Gestaltung ihres Lehrauftrags ein fruchtbares und befriedigendes Studium ermöglichten.

Ganz besonderer Dank gebührt den deutschen Kultureinrichtungen, die mir und anderen, Künstlern wie Forschenden, Förderungsaufenthalte weltweit ermöglichen. Ich wende mich hier stellvertretend an die „Freunde der Villa Aurora", repräsentiert u.a. durch Herrn Freimut Duve MdB und Frau Marianne Heuwagen, die mir zu einem längeren Aufenthalt in der Villa Aurora, Los Angeles, und damit zu einer ausführlichen und intensiven Forschung verhalfen.

Meine Arbeit dort wäre nicht so fruchtbar gewesen ohne die Mithilfe und Unterstützung von Marje Schuetze-Coburn, die mich bereits bei meinem ersten Besuch in Los Angeles betreute, und von Prof. Harold von Hofe, beide von der Feuchtwanger Memorial Library an der University of Southern California, Los Angeles.

Ihnen gilt mein herzlicher Dank ebenso wie Dagmar Spira und Martina Fischer, den Verwalterinnen der Villa Aurora, wie auch Herta Schultz, bei der ich während meines ersten Aufenthalts in Los Angeles wohnen konnte.

In Geduld und freundlicher Hilfsbereitschaft hat sich ebenfalls das Personal folgender Bibliotheken geübt: der Staatsbibliothek und der Universitätsbibliothek in München; für ihre Auskünfte danke ich weiter in der Theaterwissenschaftlichen Sammlung der Universität Köln Frau Dr. Hedwig Müller, Dr. Uwe Voigt von der Universität Bamberg, der Universität Hamburg mit dem Zentrum für Theaterforschung, Monacensia - Literaturarchiv, München, dem Drei Masken Verlag, München, dem Deutschen Literaturarchiv in Marbach, der Neuen Zentralstelle der Bühnenautoren und Bühnenverleger, Berlin, der Akademie der Künste in Berlin, sowie dem Börsenverein des Deutschen Buchhandels in Frankfurt, dem Archiv der Stadt Feuchtwangen und, stellvertretend für alle angesprochenen Theater, den Kammerspielen in München.

Der letzte und tiefste Dank kommt meinen Eltern zu. Der Enthusiasmus meines Vaters und die Geduld meiner Mutter trug wesentlich dazu bei, die Dissertation Realität werden zu lassen, und ich danke ihnen „auf den Knien meines Herzens".

Abstract

In Lion Feuchtwangers Romanen, Dramen, Essays und Vorträgen, insbesondere aber auch in seinen Romanentwürfen gibt es umfangreiches Material für sein Verhältnis zum Judentum, das er in erster Linie als geistig-literarische Tradition begreift, mit dessen politischer Entwicklung im 20. Jahrhundert er sich jedoch ebenso auseinandersetzt. Dabei kommt der Konfrontation von Feuchtwangers kosmopolitischem Ideal mit zuerst dem Zionismus und später dem neuen Staat Israel ein wichtiger Platz zu, der bisher von der Forschung kaum aufgearbeitet wurde.

Vier seiner weiblichen Figuren, ihre Verwurzelung in alttestamentarischen Quellen und literarischen Traditionen wie jener der „Schönen Jüdin" und ihr von ihm gestaltetes Verhältnis zu nichtjüdischen und jüdischen Machtmenschen ermöglichten es Lion Feuchtwanger, diese Auseinandersetzung in seine Romane einfließen zu lassen.

Seine sich im Laufe der Jahre durchaus wandelnden kritischen Positionen zur Macht, der Überlebensmöglichkeit der Juden in einer nichtjüdischen feindseligen Umwelt, aber auch zum Zionismus mit der sich abzeichnenden - später vollzogenen - Gründung des dritten jüdischen Staates mit seinen Auswirkungen kann hier am Beispiel der Naemi, Ester, Raquel und Ja'ala in den Romanen *Jud Süß*, der *Jüdin von Toledo*, *Jefta und seine Tochter*, sowie der bisher unveröffentlichten und hiermit neu in die Forschung eingeführten Entwürfe zu dem geplanten Roman *Ester* aus dem der University of Southern California eigenen Nachlaß Feuchtwangers nachgewiesen werden.

Vorwort

„Auffallend ist", schrieb Lion Feuchtwanger in einem nicht vollendeten Aufsatz über „Die Juden in der Literatur" sarkastisch, „dass die Weltliteratur, so widerwärtig die Mehrzahl ihrer jüdischen Männer ist, beinahe ausschliesslich sympathische jüdische Frauen zeigt. Es bleibt geradezu die Regel, dass der ekelhafte alte Jude eine anmutige Tochter hat."[1]

In seinen historischen Romanen, in denen jüdische Gestalten eine tragende Rolle spielen, setzte Feuchtwanger diese Tradition fort. Doch läßt schon die Tatsache, daß seine Väter - oder Vaterfiguren - dieser anmutigen jüdischen Töchter zum Zeitpunkt ihres Auftretens alles andere als „ekelhaft" erscheinen und daß er ihnen nicht zuletzt eine sexuelle Attraktivität zuschreibt, wie sie die Tradition sonst nur für jüdische Frauen bereithält, eine bemerkenswerte Variante erkennen, die auf das biblische Esther-Mordechai-Ahasverus-Dreieck zurückgeführt werden kann.

Die verschiedenen, zum Teil sehr detaillierten Entwürfe zu dem geplanten Roman *Ester*[2], sowie die Entwürfe zur *Jüdin von Toledo* und zu *Jefta*, beleuchten und vertiefen die Art, wie Feuchtwanger in den Romanen *Jud Süß*, *Die Jüdin von Toledo* und *Jefta und seine Tochter* durch die Figuren Naemi, Raquel und Ja'ala immer wieder eine gleichzeitig familiäre und erotisch aufgeladene Beziehung zu einem der Angelpunkte seiner Darstellungen von Juden in der Geschichte machte. Dabei muß die jeweilige Stofftradition ebenso berücksichtigt werden wie Feuchtwangers kulturelles Wissen, seine literarischen Vorbilder und die verschiedenen Stadien der Romane, zu denen gerade bei der *Jüdin* und bei *Jefta* eine Fülle bisher noch nicht genutztes Material vorliegt. Das Arbeitsmaterial zu *Jud Süß* ist mutmaßlich durch das Dritte Reich verlorengegangen, doch Feuchtwangers gleichnamiges Drama kann als Vorstufe betrachtet werden.

Auch der literarische Typus der „schönen Jüdin", dessen sich Feuchtwanger, wie nicht nur die anfangs zitierte Äußerung zeigt, sehr bewußt war, wird von ihm für die Gestaltung der Figuren Naemi, Ester, Rahel und Ja'ala genutzt. Die Einordnung dieser Charaktere in geschlechtsspezifische Rollen, in die Vater-

---

[1] Feuchtwanger, Lion: Die Juden in der Literatur, Manuskript, Los Angeles 1945, Monat und Tag unbekannt, im Feuchtwanger Memorial Library, USC, Los Angeles, S. 3.

[2] Feuchtwanger schrieb „Ester", nicht „Esther", wenn von der Heldin seines Romanentwurfes die Rede war; wenn er sich in veröffentlichten Werken auf die biblische Figur bezog, hielt er sich an die konventionelle Schreibweise. Dieser Unterscheidung bin ich gefolgt, wie auch seiner Schreibweise „Jefta" statt „Jephta" oder „Jephthah" (letzter wird z.B. von Luther gebraucht). Bei Zitaten aus seinen Arbeitsmaterialien ist außerdem ersichtlich, daß seine Schreibmaschinen im Exil amerikanische Modelle ohne Umlaute und ß waren; also „Suess" statt „Süß" bei entsprechenden rückblickenden Äußerungen, usw.

Tochter-Konstellation, ihre Polarisierung mit weiblichen Gegenfiguren und ihre symbolische Ausdeutung wirft ein Licht auf Feuchtwangers jeweiliges Verständnis der *conditio judaica*. Florian Krobb zieht für seine Untersuchung der literarischen Tradition der „Schönen Jüdin" ein Fazit, das ebenso als Feuchtwangers Ausgangspunkt beschrieben werden könnte:

„Zu Beginn der Entwicklung der Gestalt der ‚Schönen Jüdin' waren Shylock und seine Tochter Jessica noch Gegensätze; am Beginn des 20. Jahrhunderts teilt die Tochter des Juden das Schicksal ihres Vaters."[3]

Feuchtwangers Interpretation der „schönen Jüdin" und ihres Vaters verändert sich nicht nur mit dem jeweiligen historischen Hintergrund, den er wählt, sondern auch mit der Entwicklung der jüdischen Geschichte im 20. Jahrhundert; in der letzten Variation ist der Vater mit dem Machtmenschen eins geworden. Zur Ausdeutung von Stoffwahl und Interpretation ist es daher wichtig, Feuchtwangers eigenes Verhältnis zum Judentum ebenso zu berücksichtigen wie die Entwicklung des Zionismus und die Gründung des Staates Israel, die für den Hintergrund vor allem von *Ester* und *Jefta*, aber auch der *Jüdin* eine wichtige Rolle spielen.

---

[3] Krobb, Florian: Die schöne Jüdin. Niemeyer Verlag, Tübingen 1993, S. 259.

1. Forschungs- und Rezeptionsgeschichte

1.1 Jud Süß

Die marxistische Literaturkritik - die Feuchtwanger sonst eher wohlwollend gegenüberstand - tat sich gerade mit diesem Werk schwer. Georg Lukács wies mit seiner bahnbrechenden Studie über den historischen Roman den Weg, als er schrieb:

„Die Absicht ist jedoch in bezug auf die Gesamtfabel nicht gelungen und konnte nicht gelingen. Sie bestand darin, den Juden Süß vom Handeln zum Nichthandeln zu führen. Handeln, das war die fürchterliche Ausbeutung Württembergs mit Hilfe des zur Herrschaft gelangten Nebenzweigs der Dynastie. Wenn nun die Wendung vollzogen wird und Feuchtwangers Held den ‚indischen Weg' betritt, so erscheint in dieser Beleuchtung alles Vorangegange als eine Kette von Verirrungen, als etwas nebensächlich Episodisches. Dadurch aber entsteht die groteske und verzerrte Perspektive, daß das Schicksal eines ganzen Landes, das Schicksal von Millionen Menschen für die gleichgültige Kulisse der seelischen Umkehr eines jüdischen Wucherers wird, daß die bengalische Beleuchtung einer kabbalistischen Mystik und des Märtyrertodes, den Süß in ihrem Geist auf sich nimmt, den Abschluß einer Entwicklung bieten soll, in welcher wir ununterbrochen das Leiden und das Getretensein eines Volkes - wenn auch im Hintergrund - gesehen haben."[1]

Doch schon im einleitenden Kapitel seines Romans demonstriert Feuchtwanger am Beispiel des alten Herzogs Eberhard Ludwig und seiner Mätresse, daß Korruption und Ausbeutung des Volkes im Lande Württemberg schon herrschten, lange ehe Süß es betrat. Süß hat den Kapitalismus nicht erfunden, er praktiziert ihn nur besser und raffinierter als seine Vorgänger. Eindeutig bleibt jedoch, daß weder Süß noch sonst jemand unter den Normenträgern des Romans je ein Wort der Reue in bezug auf seinen Beruf äußert und daß das Volk höchst unschmeichelhaft zwar als bedauernswert, aber auch als manipulierbarer lynchwütiger antisemitischer Mob dargestellt wird. Deshalb blieb *Jud Süß* bei der DDR-Germanistik in Ungnade:

„Von der Themenwahl gesehen, stellt der Roman [*Jud Süß*] einen Rückschritt zum *Thomas Wendt* dar. [...] Der im Roman entwickelte Geist-Begriff wich von der Geist-Auffassung, wie sie H. Mann begriffen wissen wollte, erheblich ab, denn letzten Endes drohte er sich in Mystizismus zu verflüchtigen. Die Zentralgestalt beherrscht schließlich fast völlig das Geschehen - das trifft besonders auf den zweiten Teil des Werkes zu -, was folgerichtig zu einer unzulässigen Überbetonung der großen Einzelpersönlichkeit führen mußte, was Feuchtwanger eigentlich abbauen wollte. Darunter litt vor allem die Gestaltung der Volksmassen, die eine verzerrte Abbildung erfuhren, was allerdings noch auf andere Ursachen zurückzuführen ist."[2]

---

[1] Lukács, Georg: Der historische Roman. Aufbau-Verlag, Berlin 1955, S. 314 f.

[2] Rindfleisch, Ruth: Lion Feuchtwangers Josephus-Trilogie - Gestaltungsprobleme und Entwicklungstendenzen beim literarischen Erfassen der Held-Volk-Beziehungen im Roman mit

Wolfgang Berndts Studie, die in vielem noch der „bürgerlichen Literaturwissenschaft" verpflichtet ist, war die ausführlichste in der DDR zu diesem Thema: Sie analysiert - was spätere Untersuchungen nicht mehr tun - sehr sorgfältig sowohl Feuchtwangers Anregungen und Quellen, wie z.B. Manfred Zimmermanns *Josef Süß Oppenheimer*-Biographie, oder C.F. Meyers *Der Heilige*, als auch Feuchtwangers Drama als eine Vorstufe des Romans. Berndts Haupteinwand trifft Josef Süß als „Helden" des Romans; Süß, so Berndt, sei trotz seines Märtyrertods in einem solchen Ausmaß als Verbrecher charakterisiert, daß der Leser seine Hinrichtung unmöglich als Unrecht empfinden könne. Da er Feuchtwanger an mehreren Stellen gegen den von ihm zitierten Vorwurf (der aus zeitgenössischen Rezensionen stammt), philosemitische Propaganda geschrieben zu haben, verteidigt, bemerkt er zu der Darstellung der Juden:

„Betrachten wir die positiven Aussagen, die sich über das Judentum im Roman finden, so lassen sich diese im wesentlichen auf drei Punkte reduzieren. Es ist dies einmal die Zugehörigkeit dieser Menschen zu einer sehr alten Kultur, die zudem aus den Quellen östlicher Weisheit gespeist ist. [...] Die überlegene Klugheit und Geistesschärfe der jüdischen Menschen ist ein anderes Positivum, welches im Roman immer wieder variiert wird. [...] Endlich wird der imponierende Zusammenhalt innerhalb der Judenheit an vielen Beispielen aufgezeigt."[3]

Seine Inhaltsanalyse konzentriert sich vor allem auf die von Feuchtwanger vorgegebene Deutung des Wegs vom Tun zum Nichttun. Die politische Perspektive des Romans versucht Berndt durch die Feststellung zu präzisieren: „Der politische Hintergrund unseres Romans wird bestimmt durch den Zusammenstoß der zwei Welten: <u>Absolutismus und Demokratie</u>."[4]

Da aber die „Demokratie", wenn überhaupt, von den württembergischen Parlamentariern repräsentiert wird, fällt es Berndt schwer, positive „demokratische" Figuren in *Jud Süß* zu finden. Er meint resignierend: „Es ist offensichtlich, daß der Autor keinen inneren Zugang zur kleinbürgerlichen Welt der Parlamentarier hat"[5], erklärt dies jedoch durch den Hinweis auf die maroden Verhältnisse der Weimarer Republik, auf welche Feuchtwangers Darstellung der „demokratischen Organe Württembergs"[6] ziele.

Berndts Kommentare zur Rolle der weiblichen Figuren in *Jud Süß* bleiben allgemein gehalten und zielen eher auf die große Rolle der Sexualität in Feucht-

---

vergangenheitsgeschichtlichem Stoff des deutschen bürgerlichen Realismus von 1932/33 bis 1945. Dissertation, Greifswald 1969, S. 30 f.

[3] Berndt, Wolfgang: Die frühen historischen Romane Lion Feuchtwangers („Jud Süß" und „Die Häßliche Herzogin"). Dissertation. Humboldt-Universität, Berlin 1953, S. 97 f.

[4] Ebd., S. 99.

[5] Ebd., S. 102.

[6] Ebd., S. 102

wangers Romanen. Größere Aufmerksamkeit schenkt er Feuchtwangers Sprachstil, den er intensiv analysiert. Neben den Bavarismen und Inversionen sieht Berndt vor allem den manchmal als zu exzessiv von ihm empfundenen expressionistischen Gesamtstil als typisch für Feuchtwanger in seinen frühen Romanen an.

Feuchtwangers Art der Geschichtsbetrachtung in seiner Mischung aus Dialektik und Humanismus, die später nicht nur von marxistischer Seite aus kritisiert werden sollte, wird von Berndt noch positiv bewertet. So hält er abschließend fest:

„Dieses einsichtsvolle und einzig zeitgemäße Sowohl-als-auch, dieses Nebeneinander von alter und neuer Geschichtsbetrachtung, sowie die Verbindung dieser beiden Auffassungen durch die dialektische Methode kennzeichnet recht eigentlich die Originalität der Feuchtwangerschen Geschichtsdichtungen. Wenn unser Dichter heute Weltgeltung genießt [...], so liegt dieser Erfolg zweifellos nicht allein in der hohen künstlerischen Qualität seiner Werke, sondern sicher auch darin, daß seine Methode der Darstellung auf einem durchaus zeitgenössischen, für breite Lesermassen verbindlichen Weltbild beruht und einem allgemein empfundenen Bedürfnis nach übergeordneter Orientierung in der weltanschaulichen Auseinandersetzung unserer Tage entgegenkommt." [7]

W.E. Yuill stellt in *Jud Süss: Anatomy of a Best-Seller* von 1972 Feuchtwangers Roman zunächst vor den historischen Hintergrund, und hält fest, daß die moderne Forschung inzwischen sowohl das Ausmaß des Süß'schen Einflusses in Württemberg als auch Karl Alexanders Absichten hinsichtlich einer Verfassungsänderung wesentlich harmloser als Feuchtwanger einschätze. Dabei bleibt er völlig ohne die unsachliche Feindseligkeit, die später Klaus Harpprecht zeigt, wenn er Feuchtwanger die verantwortungslose Verfälschung historischer Daten vorwirft und den Roman irrtümlich als Vorlage für Veit Harlans Film sieht. „Such a sober view could not be expected to commend itself to the imaginative writer, for whom the traditional account is clearly more attractive." [8]

Anders als die Mehrzahl der übrigen Kommentatoren, nimmt Yuill Feuchtwangers Hinweis auf Rathenau sehr ernst und findet in den Schriften Rathenaus, vor allem in *Zur Mechanik des Geistes* oder *Vom Reich der Seele* das Thema von der Wandlung des „Zweckmenschen" durch den Prozeß der „Seelenwerdung" bereits vorgegeben. Wie Berndt analysiert er den hektischen Sprachstil von *Jud Süß* und stellt den Roman von Schreibtechnik und Charakterisierung her in den Kontext mit Feuchtwangers anderen Werken, wobei er allerdings übersieht, daß *Jud Süß* vor und nicht nach der *Häßlichen Herzogin* geschrieben wurde:

---

[7] Berndt, Die frühen historischen Romane Lion Feuchtwangers, a.a.O., S. 233 f.

[8] Yuill, W.E.: Anatomy of a Best-Seller, S. 115, in: Spalek, John (Hrsg): Lion Feuchtwanger: The Man. His Ideas. His Work. Hennessey & Ingalls. Los Angeles 1972, S. 113-130.

„In *Jud Süss* Feuchtwanger seems still to be fascinated by the drama of individual lives on the one hand, the conflict of universal moral attitudes on the other. The detailed political, social and economic implications of a given historical incident seem only to be dawning on him [...]." [9]

Auch Yuill sieht also, unabhängig von marxistischen Literaturkonzeptionen, in *Jud Süß* zuviel Betonung des Individuums und zu wenig sozialhistorischen Kontext. Sein Fazit bleibt ein wohlwollendes; er betrachtet *Jud Süß* als einen der großen Romane der 20er Jahre.

Wulf Köpke, der in *Jud Süß* den historischen Hintergrund des Stoffes gleichfalls berücksichtigt, konzentriert sich mehr auf die prägenden Einflüsse der Entstehungszeit auf Feuchtwanger. [10] Er zieht einen Vergleich zwischen der Weimarer Republik und dem Württemberg von Feuchtwangers Roman und meint:

„Es ist deutlich, daß Feuchtwanger die Buntheit, die Mischung von Lebenslust und Angst oder Unsicherheit, die allgemeine Labilität und Dynamisierung einer Übergangszeit genießt, in der die Dinge in Bewegung kommen und Menschen Gelegenheiten erhalten, die sonst in festen Verhältnissen nicht vorkommen können. Feuchtwanger ist in vieler Hinsicht ein Kind der Gründerzeit, und es ist typisch, daß die Inflation bis 1923, während der *Jud Süß* geschrieben wurde, anders als bei dem Bürger Heinrich Mann auf Feuchtwanger keineswegs traumatisch wirkte. Trauer um ererbtes und verlorenes Vermögen und den Verlust der wirtschaftlichen Sicherheit findet man bei ihm nicht." [11]

Hinsichtlich der vielfach kritisierten Erzählperspektive des Romans, der mangelnden Distanzierung, der vielen Nah- und Innenansichten, weist Köpke darauf hin, daß Feuchtwanger sich in späteren Romanen zwar um mehr Distanz bemüht, aber auch immer um die emotionale Beteiligung des Lesers gerungen habe. Er sieht *Jud Süß* durchaus nicht als so unterschiedlich von den späteren Romanen an und hält fest, daß das in diesem Roman vorgegebene Handlungsmuster bestimmend für alle Werke Feuchtwangers bliebe. [12]

Auf die Frage nach den jüdischen Aspekten des Romans geht Köpke nur am Rande ein; für ihn ist die diesbezügliche Aussage klar:

„[...] *Jud Süß* gibt das Beispiel jüdischer Selbsterkenntnis, das Beispiel, wie ein Mensch den eigentlichen jüdischen Weg findet. Den Juden wird eine andere Aufgabe zugewiesen als Nachahmung der Deutschen, als Assimilation: sie sollen die Synthese aus Okzident und Ori-

---

[9] Yuill, W.E.: Anatomy of a Best-Seller, a.a.O., S. 121.

[10] Wobei er die Rathenau-Parallele als „erst nachträglich akut [...] [er wurde im Juni 1922 ermordet]" flüchtig streift und zurückweist. Köpke, Wulf: Lion Feuchtwanger. Verlag edition text + kritik, München 1983, S. 80.

[11] Köpke, Lion Feuchtwanger, a.a.O., S. 81.

[12] Ebd., S. 83 f.

16

ent befördern, aus der die neue Zeit entstehen wird. Die Eingliederung in die deutsche Gesellschaft erscheint als temporäre, falsche, obwohl verständliche Verführung."[13]

Barbara von der Lühe konzentriert sich in „Lion Feuchtwangers Roman *Jud
Süß* und die Entwicklung des jüdischen Selbstbewußtseins in Deutschland"[14] dagegen, wie der Titel ihres Essays schon andeutet, vor allem auf den Roman im
Kontext der deutsch-jüdischen Geschichte. Sie gibt einen kurzen Abriß der Geschichte von Süß Oppenheimer bis zu Feuchtwangers Zeit und stellt die verschiedenen jüdischen Parteinahmen zur Frage der Assimilation vor: Orthodoxie,
Zionismus oder Integration, wie sie vor allem der „Centralverein deutscher
Staatsbürger jüdischen Glaubens" vertrat. „Wer sich als deutscher Staatsbürger
fühle und treu zum Vaterland stehe, könne mit Stolz auf die jüdische Identität
und die staatsbürgerlichen Rechte pochen. Selbstverteidigung im Lichte der Öffentlichkeit, hieß die Devise des C.V."[15]

Ausführlich schildert sie die jüdische Rezeption von Feuchtwangers Roman,
die wegen der Darstellung des Titelhelden, „so herb und erbarmungslos gezeichnet, daß kein Hakenkreuzler ihn in dieser Charakteristik übertreffen
könnte",[16] zwischen Bewunderung und Mißbilligung schwankte, und faßt
Feuchtwangers eigene Haltung zu Antisemitismus und Judentum zusammen.
Hinsichtlich der Gesamtaussage des Romans kommt sie zu dem Schluß:

„Feuchtwanger faßt diese drei Phasen jüdischen Lebens in Deutschland in ein Leben, in einem Schicksal zusammen: Mit dem Weg Joseph Süß Oppenheimers aus dem Ghetto, der völligen Assimilation an die nichtjüdische Umwelt und der Rückwendung zum Judentum vollzieht sich gleichnishaft die Geschichte der deutschen Juden seit der Zeit der Emanzipation.
Für Feuchtwanger ist nicht mehr die völlige Assimilation Ziel der jüdischen Bestrebungen,
so wie sie es für viele Juden seit dem Ende des 18. Jahrhunderts war, sondern jüdisches
Selbstbewußtsein, wie es Süß gegen Ende seines Lebens hat."[17]

Thomas Koebner stellt fünf verschiedene Interpretationsmuster vor: Der Roman
könne interpretiert werden 1) als ein historischer Politthriller, mit einem klassischen
Justizmord am Schluß; 2) als „die Geschichte einer problematischen Emanzipati-

---

[13] Köpke, Lion Feuchtwanger, a.a.O., S. 85.

[14] In erweiterter Form erschien dieser Essay auch als „Der Roman Jud Süß als ein Spiegel der
jüdischen Identität in der Weimarer Republik", siehe Bibliographie.

[15] Lühe, Barbara von der: Lion Feuchtwangers Roman Jud Süß und die Entwicklung des jüdischen Selbstbewußtseins in Deutschland, S. 41, in: Wolff, Rudolf (Hrsg.): Lion Feuchtwanger. Werk und Wirkung. Bouvier Verlag, Bonn 1984, S. 34-55.

[16] C.-V. Zeitung, IV. JG., Nr. 21, Berlin, 22.5.1925, S. 370.

[17] von der Lühe, Lion Feuchtwangers Roman Jud Süß, a.a.O., S. 51.

on"[18]; 3) als eine Heiligenlegende im Barock, mit weltlichem Irrweg, Bekehrung und Märtyrertod; 4) als eine Parabel von der Sinnlosigkeit der Macht und des Handelns, wobei Koebner auf das Dilemma aufmerksam macht, dessen Feuchtwanger sich später selbst bewußt wurde, nämlich der Frage, ob die Erfahrung des Dritten Reiches den Glauben an das Nicht-Handeln noch zuläßt; 5) als einen spezifisch jüdischen Beitrag zur Geschichte des Antisemitismus. Koebner stellt fest, daß Feuchtwanger zur Mystifizierung neige, wenn es um das Judentum gehe, und verweist auf die gegen Ende des Romans immer einseitigere Sympathielenkung, sowie auf die sprachlichen Mittel, mit denen sie geschieht und mit denen Süß' Gegner als lynchwütiger, triebunterworfener Mob dargestellt werden.[19]

Dabei übersieht Koebner jedoch den historischen Anspruch Feuchtwangers. Die Darstellung der sehr affektgeladene Hinrichtungsszene mit dem aufgeputschten Mob wird durch die damals im Umlauf befindlichen Flugblätter[20] gestützt, die ein wenig schmeichelhaftes Licht auf die Geisteshaltung der damaligen Württemberger werfen.

Daß *Jud Süß* bei seiner Erstveröffentlichung im angelsächsischen Sprachraum (1926) großen Enthusiasmus hervorrief, ist bekannt, doch auch aus der Retroperspektive, Jahrzehnte später, äußerten sich englische und amerikanische Rezensenten enthusiastisch:

„Impressive as the author's grip of his historical material is, however, what counts to an even greater extent in the reader's enjoyment is the art of the personal narrative. The figure who dominates the story, Josef Süss Oppenheimer, is a magnificent study of character. The slow uprooting and spiritual integration of the man is recorded with unfailing justice and understanding. [...] The whole conception of the character Süss rests on the inevitable nature of this gradual transformation. This in turn is the keynote of Herr Feuchtwanger's attitude to his own people."[21]

---

[18] Koebner, Thomas: Ein Denkmal für Jud Süß, Anmerkungen zu Feuchtwangers Roman, S. 96, in: Sternburg, Wilhelm von (Hrsg): Lion Feuchtwanger. Material zu Leben und Werk. Fischer Verlag, Frankfurt am Main 1989, S. 95-112.

[19] „Wenn auch dadurch geschützt, daß der Erzähler aus dem Blickwinkel des gepeinigten Helden erzählt, deklassiert er doch diese Menschen zu inhumanen Wesen, die nichts anderes als Furcht, Widerwillen und Totschlag-Affekte erregen. Er bedient sich eines höchst aggressiven Propagandamittels, um Angst und Abwehr zu erzeugen, [...] eines Mittels, das [...] in den zwanziger Jahren im politischen Kampf verbreitet war und später in der Nazi-Agitation ins Unerträgliche gesteigert wurde." Koebner, a.a.O., S. 108.

[20] Siehe z.B. Barbara Gerber: Jud Süß. Ein Beitrag zur historischen Antisemitismus- und Rezeptionsforschung. Hans Christians Verlag, Hamburg 1990.

[21] „Fifty Years On ...", London Times Literary Supplement, 7.1.1977; ein amerikanischer Rezensent äußerte sich ähnlich: „The book's hero has been called a great refined rascal, debauchee, grinder of the faces of the poor. But, he is a sympathetic fellow and his hanging

Auch Dramatisierungen und Verfilmungen interpretieren ihre literarische Vorlage und können stärker als die literarische Kritik das öffentliche Bewußtsein beeinflussen. So trug Ashley Dukes Stück *Jew Suess: A Romance*, die bekannteste und meistgespielte Dramenfassung von Feuchtwangers Roman wesentlich dazu bei, ihn im englischen Sprachraum bekannt zu machen.[22]

Deutliche philosemitische Akzente setzte Lothar Mendes Film *Jew Suess* (1934). Entgegen einem weitverbreitetem Mißverständnis basiert dagegen Veit Harlans Film *Jud Süß* (1940) nicht auf Feuchtwangers Roman, auch nicht in pervertierter Weise, wie Feuchtwanger selbst glaubte, der den Film nie sah und nur aus Beschreibungen kannte.[23]

1.2 Die Jüdin von Toledo

Feuchtwangers Spätwerk wurde bisher von der Forschung eher vernachlässigt, vor allem im Vergleich zu der *Wartesaal*-Trilogie. Die Rezeption des Romans *Die Jüdin von Toledo*, mit dem sich Feuchtwanger nach *Narrenweisheit* und *Goya* wieder dem jüdischen Themenbereich zuwandte, zeigt besonders deutlich die Diskrepanz zwischen der ursprünglichen Aufnahme bei der Kritik und der späteren Einschätzung, teilweise durch dieselben Kritiker. Sah Marcel Reich-Ranicki in der *Jüdin* bei ihrem Erscheinen noch ein „Meisterwerk deutscher Prosa"[24], so bezeichnete er sie wie auch die anderen Werke Feuchtwangers (mit Ausnahme von *Erfolg*) einige Jahrzehnte später als Trivialliteratur. Dabei stellt Reich-Ranickis ursprüngliche Kritik selbst unter den allgemein günstig gehaltenen Pressestimmen der Zeit in ihrem uneingeschränkten Enthusiasmus eine Ausnahme dar:

---

amid circumstances of fantastic terror will move the hearts of the staunchest upholders of morality. [...] Suss has sold his soul to the devil - that is, to say, for power. And, indeed, so has nearly everyone else in the book. [...] Feuchtwanger ist not the first author to delve into our fascinating Jewish past, our agelong sorrows, our devotion to the Word. But, it was Feuchtwanger who convinced the public that a novel, based on an actual Jewish historical figure, can be both an artistic and a financial success." Simons, Leonard: Feuchtwanger Classic reissued, in: The Jewish News 1984.

[22] In „Die Jud Süß-Dramatisierung von Ashley Dukes" behandelt James Ritchie dieses Stück ausführlich und vergleicht es mit Roman und Drama Feuchtwangers.

[23] Vgl. zu diesem Thema Siegfried Zielinskis Essay „Antisemitische Kulturware versus philosemitisches Kunstwerk: Aspekte einer Gegenüberstellung der Filme Jud Süß und Jew Suess (1934)". Außerdem Friedrich Knilli, Thomas Maurer, Thomas Radevagen, Siegfried Zielinski: Jud Süss. Filmprotokoll, Programmheft und Einzelanalysen. Verlag Volker Spiess, Berlin 1983. Sowie: Klaus Kanzog: „Staatspolitisch besonders wertvoll." Ein Handbuch zu 30 deutschen Spielfilmen der Jahre 1934 bis 1945. München 1994, S. 219 A, S. 227, Anm. 103.

[24] Reich-Ranicki, Marcel: Ein neues Meisterwerk deutscher Prosa, in: Neue Deutsche Literatur 4 (1956), S. 134-138.

„[E]s ist eine unerhört suggestive, plastische, klare und lebendige, sozusagen greifbare Vision. Alle Vorzüge der Epik Feuchtwangers leuchten in diesem Roman in hellstem Licht. Die Schilderungen zeichnen sich durch erstaunliche Schärfe und Präzision aus und zeugen des öfteren von geradezu beklemmender Vorstellungskraft. [...] Wir lernen Menschen kennen, die so und nicht anders denken und handeln, weil sie von der Umwelt, in der sie leben, so gestaltet und gebildet wurden. [...] Die Sprache ist ebenso knapp wie gerundet. Der Originalität und Kühnheit, Treffsicherheit und Klarheit der Metaphern kann man nur Bewunderung zollen. Die sorgfältig gemeißelte Diktion zeichnet sich durch einen nur Feuchtwanger eigentümlichen, unverwechselbaren scharfen Rhythmus aus. Die Ruhe und Sicherheit des Ausdrucks verbirgt niemals die innere, leidenschaftliche Anteilnahme des Dichters. Ich habe den Eindruck, daß Feuchtwanger in keinem seiner früheren Romane eine solche stilistische Reife und Vollendung erreicht hat."[25]

Manfred Jelenski dagegen lobte in der „Berliner Zeitung" Feuchtwangers Roman zwar, wies jedoch auf die „Schwäche" in „der Darstellung des Volkes, das eigentlich nur bei der Ermordung von Jehuda und Raquel in Erscheinung tritt".[26] Damit war der Tenor der meisten Besprechungen von marxistischer Seite vorausgegeben; insgesamt positiv, bemängeln sie die Darstellung des Volkes als manipulierbaren Mob und weisen auf die Problematik der Konzeption Alfonsos als einen zur Läuterung fähigen Feudalherrscher hin.

Im Gegensatz dazu verzichteten sowohl die westdeutschen als auch die britischen und amerikanischen Kritiken auf diesen Georg Lucács folgenden Ansatz. Sie stimmten weitgehend in der Einschätzung von Feuchtwangers Roman als einem Meisterwerk überein, zogen häufig einen für Feuchtwanger günstigen Vergleich mit Grillparzer, wiesen auf Parallelen zur Judenverfolgung des 20. Jahrhunderts hin (so z.B. Franz Schonauer in der FAZ vom 24.9.55) und bewunderten Feuchtwangers Beherrschung des historischen Hintergrunds. Die gelegentlich durchaus vorhandene Kritik richtete sich nicht auf Feuchtwangers Darstellung der gesellschaftlichen Kräfte, sondern auf seine Darstellung der Titelheldin Raquel, die nicht nur Richard Winston als „a somewhat shadowy beauty"[27] empfand. Die Charakterisierung Jehudas als zentraler Figur und des Friedens in einer kriegerischen Welt als zentrales Thema dagegen fand den Beifall der Rezensenten, doch an Feuchtwangers Sprachstil (von Arnold Künzli als „unpersönlich-kalt"[28] beschrieben) wurde gelegentlich Kritik geübt, was bereits auf die zukünftige germanistische Feuchtwanger-Rezeption vorausdeutete.

---

[25] Reich-Ranicki, Ein neues Meisterwerk deutscher Prosa, a.a.O., S. 136.

[26] Jelenski, Manfred: Über Frieden und Krieg, in: Berliner Zeitung, Nr. 144, 23.6.1956.

[27] Winston, Richard. Feuchtwanger Tells a Tale Of Old Spain Against Islam, in: New York Herald Tribune, 22.4.1958.

[28] Künzli, Arnold: Jüdisches Schicksal, in: Basler Nationalzeitung, 19.11.55.

„Er erzählt fließend, oft stürmisch, mit überströmender Kenntnis der kulturhistorischen Details. Aber ein persönlicher Stil und eine künstlerische Sprachform sind ihm nicht gegeben. Was er schreibt, ist Mitteilung, nicht Gestaltung."[29]

Victor Klemperer sah in der *Jüdin von Toledo* die Kulmination von Feuchtwangers Lebensphilosophie, und er wies darauf hin, wie sehr diese vom Geist der Aufklärung geprägt sei.[30] Die von Klemperer vorgeschlagene Deutungsmöglichkeit, die *Jüdin* als Feuchtwangers *Nathan der Weise* zu sehen, wurde später auch von Hans Wagener aufgegriffen,[31] der in seinem Essay ebenfalls die Lessing'sche Konstellation von Jehuda, Musa und Don Rodrigue hinweist. Er sieht den Roman als Synthese zwischen Feuchtwangers frühen, in *Jud Süß* ausgedrücktem Ideal von der Hinwendung zur betrachtenden, passiven Lebensweise und seinem späteren, in der *Josephus*-Trilogie sichtbarem Akzeptieren der Notwendigkeit des aktiven Handelns. Sowohl Handeln als auch Kontemplation kann laut Wagener in der *Jüdin* fatale Folgen haben, doch Handeln für den Frieden - was nicht in Form von Rebellion, sondern durch Überredung und notfalls Selbstaufopferung geschieht - bringt schließlich den ersehnten Fortschritt.

Für Wagener stellt Judaismus in der *Jüdin von Toledo* Pazifismus dar, vor allem im Gegensatz zu der christlichen Ritteridealen. Seine Gesamtbewertung des Romans ist sehr positiv; die Schwachstellen liegen für ihn in der Gewichtung der Figuren; Raquel, die Titelfigur, werde ebenso wie die übrigen Charaktere und die gesamte Handlung von Jehuda überschattet.

Die Kritik an Jehudas Dominanz erinnert an Georg Lukács *Jud-Süß*-Rezeption. Die Ähnlichkeit zwischen Jehuda und Süß fiel unter anderem Wulf Köpke auf, der auch eine thematische Verbindung zu Feuchtwangers nächstem Roman, *Jefta und seine Tochter*, sieht. Dabei knüpft er eine Beziehung zu Feuchtwangers Gesamtsicht der *conditio judaica*:

„Jehuda kehrt nach Toledo zurück, um wieder Jude zu sein, und er will sich als Jude, wenn auch im Dienst der Christen, durchsetzen. Das kann er nur, wenn er den Geist des Feudalismus überwindet, den Feuchtwanger auch im neuen Israel finden konnte. So sehr die Selbstverteidigung der Juden gerechtfertigt wird, sie ist doch nur für eine augenblickliche Krise gut und nicht als permanente Einstellung. Bei aller Modifikation bleibt dennoch Feuchtwangers Grundüberzeugung, daß das jüdische Problem sich nur zusammen mit dem Problem der Menschheit lösen läßt, d.h. durch eine gerechte Gesellschaftsordnung, durch den Schritt von

---

[29] Sieburg, Friedrich: Die Jüdin von Toledo, in: Die Gegenwart, Frankfurt a.M., 24.9.55.

[30] Klemperer, Victor: Der zentrale Roman Lion Feuchtwangers, in: Lion Feuchtwanger zum Gedenken: Von seinen Freunden auf der Heidecksburg. Greifenverlag, Rudolstadt 1958, S. 72-78.

[31] Vgl. Wagener, Hans: Lion Feuchtwangers Die Jüdin von Toledo, in: Spalek, a.a.O., S. 231-243.

der Unvernunft zur Vernunft, so daß die kriegerischen Maßnahmen vorläufigen Charakter haben müssen und das Ziel des universalen Friedens nicht ersetzen können."[32]

Wie Wagener sieht Köpke Raquel als farblos an und beschäftigt sich daher nicht weiter mit ihr. Norbert Rehrmanns Essay *Ein sagenhafter Ort der Begegnung* untersucht Feuchtwangers Roman in erster Linie vor dem historischen Hintergrund der *convivencia*, dem Zusammenlebens der drei Kulturen in Spanien. Neben dem Vergleich mit anderen, in erster Linie negativen literarischen Darstellungen der von Feuchtwanger gewählten Zeit gilt sein Hauptaugenmerk Feuchtwangers Handhabung der Vergangenheit als Utopie, seinem vorsichtigen Fortschrittsoptimismus. Dabei folgt er Berendsohn in der Analyse der für Feuchtwanger zentralen Begriffe „Vernunft" und „Fortschritt"; seine Untersuchung von Feuchtwangers Volksdarstellung verweist ebenfalls auf Berendsohn, mehr allerdings noch auf Georg Lukács in ihrer Kritik an der vorwiegend negativen, reaktionären Rolle, welche die unteren Schichten in Feuchtwangers Romanen spielen, im Gegensatz zu der differenziert gezeichneten intellektuellen Minderheit, die für den Fortschritt kämpft. Eine biographische Erklärung durch Feuchtwangers Herkunft und Lebenserfahrung wird vorgeschlagen.

Insgesamt läßt sich festhalten, daß die kritischen Auseinandersetzungen mit der *Jüdin von Toledo* sich in erster Linie auf die Gestalt des Jehuda und deren Relation zum zentralen Thema des Romans, dem Frieden, konzentrierten.

1.3 Jefta und seine Tochter

Feuchtwanger war in bezug auf die Rezeption seiner Romane grundsätzlich optimistisch und schrieb am 10.4.1958 an Arnold Zweig:

> „Der *Jefta* hat erfreulich tiefe Wirkung getan, eigentlich die stärkste seit *Jud Süß*. Ich selber hatte Zweifel, ob es mir gelingen werde, ein so abstraktes Thema wie den Kampf eines Mannes, der sich einen Gott nach seinem Ebenbild schafft, und die Wandlungen dieses Mannes und seines Gottes lebendig zu machen. Aber nach den Zuschriften der Leser und nach den Rezensionen in Ländern, die mir und meinem Werk nicht gerade günstig gesinnt sind, scheint es mir geglückt zu sein."[33]

Tatsächlich waren zwar nicht die Zuschriften der Leser, aber doch die lobenden Stimmen der Rezensenten eher selten. Die literarische Kritik in der DDR, die ideologisch immer starrer wurde, schon mit der *Jüdin von Toledo* ihre Schwie-

---

[32] Köpke, Lion Feuchtwanger, a.a.O., S. 157 f. „Die schöne Raquel [...] erscheint als Sinnbild der jüdischen Frau, die auch in der Hingabe an den Fremden ein Kind ihres Volkes bleibt und stolz stirbt, obwohl sie wie jedes Lebewesen den Tod fürchtet." In: Bücherschiff, F.a.M., 5. Jahrgang., Oktober 55, Nr. 10.; Lion Feuchtwanger, Spanische Ballade.

[33] Feuchtwanger, Lion: Brief an Arnold Zweig vom 10.4.58, in: Lion Feuchtwanger/Arnold Zweig: Briefwechsel 1933-1958, Bd.II. Fischer-Verlag, Frankfurt am Main 1986, S. 383.

rigkeiten hatte und es am liebsten gesehen hätte, wenn Feuchtwanger mit der *Narrenweisheit* aufgehört hätte, stieß sich an der Konzentration auf einige wenige Hauptfiguren:

„Kritisch muß hingegen vermerkt werden, daß Feuchtwanger das Leben des israelitischen Volkes zu einseitig darstellt. Das Hauptinteresse des Lesers wird auf Jefta konzentriert; militärische und politische Geschehnisse sind vordergründig nachgezeichnet. Aber die Lebensweise der Ackerbauern, Viehzüchter, Jäger und Handwerker wird kaum einmal berührt. Gerade in dieser Hinsicht werden die Grenzen des Realismus bei Feuchtwanger deutlich."[34]

In der Bundesrepublik hatte Joachim Kaiser ganz andere Schwierigkeiten mit dem Roman:

„Doch trotz all dieser Vorzüge ist Feuchtwanger kein großer, ja nicht einmal ein guter Roman gelungen. So glänzend die jeweilige Konstellation und Komposition, so unzureichend die sprachliche Verwirklichung. Oft scheint es, der Autor brauche wirklich nur noch zu pflücken, was die kunstvoll herbeigeführte Situation ihm zuwachsen läßt: Aber die Hand versagt, und eine haltlose Sprache läßt verdorren, was so reich hätte blühen können."[35]

Oskar Maria Graf war dagegen der Meinung, Feuchtwanger habe für diesen Roman den Nobelpreis verdient, und andere Rezensenten fanden weder an Sprache noch an Inhalt etwas auszusetzen. Robert Kirsch nannte *Jefta und seine Tochter* „easily the best work from his pen since the *Josephus* trilogy"[36], und der Rezensent der AZ befand:

„Der historische Roman war Feuchtwangers Herzensangelegenheit von jeher; was er sich unter historischem Roman ersehnte, den Vorstoss ins Zeitlos-Allgemeingültige, geht bei diesem neuen Buch in Erfüllung. [...] Selbst seine *Josephus*-Trilogie verblaßt gegen dieses Lapidarwerk."[37]

Eine selbst unter Freunden des Werkes einzigartige Reaktion kam von dem Germanisten Walter Berendsohn aus Stockholm, der nicht nur den Roman an sich, sondern auch die beiden Titelfiguren für Meisterwerke hielt: „Jefta ist eine monumentale Gestalt, Ja'ala die köstlichste Frauenfigur, die ihm gelungen ist."[38] Der letzte Satz von Berendsohns Rezension betont Feuchtwangers Judentum: „Feuchtwanger ist - wie weit er sich auch von der Orthodoxie entfernt

---

[34] Bonk, Jürgen: Jefta und seine Tochter, in: Berliner Zeitung am Abend (DDR), Nr. 299, 27.12.57.

[35] Kaiser, Joachim: „Am Rande der Sprache", in: Frankfurter Allgemeine Zeitung, Nr. 290, 14.12.57.

[36] Kirsch, Robert R.: „The Book Report". In: Los Angeles Times, 24.3.1958, Part III, S. 5.

[37] Kasch: „Ein junger Mann gibt Auskunft". In: AZ München, Nr. 285, 28.11.1957.

[38] Berendsohn, Walter A.: Ein biblischer Roman Lion Feuchtwangers. S. 5. Eigenhändige (mit Berendsohns Unterschrift versehene) fünfseitige Übersetzung seines Artikels „Biblisk Roman av Lion Feuchtwanger", Judisk Tidskrift Nr. 31, 1958, S. 28-30.

hat - ein treuer Sohn seines Volkes, wenn er den historischen Roman erneuert und uns in diesem Werk ein Stück jüdischer Frühgeschichte sehr nahebringt."[39] Insgesamt jedoch läßt sich festhalten, daß Feuchtwangers letzter Roman beim Publikum und in der Literaturwissenschaft auf keine große Gegenliebe stieß. *Jefta und seine Tochter* ist erst seit Mai '96 wieder im Buchhandel erhältlich, und bis auf die Dissertation von Peter Landshut-Martin fehlt bisher auch eine gründliche germanistische Untersuchung. Lediglich in Essays und Betrachtungen von Feuchtwangers Gesamtwerk fand *Jefta* Beachtung.

Eberhard Hilscher kritisiert das Buch vor allem als historischen Roman. Er weist darauf hin, daß Feuchtwanger Jefta in der falschen historischen Epoche angesiedelt habe (in der Zeit um 1100 kann von „Babels Herrlichkeit" keine Rede mehr sein),[40] und er mißt den Roman zugleich an Thomas Manns *Josephs-Tetralogie*.

„[W]elche großartigen Möglichkeiten hätten sich geboten, den Zauber einer anfänglichen Zivilisation auszubreiten, von west-östlicher Geistigkeit und den kuriosen Lebensweisen ferner Menschen zu erzählen. Zum Vergleich sei an die überaus reizvolle, kurzweilige Vergegenwärtigung der Echnaton-Nofretete-Epoche in Thomas Manns ägyptischen Josephsgeschichten erinnert."[41]

Hilscher täuscht sich allerdings, wenn er meint, der *Jefta*-Verfasser habe sich nie über den Mannschen *Joseph* geäußert. In seinem unvollendeten Aufsatz „Die Juden in der Literatur" schreibt Feuchtwanger:

„Gestalten aus der Bibel, wenn sie im Roman oder auf der Bühne erscheinen, tragen selten jüdische Züge [...]. Die Menschen [...] stammen gewöhnlich aus den Ländern ihrer Verfasser. [...] Der ‚Josef' [sic] Thomas Manns und die Menschen um ihn herum sind höchst lebendige Gestalten aus der Umwelt des Dichters ohne spezifisch jüdische Züge."[42]

Erinnert man sich hier an Feuchtwangers Auffassung, daß nichtjüdische Schriftsteller in der Regel Juden nicht darstellen können, ohne sie entweder zu verteufeln (Shylock) oder zu idealisieren (Nathan), oder eben nicht als Juden zu beschreiben, ist die Äußerung nicht unbedingt ein Kompliment an Thomas Mann.[43]

---

[39] Berendsohn, Ein biblischer Roman Lion Feuchtwangers, a.a.O., S. 5.

[40] Hilscher, Eberhard: Gottes Gegenspieler und Soldat. Lion Feuchtwangers Roman Jefta und seine Tochter. S. 265., in: Sternburg, Materialien, a.a.O., S. 263-277; das Essay erschien bereits 1960 im „Greifenalmanach".

[41] Ebd., S. 265.

[42] Feuchtwanger, Lion: Die Juden in der Literatur. Unvollendetes Manuskript von 1945, Feuchtwanger Memorial Library, USC, Los Angeles, S. 3 f.

[43] Zu den gelungenen jüdischen Charakteren der neueren Literatur zählt Feuchtwanger übrigens „Jakob Wassermanns ‚Juden von Zirndorf' [...] Schnitzlers ‚Professor Bernhardi',

Die Sprache des Romans findet Hilscher „oftmals einförmig und witzlos"[44]. Beachtenswert bleiben für ihn einige gelungene Kapitel, Feuchtwangers gute Absichten und eine durchaus lobenswerte Gesamtaussage („noch immer können wir aus dem Roman einen zeitgemäßen Appell an die Vernunft herauslesen").[45] Ungebrochen ist seine Sympathie für Feuchtwanger als Schriftsteller:

„Nach jahrzehntelanger Zurückhaltung gegenüber literarischen Experimenten wagte er am Ende ein Experiment. Es gelang nur unzulänglich; dennoch ist es uns liebenswert."[46]

1967 widmete Peter Landshut-Martin dem *Jefta* eine Dissertation[47], in der er das umfangreiche Arbeitsmaterial Feuchtwangers, die verschiedenen Entwürfe, Charakterisierungen und Fassungen, vorstellt. Dabei untersucht er auch die Quellen Feuchtwangers (die ihm Hilde Waldo noch persönlich nennen konnte), ihren Einfluß auf den Roman und Feuchtwangers gelegentlich von den Auffassungen geschätzter Sachbuchautoren abweichenden Ansichten, z.B. in bezug auf die Üblichkeit des Menschenopfers. Für die Entstehung und den Hintergrund von *Jefta und seine Tochter* steckt Landshut-Martins Dissertation den Interpretationsrahmen ab. Da er sich jedoch im wesentlichen darauf beschränkt, zu referieren, was er an Material vorfindet, bleibt für die Forschung noch viel zu leisten.

Robert C. Jespersen zeigt, wie Feuchtwanger, ohne von seiner biblischen Vorlage abzuweichen, deren Widersprüchlichkeiten und Unglaubwürdigkeiten durch eine Psychologisierung der Charaktere und ein Umarrangieren der Reihenfolge der vier biblischen Jefta-Episoden erreicht. Er betrachtet *Jefta und seine Tochter* in erster Linie als psychologische Charaktertragödie und kritisiert daher

„the author's attempt to expound his own sociological and theological views. Instead of concentrating exclusively on the psychological consequences of the hero's action, [...] he chooses to interrelate these with an expression of his concept of history and his concept of god."[48]

Das, was Feuchtwanger Zweig gegenüber als Hauptthema des Romans bezeichnete, ist für Jespersen also nur störendes Beiwerk. Auch Feuchtwangers Versuch, die biblische Atmosphäre des Romans durch das Einflechten von hebräischen Worten zu betonen, wird von ihm zwiespältig bewertet:

Feuchtwangers ,Jud Süss' und ,Josephus'"; Feuchtwanger, Die Juden in der Literatur, a.a.O., S. 6.

[44] Hilscher, Gottes Gegenspieler und Soldat, a.a.O., S. 273.

[45] Ebd., S. 272.

[46] Ebd., S. 273.

[47] Landshut-Martin, Peter John: Die Romantechnik bei Lion Feuchtwangers Jefta und seine Tochter. University of Southern California, Los Angeles 1967.

[48] Jespersen, Robert: Jefta und seine Tochter: The Problem of Credibility, in: Spalek (Hrsg.), a.a.O., S. 245-264. S. 253.

„It is questionable how effective these stylistic devices are. [...] It is almost as though Feuchtwanger is playing a game with us, testing our linguistic skills."[49]

Entgegen der 1972, im Jahr der Veröffentlichung des Essays sich bereits abzeichnenden Unpopularität von *Jefta und seiner Tochter* prophezeit Jespersen jedoch dem Roman insgesamt jedoch eine positive Zukunft:

„Nevertheless, *Jefta* may well become Feuchtwanger's most enduring work. Future readers may find its depth and simplicity more appealing than the breadth and complexity of the author's earlier novels."[50]

---

[49] Jespersen, Jefta und seine Tochter, a.a.O., S. 251.
[50] Ebd., S. 245.

2. Feuchtwanger und das Judentum

„Meine Eltern", schrieb Lion Feuchtwanger in dem autobiographischen Fragment „Aus meinem Leben", „hielten darauf, dass ich die umstaendlichen, muehevollen Riten rabbinischen Judentums, die auf Schritt und Tritt ins taegliche Leben eingreifen, minutioes befolgte. Die strenge Einhaltung der Speisegesetze und der Sabbat-Gesetze, die vielen langen, taeglich zu verrichtenden Gebete, der sehr haeufigen Synagogenbesuche, die zahllosen, umstaendlichen Gebraeuche spannten das Leben in einen verzweifelt engen Rahmen. Auch musste ich unter der Leitung eines Privatlehrers taeglich mindestens eine Stunde dem Studium der hebraeischen Bibel und des aramaeischen Talmuds widmen. Da die Anforderungen des Gymnasiums streng und hoch und da meine Eltern fuer mich ehrgeizig waren, hatte ich es nicht leicht. Von meinem zehnten Lebensjahr an tauchten in mir Zweifel auf, ob es Sinn habe, jene Riten zu befolgen, die das Leben so ungeheuer erschwerten und mich zum Gespoett meiner Mitschueler machten."[1]

Gleichzeitig betonen nicht nur er, sondern auch alle anderen Quellen die Assimilation der Familie Feuchtwanger im nichtreligösen Alltagsleben, die intensive Identifikation vor allem mit der regionalen Heimat Bayern.[2]

Für Feuchtwanger lag in diesem Umstand ein nicht immer überbrückbarer Widerspruch, wobei noch dazu kam, daß er gegen die familiäre Konventionalität rebellierte.

„Wiewohl ich mich mit meinen Schulkameraden gut vertrug, und wiewohl wir zu Hause unser Deutsch mit dem gleichen breiten, kraeftigen bayerischen Akzent sprachen wie alle anderen und am bayerischen Leben teilnahmen, so weit das die juedischen Braeuche eben zuliessen, fand ich mich von frueh an gruendlich verschieden von den anderen. Von meinen Eltern trennte mich der tiefe und jugendlich hochmuetige Zweifel an ihren Braeuchen und Meinungen, von meinen Lehrern und Kameraden trennte mich meine Vertrautheit mit allem, was juedische Theologie anging."[3]

Es fällt auf, daß diese Erfahrung - religiöse Orthodoxie, soziale Assimilation, persönliche Rebellion - von anderen deutsch-jüdischen Schriftstellern, die wie Feuchtwanger im späten neunzehnten Jahrhundert aufwuchsen, geteilt wurde. Die jüdische Religion bot keine akzeptable Sinngebung mehr; die jüdischen Gebräuche wurden oft als demütigend, da spottauslösend, empfunden. Jakob Wassermann äußert sich in *Mein Weg als Deutscher und Jude*:

„Was die [jüdische] Gemeinschaft anlangt, so fühlte ich mit ihr keinerlei tieferen Zusammenhang. Religion war eine Disziplin und keine erfreuliche. [...] Positiven Ertrag gab nur die Lektüre des Alten Testamentes, aber auch da fehlte die Erleuchtung, vom Gegenstand wie vom Interpreten her. Vorgang und Gestalt wirkten im Einzelnen [...], das Ganze zeigte sich

---

[1] Feuchtwanger, Lion: „Aus meinem Leben", Manuskriptentwurf, datiert 14.4.1954, Feuchtwanger Memorial Library, USC, Los Angeles. S. 2.
[2] So u.a. in: „Aus meinem Leben", a.a.O., S. 3.
[3] Ebd., S. 3.

starr, oft absurd, ja unmenschlich, und war durch keine höhere Anschauung geläutert. Vom Neuen Testament brach bisweilen ein Strahl herüber wie ein Lichtschein durch eine verschlossene Tür [...]. Die einzige Erquickung waren die deutschen Predigten eines sehr stattlichen blonden Rabbiners, den ich verehrte."[4]

Mein Weg als Deutscher und Jude erschien 1921, während Feuchtwanger sein autobiographisches Fragment im kalifornischen Exil verfaßte, was man selbstverständlich berücksichtigen sollte. Doch was bei Wassermann neben den Gemeinsamkeiten als Unterschied zu Feuchtwanger ins Auge fällt, ist ein mehr oder weniger bewußtes Minderwertigkeitsgefühl, soweit es die jüdische Identität angeht (an einer Stelle seiner Autobiographie vergleicht er sie mit Blatternarben[5]), und das um so stärkere Festhalten an der deutschen Identität. Bei einem weiteren Zeitgenossen, der für Feuchtwangers Schaffen wichtig werden sollte, Walther Rathenau, äußerte sich dieses Syndrom noch stärker, und beweist außerdem, wie weit verbreitet lange vor Hitler der Rassenwahn selbst im intellektuellen Bürgertum war. 1897, als junger Mann, schrieb er in einem seiner ersten veröffentlichten Aufsätze, *Höre Israel*:

„Inmitten deutschen Lebens ein abgesondert fremdartiger Menschenstamm, glänzend und auffällig staffiert, von heißblütig beweglichen Gebaren. Auf märkischem Stamm eine asiatische Horde... In engen Zusammenhang unter sich, in strenger Abgeschlossenheit nach außen - : so leben sie in einem halb freiwilligen, unsichtbaren Ghetto, kein lebendes Glied des Volkes, sondern ein fremder Organismus in seinem Leibe. Doch ich weiß [...], es sind Einzelne unter Euch, die es schmerzt und beschämt, Fremde und Halbbürger im Lande zu sein, und die sich aus der Ghettoschwüle in deutsche Waldes- und Höhenluft sehnen. Zu ihnen allein spreche ich. [...] Der Inbegriff der Weltgeschichte [...] ist die Tragödie des arischen Stammes. Ein blondes, wundervolles Volk erwächst im Norden. [...] Aber mit zunehmender Weltbevölkerung quellen die Fluten der dunklen Völker immer näher, der Menschenkreis wird enger. Endlich ein Triumph des Südens: eine orientalische Religion ergreift die Nordländer. Sie wehren sich, indem sie die alte Ethik des Mutes wahren. Zuletzt die höchste Gefahr: die technische Kultur erringt sich die Welt, mit ihr entsteht die Macht der Furcht, der Klugheit, der Verschlagenheit, verkörpert durch Demokratie und Kapital."[6]

Es gibt keine autobiographische Äußerung Feuchtwangers, die bezeugt, daß er in seiner Jugend unter derart vehementen Minderwertigkeitsgefühlen in bezug auf sein Judentum litt; im Gegenteil, bei aller Rebellion gegen die Orthodoxie war er zeitlebens stolz auf seine Vertrautheit mit Talmud, Kabbala und jüdischen Riten und konnte sich bereits in seiner Dissertation über Heines *Rabbi von Bacharach* nicht versagen, zu kommentieren: „Es finden sich denn auch

---

[4] Wassermann, Jakob: Mein Weg als Deutscher und Jude. Deutscher Taschenbuch Verlag, München 1994, S. 13 f. Erstausgabe S. Fischer Verlag, Berlin 1921.

[5] Ebd., S. 84.

[6] Rathenau, Walther: Höre Israel, zitiert in: Harry Graf Kessler, Walther Rathenau. Sein Leben und Werk. Fischer Taschenbuch Verlag, Frankfurt a.M. 1988, S. 42.

nur ganz belanglose Verstöße gegen die Wirklichkeit, die nur dem versierten Kenner jüdischer Gebräuche auffallen."[7]

Aber diesem Minderwertigkeitsgefühl ist er mindestens im Fall Rathenau zweifellos begegnet. Bemerkenswert bleibt hier, daß weder Feuchtwanger noch Wassermann noch Rathenau trotz mangelnder religiöser Bindungen eine Taufe in Erwägung zogen, obwohl die letzteren beiden sich durchaus vom Christentum angezogen fühlten und sie Feuchtwanger gerade zum Zeitpunkt seiner Promotion aus beruflichen Gründen nahegelegt wurde. Für Rathenau war es eine Frage der Solidarität: „Durch einen Glaubenswechsel hätte ich mich den Benachteiligungen entziehen können, doch hätte ich hierdurch nach meiner Überzeugung dem von den herrschenden Klassen begangenen Rechtsbruch Vorschub geleistet."[8]

Der religiöse Druck war, gerade in Bayern, zu Feuchtwangers Jugendzeit noch massiv und stärker durch alte Vorurteile als durch den Antisemitismus in seiner modernen Form geprägt, wie ihn der in Preußen aufgewachsene Rathenau erlebte. Martin Feuchtwanger berichtet in seiner Autobiographie über eine Dienerin:

„Einmal erzählte sie uns Kindern, als sie noch in ihrem Dorfe zu Hause gewesen sei, habe der Pfarrer einmal gesagt, die Juden seien Teufel, sie hätten Hörner und hinten einen Schwanz. Wir waren entsetzt und sagten: Ja aber wir sind doch alles Juden, Vater und Mutter und wir Kinder. - Unsinn, Schmarren, ihr seid Israeliten, Juden gibt es überhaupt nicht mehr, das steht nur in Büchern. Und jetzt setzt euer Kapperl auf, es ist Zeit für Mincha [das Nachmittagsgebet]."[9]

Ein anderes von Martin Feuchtwanger beschriebenes Ereignis erinnert stark an den „Scherz", den sich Karl Alexander in Wildbad gegen Süß erlaubt[10]:

„Eine andere Szene war die: Wir Buben waren im Ungererbad, einem riesengrossen Flussbad in München, wo es immer laut, lustig, lärmend zuging. Wir Buben waren in bester Stimmung, alles Judenbuben, hauptsächlich Feuchtwangerbuben. Neben uns auf der Wiese

---

[7] Feuchtwanger, Lion: Heinrich Heines „Rabbi von Bacharach". Fischer Verlag, Frankfurt a.M. 1985, S. 53.

[8] Rathenau, Brief an Frau von Hindenburg, zitiert in Kessler, Walther Rathenau, a.a.O., S. 56.

[9] Feuchtwanger, Martin: Israel. Undatiertes Manuskript, Tel Aviv; derzeit im Feuchtwanger Memorial Library, USC, Los Angeles, S.4. Später veröffentlicht als: Feuchtwanger, Martin: Zukunft ist ein blindes Spiel. Langen Müller, München 1989. Diese Szene findet übrigens eine überraschende Parallele in Wassermanns Memoiren: „Wir hatten in der Zeit nach dem Tod der Mutter eine treue Magd, die mich gerne hatte. [...] Ich entsinne mich, daß sie einmal, als ich ihr besonders ergriffen gelauscht hatte, mich in den Arm nahm und sagte: ‚Aus dir könnt' ein guter Christ werden, du hast ein christliches Herz!'." Wassermann, a.a.O., S. 19.

[10] Vgl. Feuchtwanger, Lion: Jud Süß. Drei Masken Verlag, München 1925, S. 95: „Aber der Prinz, gereizt gegen jedermann, wie er den Süß elegant [...] stehen sah, befahl plötzlich: ‚Neuffer! Otmann! Taufts den Juden! Er soll schwimmen lernen!'"

vergnügte sich ein anderer Trupp von Buben, ein wenig älter als wir, lärmender, ausgelassener, mehr turnerisch veranlagt als wir. Allmählich mischten sich die beiden Bubengesellschaften, wir lachten zusammen, sprangen zusammen ins Wasser, blieben zusammen. Auf einmal tuschelten zwei grosse Buben miteinander, sahen auf mich, sprangen auf mich zu, packten mich - Um den Kerl ist's wirklich schade. - Sie tauchten mich ins Wasser und riefen: Ich taufe dich im Namen des Vaters, des Sohns, des Heiligen Geistes. - Mit unserer Fröhlichkeit und Harmlosigkeit war es vorbei."[11]

Das Thema seiner Dissertation deutet bei Feuchtwanger ebenfalls auf ein Bewußtsein des „großen Judenschmerzes"[12] hin. Zwischen der Dramen- und Romanfassung des *Jud-Süß*-Stoffes, die gerade in der Gewichtung von jüdischer Solidarität und Antisemitismus bemerkenswerte Unterschiede aufweist, entsteht 1920 sein satirisches *Gespräch mit dem Ewigen Juden*. In dieser Glosse verarbeitet er nicht nur den wachsenden Antisemitismus in München, sondern karikiert auch die offensichtlich bereits zu diesem frühen Zeitpunkt in Bayern öffentlich unangenehm in Erscheinung tretenden Nationalsozialisten:

„‚Markgenossen, Gaubrüder', sagte der Ewige Jude, ‚wir kommen vom Thema ab. Wir müssen vor allem einen Titel finden.' Nun schwirrten Titel durcheinander: ‚Die eiserne Rute - Das Odinsauge - Der hinkende Gaubote - Der Einäugige - Generalanzeiger der Nibelungen - Das tönende Ochsenhorn - Der zielbewusste Bärenhäuter.' Endlich vermochte Dr. Rindleder mit seinem Vorschlag durchzudringen: ‚Die Faust der Wahrheit'. ‚Ich mache euch darauf aufmerksam, Gaugenossen', führte er aus, ‚dass in diesem Namen nicht nur der Tatendurst des Germanen symbolisiert wird, sondern auch sein faustischer Drang. [...]'"[13]

Auch zukünftige literarische Themen klingen hier schon an:

„‚Der geistige Kitt der Welt zu sein', sagte er, ‚mit ihrem Blut die Welt zu düngen, immer gab es so viele unter den Juden, die sich klar und bewusst diese Aufgabe gestellt haben.' Er lächelte. ‚Und die mir meine Aufgabe so schwer gemacht haben. Zuletzt und am entschiedensten Mendelsohn. Aber schon viel, viel früher. Denken Sie an den Juden Alexander, den sie Flavius Josephus nennen. Denken Sie an den Minnesänger Süsskind von Trimberg -' Jetzt wusste ich bestimmt, dass wir nicht allein im Zimmer waren. Ein ganzer Schwarm von Gestalten, [...] nie von mir gesehen und mir doch bekannt, war da [...]; es waren Juden und waren doch keine Juden. Da war der griechische Livius, Flavius Josephus, da war Abraham ibn Sahl, der grosse Liebessänger der Araber, da waren mittelalterliche Franzosen und Spanier und Italiener. Ganz nah aber an mir und [...] mir sehr bewusst und vertraut, war jener arme Minnesänger aus der Manesseschen Liederhandschrift mit den traurigen Augen und dem grossen spitzen Judenhut, der Jude Süsskind von Trimberg [...]. In allen Zungen sprach

---

[11] Feuchtwanger, Martin, Israel, a.a.O., S. 23.

[12] U.a. von Heine, Börne und Rahel Varnhagen gebrauchter Ausdruck, den Feuchtwanger in seiner Doktorarbeit zitiert (Feuchtwanger, Lion: Heinrich Heines „Rabbi von Bacharach", a.a.O., S. 99).

[13] Feuchtwanger, Lion: Gespräche mit dem Ewigen Juden. Manuskript 1920, S. 18, Feuchtwanger Memorial Library, USC (ist auch in „Centum Opuscula" und in seinem Stück „Marianne in Indien" enthalten).

es, in allen Rhythmen sang es; alles, was die Phantasie der Völker je bewegt, war da und wo hinüber, herüber durch diese jüdischen Meister, und es war ihr Klang, den es tönte, und ihre Farbe, die glänzte." [14]

Zeit seines Lebens, auch wenn er sich immer mehr der Problematik dieser Deutung bewußt wurde, sah Feuchtwanger die Juden aller Nationen als „geistigen Kitt der Welt", als Bindeglied zwischen Ost und West. Vor 1933 betonte er in Artikeln wie „Der historische Prozeß der Juden" [15] und „Von der Friedensbewegung der Juden" [16] diese vermittelnde Mission, die außerdem den anderen Völkern den Weg vom Nationalismus zum Weltbürgertum, von der Kriegsverherrlichung zum Pazifismus, den die Juden schon gegangen seien, weisen sollte.

„Wir Juden, *unter den noch lebenden Völkern Europas das älteste*, seinerzeit im eigenen Land gestellt zwischen Europa und Asien, wir haben vom Westen Aktivität, Tatendurst übernommen, vom Osten die große Friedenslehre, die Sehnsucht nach der Seligkeit des Nichttuns. Wir Juden, die Lockungen kennend des Krieges und des Friedens, bewandert in der Gewissensschwere des Betrachtenden und in der Gewissenlosigkeit des Handelnden, wir Juden scheinen vor den anderen berufen, die Zeit des Friedensmenschen vorzubereiten. [...] Wenn heute die meisten Frontsoldaten Friedensverkünder sind, so dürfen wir mit einem Körnchen Salz sagen, dass die Mehrzahl der Juden schon durch Abstammung und Geburt Menschen sind, die den Krieg erfahren und überwunden haben." [17]

Feuchtwangers hier deutliche Tendenz, Juden in erster Linie als Intellektuelle und Friedensmenschen zu sehen, fiel auch diversen Rezensenten seiner Werke auf, die seinen Hang dazu, eine geistige Elite einer höchst ungeistigen Volksmasse gegenüberzustellen, mit in Verbindung brachten. Nicht zu leugnen ist, daß sämtliche Aufgaben, die Feuchtwanger zu diesem Zeitpunkt für Juden vorschwebten, geistiger Natur waren; in Palästina das Land fruchtbar zu machen, gehörte nicht dazu, und kam ihm im Gegenteil wie ein Rückschritt vor.

Das erzwungene Exil veränderte Feuchtwangers Haltung nicht sofort, zumal er, wie viele der emigrierten Schriftsteller (z.B. Heinrich Mann), Hitler und den Nationalsozialismus zunächst für ein kurzfristiges Übel hielt. Dessen ungeachtet war er sich der unmittelbaren Konsequenzen für die deutschen Juden sehr bewußt und brachte das auch zum Ausdruck. [18]

---

[14] Ebd., S. 25.

[15] Manuskript der Feuchtwanger Memorial Library, erschienen in englischer Übersetzung als „The Trend of the Jews" in New York Herald Tribune vom 14.9.1930.

[16] Gemeindeblatt der Jüdischen Gemeinde zu Berlin, 21. Jahrgang, August 1931, Nr.8, S. 1-2.

[17] Feuchtwanger, Lion: Von der Friedensbewegung der Juden, .a.a.O., S. 2.

[18] Wenn René Zeyer in seiner Dissertation behauptet, Feuchtwanger habe sich, mit Ausnahme eines Vorwortes für eine französische Publikation, nie direkt zu den Verfolgungen der Juden im Dritten Reiches geäußert, so entspricht das nicht den Tatsachen. Vgl. Zeyer, René: Lion Feuchtwangers historischer Roman: Copy Quick, Zürich 1985, S. 21.

Bereits 1933 hielt er in London eine Rede, in der er die verzweifelte Lage der deutschen Juden eindringlich schilderte und um internationale Hilfe bat. Prophetisch sagte er: „Aber es ist nun einmal so, das [sic] dieser Punkt, die Ausrottung der Juden, eine der wichtigsten Programmpunkte der Nazis ist und jedenfalls der Einzigste, den sie durchführen können."[19]

Angesichts der sich schon früh abzeichnenden Rassenpolitik des Dritten Reiches und verstärkt nach den „Nürnberger Gesetzen" von 1935 erschien ihm politisches Handeln geboten. Das erste (außerliterarische) Zeichen, daß auch Feuchtwangers Einstellung zum Thema Nationalismus sich allmählich änderte, findet sich in einem 1936 in der Exilpresse erschienenem Artikel:

„Der übersteigerte Individualismus der Juden, ihre Scheu vor Dogmen, dazu ihre übernuancierte Geistigkeit, hat sie verhindert, sich wirkungsvoll zu organisieren. Wenn man von der Notwendigkeit einer solchen Organisation spricht, dann weisen viele darauf hin, dass es doch bis jetzt ohne eine solche Leitung gegangen sei, und dass die Stärke der Judenheit gerade in dieser ihrer Weichheit und Schmiegsamkeit liege. Auch darauf wiesen diese Vielen hin, dass, wenn die Not es erfordere, der Zusammenhalt unter den Juden ohnedies überaus stark sei, eine Tatsache, die gerade die Gegner betonten und fürchteten. Diese Argumente sind nicht stichhaltig. Gewiss, es beweist die Kraft der jüdischen Idee, dass sie die Juden bisher auch ohne Organisation zusammenhielt. Aber wieviele sind abgesplittert infolge des Mangels einer solchen Organisation, welch ungeheuren leiblichen und geistigen Schaden hat die Judenheit durch diesen Mangel erlitten. Ereignisse, wie diejenigen, die wir mit ungläubigem Schrecken in Deutschland erleben mussten, die wütigen Angriffe eines Vielen-Millionen-Haufens auf die winzige hochkultivierte jüdische Minorität, wären unmöglich gewesen, wenn es eine aktionsfähige jüdische Organisation gegeben hätte. [...] Wenn die Gruppe der Juden nicht rettungslos atomisiert werden will, muss sie sich eine legitime, von der Welt anerkannte Gesamtvertretung schaffen. Wirksamstes Mittel dazu ist der jüdische Weltkongress."[20]

Brecht äußerte zu dieser Zeit die Befürchtung, der im Entstehen begriffene zweite Teil des *Josephus* könne „zu jüdisch-chauvinistisch" ausfallen, und schloß vorwurfsvoll: „Ich möchte hören, was geschähe, wenn ich den Durchzug der Cherusker durch den Teutoburger Wald... [sic]".[21]

---

[19] Feuchtwanger, Lion: German Jews. Am 21. Dezember 1933 im Savoy Hotel in London gehaltene zwölfseitige Rede, Feuchtwanger Memorial Library, USC, Los Angeles, S. 2.

[20] Feuchtwanger, Lion: „Der Weg zur Weltvertretung", Pariser Tageszeitung, 26.5.36, S. 1.

[21] Brecht an Lion Feuchtwanger, 18.1.1935, in: Hofe, Harold von und Sigrid Washburn (Hrsg.): Lion Feuchtwanger. Briefwechsel mit Freunden 1933 - 1958, Bd. I, Aufbau Verlag 1991, S. 30. Feuchtwanger antwortet: „Ich habe erlebt, daß Leuten, die mit orthodoxer Querköpfigkeit darauf beharrten, eine nationalökonomische Doktrin sei der einzige des Dichters würdige Gegenstand, hier trotz allem langsam die Kruste schmolz. Hermann den Cherusker zu machen ist auch so ein alter Plan von mir. Wollen wir es zusammen machen? Sie steuern das Marxistische und das Rassische bei, ich das Menschliche, Piscator macht einen Film daraus, Weill schreibt die Musik, und wir teilen die Tantiemen." Lion Feuchtwanger an Brecht, 16.2.1934, in: Hofe, Lion Feuchtwanger, a.a.O., S. 31.

Obwohl - oder weil - sein Vater ein Anhänger Theodor Herzls war, hatte Feuchtwanger vor 1933 dem Zionismus eher skeptisch gegenüber gestanden. Nach der Machtübernahme durch Hitler warnte er vor „eine[r] Art jüdischer Hitlerei".[22]

Ein typisches Beispiel seiner damaligen Einstellung zu diesem Thema zeigt folgendes Zitat:

„Sehr oft sind einzelne Juden vor dem Problem gestanden, welchen Weg sie einschlagen sollten, den der Macht oder den des Geistes. [...] Wir Juden, als wir Palästina das erste Mal eroberten, [...] vernichteten und versklavten die Urbevölkerung und wohnten in Städten, die wir nicht gebaut hatten. Später haben wir sehr bittere Erfahrungen machen müssen, als die anderen uns ausrotteten und uns versklavten und sich in die Städte setzten, die wir gebaut hatten. Heute stehen wir mitten in der dritten Eroberung von Palästina. Soll diese Eroberung erfolgen, soll sie Sinn haben, dann muss sie mit anderen Mitteln durchgeführt werden als mit denen der Gewalt. Das Dritte Israel hat nichts gemein mit dem Dritten Italien, nichts mit dem Dritten Reich der Deutschen. [...] Denn dies ist das Einzigartige des wahren jüdischen Nationalismus: sein Sinn ist, sich selber zu überwinden. Im Gegensatz zu jedem anderen Nationalismus strebt er danach, nicht sich zu konsolidieren, sondern sich aufzulösen."[23]

Je mehr sich jedoch abzeichnete, daß Hitler in Deutschland seine Macht stabilisieren konnte und seine Machtpolitik unweigerlich zur Expansion in Europa führen mußte, desto mehr änderte sich Feuchtwangers Haltung zum Thema Zionismus. Von der Idee einer jüdischen Weltvertretung kam er dazu, auch ein Heimatland für die Juden für notwendig zu halten, und äußerte sich 1940 während der Weltausstellung in New York in einer Rede, die er im Palästina-Pavillon hielt:

„Wie manchen von Ihnen bekannt sein wird, hat mich in meiner Trilogie ‚Josephus' vor allem jene Auffassung des Judentums beschaeftigt, die nach der Zerstoerung des zweiten Tempels entstand. Ich habe versucht, mich einzufuehlen in den kuehnen Plan und die grossartigen Ideen jener Doktoren, die da glaubten, es koenne ein Volk zusammen gehalten werden auch ohne Staat durch gewisse gemeinsame Gebraeuche und Ueberzeugungen, durch einen gewissen consensus omnium in bezug auf die wichtigsten Fragen des Seins. In diesen letzten Jahren habe ich mich manchmal gefragt, ob nicht vielleicht doch die Repraesentanten eines solchen mutigen Idealismus recht behalten wuerden gegen die Verfechter der Idee eines realen juedischen Staates. Der Krieg, in dem wir jetzt stehen, zeigt, dass dauerhafte menschliche Bindungen nicht geschaffen werden koennen ohne gesunde materialistische Basis. Sie moegen sagen leider, Sie moegen sagen gluecklicherweise, dieses eine Ergebnis des Krieges steht fest: ein Volk welcher Art auch immer [...] kann nicht bestehen in dem luftleeren Raum, in dem nur Ideen wohnen [...]. Ein Volk muss Boden haben, auf dem es stehen kann, einen Staat. In meinem *Josephus* tut einer der Fuehrer des juedischen Aufstandes den frechen oder vielleicht auch tapferen Ausspruch: So gewiss Judaea nicht leben kann ohne Gott, so gewiss

---

[22] Feuchtwanger, Lion: Nationalismus und Judentum, in: Lion Feuchtwanger und Arnold Zweig: Die Aufgabe des Judentums, Verlag des Europäischen Merkurs, Paris 1933, S. 5-44, S. 12.

[23] Ebd., S. 40 f.

kann Gott nicht leben ohne Judaea. Der Krieg, scheint mir, hat diese materialistische Ueber-
zeugung nicht nur in mir, sondern auch in vielen anderen wieder wach werden lassen. Der
Krieg hat ausserdem eine psychologische Situation unter den Juden geschaffen, dazu angetan,
der Idee Zion auf Jahre, wahrscheinlich auf Jahrzehnte hinaus, neues Leben zu geben. Er hat
Millionen von Juden gezwungen, sich mit dem Problem Judentum neu auseinanderzusetzen.
[...] Hunderttausende sind fest entschlossen, nicht mehr in die Laender zurueckzukehren, aus
denen man sie verjagt hat [...]. Sie wollen zu ihresgleichen, sie haben erkannt, wohin sie
gehoeren; sie wollen nach Palestina."[24]

Feuchtwangers Freund Arnold Zweig, der zu diesem Zeitpunkt gerade die politische Realität in Palästina erlebte und ihm zunehmend desillusionierte Briefe
schrieb, versuchte Feuchtwanger zwar zu überreden, Erez Israel mit eigenen
Augen zu sehen, ließ aber gleichzeitig durchblicken, daß das, wonach er
[Zweig] sich eigentlich sehnte, seine Heimat, das Deutschland vor dem Dritten
Reich war. Feuchtwanger selbst - dessen Beschreibungen Judäas in der *Josephus*-Trilogie und später im *Jefta* zu den emotionalsten deskriptiven Passagen
seines Gesamtwerks zählen - spielte zwar hin und wieder mit dem Gedanken,
Palästina - später den Staat Israel - zu besuchen. Aber mit Anbruch der
McCarthy-Zeit kam für ihn überhaupt keine Auslandsreise mehr in Frage, und
schon vorher zeigte er eine Scheu, die ein wenig der von Karl May vor einer
tatsächlichen Amerika- oder Orientreise glich:

„Ich möchte mir meine Grundanschauung von dem Land nicht verderben lassen durch die
zufällige Augenblickswirklichkeit seiner Bewohner, vor allem nicht, solange der *Josephus*
nicht unter Dach ist. Ich sehe zu meiner Freude, daß eine Menge kompetenter Beurteiler
mein Galiläa des ersten Teils erstaunlich echt finden. Ich glaube nicht, daß ich aus der Wirklichkeit des Landes sehr viel werde zulernen können."[25]

Insgesamt teilte er wohl die Meinung, die er in der *Jüdin von Toledo* Benjamín
äußern ließ: „Auf Zion zu hoffen, ist besser und macht das Leben reicher, als
Zion zu haben."[26]
Mit der Gründung des Staats Israel stand Feuchtwanger jedoch vor dem Problem, daß Zion nun tatsächlich ein drittes Mal, auf Kosten eines anderen Volkes, erobert worden war und daß die kosmopolitische Sendung, die er als jüdisches Ideal sah, durch die Geschichte überholt zu sein schien. Seine Überlegungen zu diesem Thema schlugen sich literarisch in dem *Ester*-Fragment, der *Jüdin von Toledo* und in *Jefta und seine Tochter* nieder. Er hatte Jahrzehnte hindurch in Artikeln auf die Schwierigkeit hingewiesen, zu definieren, was eigent-

---

[24] Feuchtwanger, Lion: „Palestina", Rede im Palästina Pavillon auf der Weltausstellung New
York 1940, S. 1.
[25] Feuchtwanger, Lion: Brief an Arnold Zweig vom 5.11.34, in: Lion Feuchtwanger/Arnold
Zweig: Briefwechsel 1933-1958, Bd.I. Fischer-Verlag, Frankfurt am Main 1986, S. 68.
[26] Feuchtwanger, Lion: Die Jüdin von Toledo. Aufbau Verlag, Berlin 1955, S. 279.

lich „jüdisch" sei[27], und hatte für sich selbst die Antwort gefunden, es sei im wesentlichen eine geistig-literarische Tradition. Daran hielt er bis zu seinem Tod fest. In einem seiner letzten publizierten Äußerungen zu dem Thema heißt es:

„Der jüdische Schriftsteller, der heute historische Romane schreibt, fühlt sich tief bestätigt durch das Bewußtsein, daß er die großartigste literarische Tradition fortführt, welche der Erdkreis kennt: die der Bibel."[28]

Soweit es die Forschung anging, wurde Feuchtwangers jüdische Herkunft in fast allen Interpretationen seiner Werke berücksichtigt; einige Aufsätze und Untersuchungen widmen sich speziell diesem Thema. Die bisher ausführlichste Analyse in Verbindung mit Feuchtwangers Schaffen gibt Matthias Büdinger in seiner Magisterarbeit „Lion Feuchtwanger und das Judentum", in der er zu der Schlußfolgerung kommt: „Feuchtwangers Selbstverständnis als Autor historischer Romane setzt sich aus den [...] säkularisierten Elementen der jüdischen Religion zusammen: Fortschrittsglaube, Geschichte und Literatur."[29]

Damit vertritt er den allgemeinen Konsens, der von einer feststehenden Grundüberzeugung Feuchtwangers hinsichtlich aller jüdischen Belange - nachdem er einmal die Orthodoxie seines Elternhauses hinter sich gelassen hatte - ausgeht: Judentum als literarische, völkerverbindende Tradition, wobei sowohl Walter Berendsohn als auch Doris Rothmund darauf hinweisen, daß Feuchtwanger dazu tendiere, „to secularize the spiritual"[30], und innerjüdische Divergenzen - beispielsweise zwischen Mystik und Rationalismus, oder, was gerade für Zeitgenossen wie Max Brod oder Alfred Döblin eine Rolle spielte, zwischen westjüdischer Assimilation und ostjüdischem Traditionalismus -, nahezu ignoriere. Dadurch präsentiere er ein einheitliches Bild vom geistigen Zusammenhalt der Juden, das so einfach nicht richtig sei.

Wie Doris Rothmund weist auch Harold von Hofe auf Feuchtwangers tiefe Verbundenheit mit der Lessing-Mendelssohn'schen Tradition der Aufklärung hin, der sich auch sein Ideal für das Judentum - Kosmopolitismus und Vermittlung zwischen den Völkern - verdanke. Dabei erinnert von Hofe in „Feuchtwanger, das Judentum und die Dritte Aufklärung" an die zeitgenössische Kritik an Feuchtwanger von jüdischer Seite und nennt Mortimer J. Cohens Artikel im *Jewish Center*

---

[27] Z.B. in Lion Feuchtwanger, „Bin ich deutscher oder jüdischer Schriftsteller?" Manuskript von 1933 [erschien auf Englisch in London 1927 leicht erweitert unter dem Titel „Are the Jews a Nation?"] und Lion Feuchtwanger, Manuskript „Was heisst Judentum", [veröffentlicht als „The Jews", Sunday Dispatch, 4.6.1933, S. 4].

[28] Feuchtwanger, Lion: Vom Geschichtsbewußtsein der Juden. Berliner Allgemeine Wochenzeitung der Juden in Deutschland, Düsseldorf 25.4.1958, Nr. XIII/4, S. 9.

[29] Büdinger, Matthias: Lion Feuchtwanger und das Judentum. München, Oktober 1990, S. 145.

[30] Berendsohn, Walter: Lion Feuchtwanger and Judaism, S. 31, in: Spalek, a.a.O., S. 25-32.

1936 als Beispiel, der Feuchtwanger anläßlich des zweiten *Josephus*-Bands vorwarf, sich zugunsten eines verschwommenen kosmopolitischen Ideals nicht offen genug zu seinem Judentum zu bekennen.

Doris Rothmund dagegen kontrastiert Feuchtwangers Optimismus „verbunden mit dem Zugehörigkeitsgefühl, das aus einer kindheitslangen jüdisch-orthodoxen Erziehung entstand", mit den „Erschütterungen und Depressionen, wie sie andere jüdische Schriftsteller [...] heimsuchten"[31]. Sie zitiert Kurt Tucholskys verbitterte Briefe über die Juden an Arnold Zweig und Fritz Tucholsky („es ist ein Sklavenvolk"[32]), hält aber auch fest, daß Tucholsky, genau wie Feuchtwanger, vom Judentum als einer geistigen und soziologischen Einheit ausgehe: „Ihre Bewertungen sind Markierungen an den entgegengesetzten Stellen einer Skala, die das Judentum als gemeinsame Verhaltensform einer Bevölkerungsgruppe als Bemessungsgrundlage hat."[33]

Die Josephus-Trilogie wird von der Forschung allgemein als literarische Auswirkung von Feuchtwangers sich im Exil verändernder Einstellung zum Thema (jüdischer) Nationalismus und Kosmopolitismus akzeptiert, wobei von Hofe die Ansicht vertritt, Feuchtwanger habe bis zum Schluß das kosmopolitische Ideal bevorzugt, während Rothmund meint: „Einst erklärter Kosmopolit, feiert er nun begeistert die Gründung des ‚Dritten Staates Israel'."[34] Sie sieht in dem Spätwerk Feuchtwangers den Beweis dafür, daß die deutsch-jüdische Symbiose für ihn vorbei gewesen sei und er sich auf seine jüdische Identität zurückgezogen habe. Damit steht sie zwar im Gegensatz zu den übrigen Forschern, hat jedoch mit ihnen die Einschätzung des Spätwerks als einer Abwendung von zeitgenössisch-aktuellen Themen zugunsten von jüdischer Geschichte gemein. Diese Arbeit dagegen hat es sich zum Ziel gesetzt, zu demonstrieren, daß Feuchtwanger bis zum Schluß ebenso die jüdische Gegenwart wie die jüdische Geschichte beschrieb.

---

[31] Rothmund, Doris: Lion Feuchtwanger und Frankreich. Exilerfahrung und deutsch-jüdisches Selbstverständnis. Peter Lang Verlag, Frankfurt am Main 1990, S. 71

[32] Tucholsky, Brief vom 5.12.1935, zitiert bei Rothmund, Lion Feuchtwanger und Frankreich, a.a.O., S. 72.

[33] Ebd., S. 72.

[34] Ebd., S. 350.

3. Zionismus, deutsch-jüdische Intellektuelle und die Gründung des Staates Israel

Die erste Alja[1], die nach den großen Pogromen in Rußland 1881 und 1882 begann, bildete zwar später den Grundstein für die zionistische Bewegung und die Wiederbelebung der hebräischen Sprache, doch der Eindruck, den sie im westlichen Europa unter den jüdischen Intellektuellen hervorrief, war gering; man nahm sie kaum wahr.

In Palästina fiel den Einwanderern der Anfang zunächst schwerer als erwartet; die Siedler litten unter dem ungewohnten Klima und der mangelnden landwirtschaftlichen Erfahrung. Sie blieben auf die großzügigen Spenden von Baron Edmund Rothschild angewiesen. Mit der arabischen Bevölkerung, die im allgemeinen weder positiv noch negativ auf die Neuankömmlinge reagierte, gab es nur gelegentlich Reibungen; häufiger waren Konflikte mit den türkischen Behörden.

In Europa erhielten die Überlegungen zur Rückkehr der Juden nach Israel zwei unterschiedliche, aber für die nächsten Jahrzehnte bestimmende Impulse. Der erste kam von Achad Haam (Pseudonym von Ascher Ginsberg, 1856-1927), der in seiner Schrift „Nicht dies ist der Weg" (1892) nicht nur die bisherige Siedlungspolitik als unzulängliche philanthropische Unternehmungen kritisierte, sondern auch ein eigenes Konzept vorstellte. Seiner Meinung nach war das Judentum durch die Entwicklung, die es seit der Aufklärung genommen hatte, nämlich den Verlust der noch im Ghetto vorhandenen geistigen Einheit in eine tiefe innere Krise gestürzt. Er forderte eine Rückbesinnung nicht nur auf die Traditionen und Überlieferungen, sondern auf den prophetischen Messianismus, die Verknüpfung des Ideals einer jüdischen Nation mit der Erlösung der Menschheit. Die von den Juden dringend benötigte spirituelle Erneuerung ließ sich seiner Meinung nach durch die gegenwärtige Zersplitterung in der Diaspora nicht vollziehen; daher mußte ein verbindliches geistiges Zentrum für alle Juden in Palästina errichtet werden, und nur in Palästina, da es das Land der jahrtausendelangen Sehnsucht war.

Der zweite Anstoß für die Entwicklung des Zionismus kam von Theodor Herzl, dessen Schrift *Der Judenstaat* 1896 erschien. Herzls Thesen - die Unausrottbarkeit des Antisemitismus, die dadurch bedingte Notwendigkeit eines jüdischen Staates, der unter der Beteiligung aller Völker zustande kommen mußte, und die Forderung nach einer Organisation, die sich nicht nur einen solchen Staat zum Ziel setzen, sondern auch das jüdische Volk gegenüber den Welt-

---

[1] Als Alja bezeichnet man die fünf Einwanderungswellen nach Palästina bzw. später Israel. Der Begriff bedeutet wörtlich übersetzt Aufstieg und wird schon im Talmud für die Pilgerschaft nach Jerusalem respektive in das Land Israel gebraucht.

mächten vertreten sollte - wurden nur ein Jahr später durch den ersten zionistischen Weltkongreß in Basel Schritt für Schritt in die Tat umgesetzt. Dabei blieb die Reaktion auf Herzl unter den jüdischen Bürgern Europas gespalten; sie reichte von der Ablehnung aus religiösen Gründen (bei einigen ultraorthodoxen Rabbinern, die nur dem Messias das Recht zubilligten, einen neuen jüdischen Staat zu gründen) über Sarkasmus (bei assimilierten Juden wie Karl Kraus) bis zu Bewunderung. In eine Krise geriet die Zionistische Organisation 1903, als Herzl zum Entsetzen der „Kulturzionisten", zu denen auch Martin Buber gehörte, mitten in der zweiten Alja das Angebot der britischen Regierung, die Uganda für jüdische Siedler zur Verfügung stellen wollte, annahm. Angesichts der massiven Opposition zog Herzl seine Annahme zurück und versprach, von nun an Palästina (das in dem Buch *Der Judenstaat* noch nicht genannt ist) als ausschließliches Ziel ins Zentrum seiner Bemühungen zu stellen.

Martin Buber, der beide Ansätze miteinander verknüpfte und für eine geistige Erneuerung als Grundvoraussetzung für einen jüdischen Staat (in Palästina) plädierte, wie durch seine *Legende des Baalschem* (1908) und den *Drei Reden über das Judentum* (1911), die speziell die deutschen Juden zur „Selbstbejahung" aufriefen und auf die östlichen, nicht assimilierten Juden als Vorbild statt als peinliche Verwandte verwiesen, beeinflußte den jungen Arnold Zweig. Zweig spielte bereits vor dem ersten Weltkrieg mehrmals mit dem Gedanken an Auswanderung. Durch das Erlebnis des ersten Weltkrieges, das seine Vorstellungen von der „deutschen Kulturmission" zerstörte, und durch die Balfour-Erklärung 1917 kam er in seinen Briefen an Buber immer stärker auf den Wunsch, nach Palästina auszuwandern, zu sprechen. Was ihn nach Kriegsende zurückhielt, war zum einen die Hoffnung auf die Weimarer Republik und zum anderen die Furcht, in Palästina in eine kulturlose Ödnis zu fallen. Er sprach weder Hebräisch, noch fühlte er sich zum Siedler berufen. Da er sich in erster Linie als deutscher Schriftsteller verstand, entschied er sich, in Deutschland zu bleiben.

Inzwischen hatten sich die Verhältnisse in Palästina durch die zweite Alja, den ersten Weltkrieg und die Balfour-Erklärung, in der die britische Regierung die Errichtung eines jüdischen Staates in Palästina versprach, sehr verändert. Die meisten Siedler der zweiten Alja waren Anhänger der „Poale Zion", der „Arbeiter Zions", deren Motto „Eroberung der Arbeit" lautete. Während die Siedler der ersten Alja häufig wie die arabischen und türkischen Großgrundbesitzer billige arabische Arbeitskräfte beschäftigt hatten, sahen die Siedler der zweiten Alja das als Ausbeutung und Verrat am zionistischen Gedanken an; außerdem weigerten sie sich, selbst in Konkurrenz zu den Arabern als Tagelöhner zu arbeiten. Ihre Lösung waren die Kibbuzim, die Genossenschaftssiedlungen, welche die Urbarmachung und Besiedlung Palästinas von nun an prägen sollten. Gleichzeitig brachten sie die Großgrundbesitzer türkischer und arabischer Herkunft dazu, die jüdischen Siedler mehr und mehr als Bedrohung anzusehen. Sie begannen mit gezielter antijüdischer Propaganda.

Im Zuge des ersten Weltkriegs war auch in der arabischen Bevölkerung der Nationalismus erwacht, der sich zunächst auf ein großarabisches Reich richtete. Dieses Ziel schien anfangs nicht unvereinbar mit einem jüdischen Staat in Palästina. Die Treffen zwischen Chaim Weizmann, der inzwischen der Zionistischen Organisation vorstand, und Feisal, dem Führer des arabischen Aufstands gegen die Türken, 1918 und 1919 endeten in einem Vertrag,[2] in dem Feisal einem jüdischen Palästina seine Unterstützung zusicherte, unter der Voraussetzung, daß England seine im Krieg gegebenen Versprechungen wahr machte und die Etablierung eines aus dem heutigen Syrien, Irak und Saudi-Arabien bestehenden einheitlichen arabischen Staates ermöglichte.

Diese hoffnungsvolle Entwicklung fand ihr jähes Ende, als die arabische Einheit nicht zustande kam und Feisal 1920 von den Franzosen aus Syrien vertrieben wurde. Sein Bruder Abdullah vertrieb ihn dann auch noch aus Amman und proklamierte eigenmächtig einen transjordanischen Staat. Damit zerfiel das bisher aus Cis- und Transjordanien bestehende Palästina in zwei Teile, was nun auch unter den Zionisten zu einer Spaltung führte, da England nach Abdullahs Versprechen, Syrien und Restpalästina nicht anzugreifen, den neuen Staat Transjordanien anerkannte. Aus Protest dagegen verließ ein Teil der Parteiführung die Zionistische Organisation und gründete, geleitet von Wladimir Jabotinsky, die „Partei der Revisionisten" (die heutige Likud-Partei), die ihrerseits nicht nur die englische Mandatsregierung, sondern auch jegliche arabische Staatsgebiete auf palästinensischem Boden nicht anerkannte und einen ganzpalästinensischen jüdischen Staat forderte.

Während sich im Palästina der 20er Jahre die jüdische und arabische Bevölkerung immer stärker entfremdeten und die ersten gewalttätigen Unruhen unter den Arabern begannen, blieb in Europa der Enthusiasmus für die zionistische Idee zum größten Teil auf den Osten beschränkt. Linkszionistische deutsche Intellektuelle wie Martin Buber, Arnold Zweig oder Robert Weltsch waren die Ausnahme. Von den nur etwa 2000 deutschen Juden, die während der 20er Jah-

---

[2] Der vollständige Text des sog. Faisal-Weizmann-Agreements vom 3.1.1919 findet sich bei Litvinoff, Barnet (Editor): The Essential Chaim Weizmann. Holmes & Meier Publishers, Inc. New York 1982, S.252-253. Die Präambel lautet: „His Royal Highness the Emir Faisal, representing acting on behalf of the Arab Kingdom of Hedjaz, and Dr. Chaim Weizmann, representing and acting on behalf of the Zionist Organization, mindful of the racial kinship and ancient bonds existing beween the Arabs and the Jewish people, and realizing that the surest means of working out the consummation of their national aspirations is through the closest possible collaboration in the developement of the Arab State and Palestine, and being desirous further of confirming the good understanding which exists between them, have agreed upon the following Articles."

re nach Palästina auswanderten, kehrte fast die Hälfte wieder zurück; die einflußreichste jüdische Organisation in Deutschland, der „Centralverein deutscher Staatsbürger jüdischen Glaubens", dessen Mitgliederzahl 1930 bei etwa 60.000 lag, lehnte den Zionismus sogar entschieden ab und hatte sich weiterhin die deutsch-jüdische Symbiose als Ziel gesetzt. Im Gegensatz dazu umfaßte die „Zionistische Vereinigung Deutschlands" unter Leitung von Kurt Blumenfeld im gleichen Jahr nur etwa 20 000 Menschen.

Unter der Minderheit deutsch-jüdischer Intellektueller, die einen jüdischen Staat in Palästina aktiv befürworteten, statt ihn entweder aus dem Gefühl primärer Verbundenheit mit Deutschland (wie die Mitglieder des Centralvereins) oder aus dem Ideal des Kosmopolitismus heraus (wie nicht nur Feuchtwanger, sondern auch Tucholsky oder Jacobsohn) ablehnend gegenüber zu stehen, war Arnold Zweig einer der publizistisch aktivsten. Er schrieb zahlreiche Artikel und zwei Bücher (*Das ostjüdische Antlitz* 1920 und *Das neue Kanaan* 1925), in denen er auf die spirituelle Erneuerung zurückkam und für einen ostjüdisch-linkszionistisch geprägten Staat in Palästina plädierte, der wie die Schweiz föderativ aufgebaut sein und so das friedliche Zusammenleben zwischen Juden und Arabern sichern sollte.

Im Gegensatz dazu stand Arnold Schönbergs 1924 erschienener realistischer, aber militanter Beitrag zu der Broschüre *„Pro Zion!"*. Schönberg entstammte wie Rathenau, Wassermann, Zweig, Brod oder Feuchtwanger einer sehr assimilierten Familie; im Gegensatz zu ihnen war er aber 1898 sogar zum Protestantismus übergetreten. Durch das Erlebnis fortgesetzter antisemitischer Angriffe änderte sich seine Einstellung sowohl seinem Judentum gegenüber wie auch dem Judentum überhaupt, bis sie in einen radikalen Zionismus umschlug. Um nicht länger staatenlos und verfolgt zu sein, benötigten die Juden seiner in *„Pro Zion!"* vertretenen These nach einen eigenen, militärisch gesicherten Staat, dessen Errichtung notfalls auch mit Gewalt durchgeführt werden müsse.

„Die Wiederaufrichtung eines jüdischen Reiches könnte nur so geschehen, wie die ähnlichen Dinge in der Geschichte immer entstanden sind: nicht durch das Wort und die Moral, sondern durch erfolgreiche Waffen und gleiche Interessenvertretung."[3]

Alfred Döblin[4] fehlte wie Wassermann in seiner Kindheit und Jugend jeder innere Bezug zur jüdischen Religion - Neujahrs- und Versöhnungsfest waren die einzigen Feiertage, die von den Eltern eingehalten wurden -, und dieser Bezug stellte sich auch später nicht her, während sich schon früh eine Haßliebe zum

---

[3] In: Seiden, Rudolf (Hrsg.): PRO Zion! Vornehmlich nichtjüdische Stimmen über die jüdische Renaissancebewegung.

[4] Vgl. zu Döblin: Klaus Müller-Salget: Alfred Döblin und das Judentum, in: Internationales Döblin-Kolloqium 1989/91, S. 251-261.

Christentum feststellen läßt. Da ihn, biographisch bedingt, vor allem die Gestalten Christus und Maria, der Sohn und die Mutter, tief beeindruckten, während er die strenge Vatergottheit des Alten Testaments ablehnte, konnte das Interesse für jüdische Belange nur auf sozialem Gebiet geweckt werden. Zunächst hielt Döblin Antisemitismus für ein im Absterben begriffenes Phänomen und Zionismus für „eine Form jüdischer Verärgerung und Nervosität"[5]; in den 20er Jahren brachte ihn die Begegnung mit der ostjüdischen Kultur in Polen und der allmählich militantere Antisemitismus in Deutschland dazu, sich mehr und mehr mit jüdischen Belangen zu beschäftigen. Obwohl er einige zionistische Versammlungen besuchte, blieb ihm die Idee einer Staatsgründung zunächst suspekt; ihm schwebte, wie Feuchtwanger, eine Weltzentrale vor, die für den Schutz von bedrohten Juden und für wirtschaftliche Hilfe, wo es nötig wäre, sorgen solle. Doch ähnlich wie für Schönberg brachte für ihn die Entwicklung der 30er Jahre eine Radikalisierung, die schließlich 1935 in dem Werk *Flucht und Sammlung des Judenvolkes* gipfelte. In diesem von Robert Weltschs *Ja-Sagen zum Judentum* von 1933 stark beeinflußten Buch kommt er zu der Schlußfolgerung, daß die Assimilation gescheitert und die Emanzipation der westeuropäischen Juden nur Schein gewesen sei. Nicht nur, um wieder ein normales Volk zu werden, sondern, um überhaupt zu überleben, war seiner Meinung nach ein jüdischer Staat unerläßlich, und dieser jüdische Staat konnte nur in Palästina sein:

„Es ist lächerlich, zu sagen: Daß Palästina jüdisches Land war, sei doch gar zu lange her, und wohin käme man, wenn man Ansprüche auf einen solchen prähistorischen Titel begründete. Die Geschichte unseres Volkes hat es dahin gebracht, daß *wir erst gestern Palästina verließen.* Unser nicht einen Augenblick nachlassender Wille hat 2000 Jahre zu nichts werden lassen, um dieses Gestern fest als Gestern zu bewahren. [...] Das Land, das einzige Land der Väter, ist allem, was jüdisch ist, heilig."[6]

In dem Jahr, als *Flucht und Sammlung des Judenvolkes* erschien, engagierte sich Döblin auch als Delegierter auf der Londoner Konferenz der „Freiland"-Bewegung, die Territorien für die Juden suchte, die nicht nach Palästina kommen konnten. Er hatte zwar nicht Hebräisch, aber Jiddisch gelernt, und bezeichnete in einem Brief an Thomas Mann vom 23.5.35 „die Judenfrage" als „mein tägliches Arbeitsgebiet".[7]

---

[5] A. Döblin in „Zion und Europa", zitiert in: Müller-Salget, Klaus: Alfred Döblin. Werk und Entwicklung. Bouvier-Verlag, Bonn 1988, S 40.

[6] Döblin, Alfred: Flucht und Sammlung des Judenvolkes. Gerstenberg Verlag Hildesheim 1977 (Originalausgabe 1935), S 129 f.

[7] Döblin, Alfred: Brief an Th. Mann vom 23.5.1935, in: Minaty, Wolfgang (Hrsg.): Das Alfred-Döblin-Lesebuch. Walter Verlag, Freiburg im Breisgau 1985, S. 254.

Während Döblins Engagement seinen Höhepunkt erreichte und Schönberg sich vergebens um eine Aufführung seines Dramas *Der biblische Weg*, das die Errichtung eines jüdischen Staates beschreibt, bemühte, an seiner Oper *Moses und Aaron* arbeitete und eine „Jewish Unity Party" zu gründen versuchte, erlebte Arnold Zweig die palästinensische Wirklichkeit.

Zweig hatte Palästina bereits 1932 besucht, und das literarische Resultat dieser Reise, der Roman *De Vriendt kehrt heim* (1932), zeigt einen kritischen Abstand zum Zionismus. Basierend auf einem authentischen Fall aus dem Jahr 1924 schildert der Roman die Ermordung des Dichters de Vriendt, der einen jüdischen Staat ebenso wie die alltägliche Verwendung der hebräischen Sprache wegen seiner ultrakonservativen Gesinnung ablehnt, durch zwei junge Rechtszionisten. Daß der eigentliche Mörder ebenso wie seine Freunde Ostjuden sind und die sympathischste Figur des Romans, die durch die Erzählung führt und der es am Ende obliegt, ein Urteil über das Geschehen zu treffen, ein britischer Beamter ist, sind nur einige Anzeichen für Zweigs veränderte Einstellung. Während der jüdische Fanatismus durch mehrere handelnde Personen personalisiert wird, bleibt der arabische Fanatismus Hintergrund, über den nur diskutiert wird. Der Mufti von Jerusalem, Emin el Huseini, der durch seine haßerfüllten Predigten und Veröffentlichungen, die auch vor blanken Fälschungen nicht zurückschreckten, zum großen Teil für den wachsenden Haß gegen die Juden verantwortlich war, und der sich später mit Hitler verbündete, wird am Rande erwähnt. Doch die in Zweigs Roman tatsächlich auftretenden Araber zeigen sich der Vernunft zugänglich; während sie von einer ursprünglich geplanten Ermordung de Vriendts aufgrund seiner homosexuellen Beziehung zu dem Knaben Saud absehen, führen die Rechtszionisten sie nur aufgrund eines feindseligen Artikels über de Vriendts Ansichten tatsächlich durch. Die rundweg positive Schilderung der britischen Verwaltung und der vorsichtige Optimismus gegen Ende des Romans, der betont, daß sich nur ein Bruchteil der Araber an den durch die Propaganda des Mufti verursachten Unruhen beteiligt habe („Überall im Lande erfährt man Beispiele, daß gute Nachbarschaft mehr ist als Nationalismus, daß die Zukunft Palästinas bei den beiden Völkern wohl aufgehoben ist"[8]), belegt, daß Zweig seine Hoffnung auf ein der Schweiz ähnliches Palästina immer noch nicht aufgegeben hatte.

Nach seiner eigenen Einwanderung allerdings änderte sich seine Einstellung zu Palästina immer mehr. Weder konnte er Hebräisch, noch sprach er Jiddisch, er vermißte den Kontakt mit anderen deutschsprachigen Intellektuellen, er empfand Palästina als kulturlos und primitiv, und dank seines *de-Vriendt*-Romanes waren die wenigen deutschsprachigen Juden, die er kennenlernte, denkbar schlecht auf ihn zu sprechen. Diese persönlichen Erfahrungen und die immer

---

[8] Zweig, Arnold: De Vriendt kehrt heim. Gustav Kiepenheuer Verlag, Berlin 1932, S. 240.

größer werdende Kluft zwischen seinem alten Ideal und der Wirklichkeit bedingten letztendlich das Ende seines Zionismus.

In Palästina hatte sich das Verhältnis nicht nur zwischen Juden und Arabern, sondern auch zwischen Juden und Briten stetig verschlechtert. Den Briten wurde eine Parteilichkeit für die Araber vorgeworfen, und das Einwanderungsverbot durch das sogenannte „Weißbuch" von 1939 löste Empörung aus. Der Teilungsvorschlag der Peel-Kommission, der ein jüdisches und ein arabisches Staatsgebiet in Palästina sowie Jerusalem unter britischem Mandat vorsah, wurde zwar 1937 von Weizmann noch akzeptiert, aber von den Arabern abgelehnt und mit einem Aufstand beantwortet. Die Tatsache, daß die Juden Palästinas trotz ihrer Unzufriedenheit mit der britischen Politik während des zweiten Weltkriegs mit einhunderttausend Freiwilligen (bei einer jüdischen Gesamtbevölkerung von etwa fünfhunderttausend) dem britischen Heer beitraten, während der vom Ausland als Sprecher für die palästinensischen Araber anerkannte Mufti inzwischen in Berlin lebte, wurde wie auch der Mufti selbst nach dem Krieg zu einem wichtigen Argument. Historiker wie Simcha Flapa sind der Meinung, daß die Mehrheit der Palästinenser seinem Aufruf zu einem Heiligen Krieg gegen die Juden nicht folgte und vor der Unabhängigkeitserklärung Israels bereit war, einen Modus vivendi zu finden. Doch das Bild, das sich die Öffentlichkeit damals von der arabisch-palästinensischen Haltung den Juden gegenüber machte, blieb von den fanatischen Haßreden des Mufti geprägt, und nicht von gemäßigten Palästinensern wie Alami Umar Sidqi Dajani, der sogar Kontakte zur Jewish Agency unterhielt, oder den kommunistisch orientierten Gründern der Liga für Nationale Befreiung, die mit dem jüdischen Gewerkschaftsverband Histadrut in Verbindung stand.

Daß sich 1945 die neue Labourregierung trotz internationalen Drucks weigerte, mehr als 1500 Einwanderer monatlich nach Palästina zu lassen, war eine große Enttäuschung für die Zionisten und bedingte den offenen Widerstand. Der erste Zionistenkongreß nach dem Krieg in Genf 1946 hatte mehrheitlich das Biltmore-Programm angenommen, das eine Teilung Palästinas vorsah, was jedoch zu einer weiteren Spaltung innerhalb der zionistischen Bewegung führte. Die Mapam-Partei und die Brit-Schalom-Partei setzten sich erfolglos für das Programm eines binationalen arabisch-jüdischen Staates ein; ihr Argument, ein jüdischer Staat sei nur im Einvernehmen mit den umliegenden arabischen Staaten möglich, scheiterte an dem Gegenargument der Mapai-Partei und Ben Gurions, die Mehrheit der Araber sei zu einer Kooperation nicht bereit und die Juden in Europa bräuchten sofort Hilfe. Dabei sollte die Teilung nur eine vorläufige sein; er gab seiner Überzeugung Ausdruck, daß „wir nach dem Aufbau einer großen Armee im Anschluß an die Errichtung des Staates die Teilung aufheben und uns über ganz Palästina ausdehnen können."[9]

Im seinem amerikanischen Exil hatte sich Arnold Schönbergs Erbitterung gegen die amerikanischen Juden, die seiner Meinung nach sein Werk nicht würdigten, im gleichen Maß wie seine Hoffnung auf einen jüdischen Staat in Palästina gesteigert. In seiner Kantate *Ein Überlebender aus Warschau*, Op.46 für Sprecher, Männerchor und Orchester, die er 1946/47 komponierte, verarbeitete er neben persönlichen Erfahrungen vor allem das Entsetzen des Holocaust; das Ende der Kantate, das Gebet *Sch'ma Yisroel Adonoy*, das die Juden vor ihrem Gang in die Gaskammern anstimmen, drückt nicht nur die Wiederfindung ihrer Glaubensgewißheit aus, sondern auch die Hoffnung auf Erez Israel, Zion, eine jüdische Heimat. Auch das Chorwerk *Dreimaltausend Jahre* von 1949 und der als sechsstimmiger Chor komponierte, dem Staat Israel gewidmete Psalm *De profundis* von 1950 zeigen einen Gedankengang, der nicht nur für Schönberg, sondern für die Reaktion der westlichen Welt in dieser Zeit typisch war: das Jahrtausende lange Leiden des jüdischen Volkes, das seine furchtbarste Steigerung im Dritten Reich gefunden hat, endet in der Gründung des Staates Israel: Israel ist durch das Leiden hervorgegangen und durch das Leid gerechtfertigt.

Terror und Gegenterror in Palästina hatten 1947 schließlich dazu geführt, daß England das Mandat an die UNO abgab. Nachdem der erste Teilungsplan der UNO von den Arabern abgelehnt und von den Juden nur bedingt angenommen worden war, endete der zweite, am 29.11.1947 vorgelegte UNO-Beschluß in einem offenem Krieg in Palästina, setzte den Beginn für den teils freiwilligen, teils erzwungenen Exodus von zwischen 600.000 bis 700.000 arabischen Palästinensern und prägte ein die nächsten Jahrzehnte bestimmendes Muster von Gewalt und Gegengewalt.

Am 30.12.1947 warf ein Kommando der terroristischen jüdischen Untergrundorganisation Irgun eine Handgranate in eine Gruppe arabischer Arbeiter der Raffinerie von Haifa (sechs Tote und 42 Verletzte). Daraufhin töteten die arabischen Arbeiter 41 jüdische Arbeiter, was wiederum einen Überfall der Hagana (im Gegensatz zur Irgun die „offizielle" jüdische Kampf- und Verwaltungsorganisation) auf das arabische Dorf Balad al-Shaykh auslöste (17 Tote und 43 Verwundete). Am 9.4.1948 überfiel die Irgun das arabische Dorf Dir Jassin, das bereits 1942 mit seinen jüdischen Nachbarsiedlungen einen Nichtangriffspakt geschlossen hatte, und richteten unter der Bevölkerung ein Blutbad an (107 Tote, 120 Verwundete), das zu einem der Hauptauslöser für die Fluchtbewegung in anderen arabischen Dörfern wurde. Als Vergeltung überfielen arabische Terroristen am 12.4. Busse auf dem Weg zum Skopusberg in Jerusalem

---

[9] Zitiert in: Flapa, Simcha: Die Geburt Israels. Mythos und Wirklichkeit. Knesebeck & Schuler, München 1988, S. 34.

44

(77 Tote). Die Proklamation des Staates Israel erfolgte am 14.Mai 1948 und setzte den vorläufigen Schlußpunkt unter die Hoffnungen der oppositionellen Mapam-Partei auf einen binationalen Staat und friedliche Koexistenz. Ihr Protest am 27.5.48 gegen die Regierungspolitik gegenüber den Arabern und die Forderung nach einem Rücktritt Ben Gurions als Verteidigungsminister - er hatte es abgelehnt, Strafmaßnahmen gegen die Irgun zu ergreifen, und das Konzept vom „Bevölkerungstransfer" durch die neu gebildete Armee zur offiziellen Politik gemacht - blieb folgenlos. Am 18. Juli war der Unabhängigkeitskrieg offiziell zu Ende. Gemessen an den Grenzen, die Palästina 1947 gehabt hatte, befanden sich nun dreiviertel des Territoriums in jüdischer Hand; der Gaza-Streifen wurde von Ägypten annektiert, die Westbank und Ostjerusalem von Transjordanien, das sich nun Jordanien nannte, und ein arabisch-palästinensischer Staat, wie noch im UNO-Teilungsplan vorgesehen, wurde unmöglich.

Etwas voreilig hatte der nach Deutschland zurückgekehrte Alfred Döblin am 2.11.1947 in einem Rundfunkbeitrag gemeint:

„Ein Spannungszentrum ist, wenn auch noch nicht beseitigt, so doch zurückgetreten: die Palästinafrage [...]. Die Teilung des Landes in zwei Staaten ist beschlossen. [...] Man hat jetzt übrigens in Asien allerhand neue Staaten, und das politische Bild dort ändert sich - Indien ist aufgeteilt, es hat die Staaten Hindustan, Pakistan und die Staaten der Fürsten, Rajasthan, jetzt kommt ein arabisches und ein jüdisches Palästina hinzu, und zum ersten Male damit seit zweitausend, nein, noch mehr Jahren steht wieder ein autonomer jüdischer Staat, eine jüdische Regierung da. Große Aufmerksamkeit ziehen auch die Wahlvorgänge in Frankreich vor sich [...]."[10]

Die Gründung eines jüdischen Staates, ein Jahrzehnt vorher noch ein lebenswichtiges Anliegen, war für Döblin, der 1943 zur katholischen Religion übergetreten war und damit eine lange, erratische Suche nach „der Macht [...], vor der er sich beugen konnte"[11], konsequenterweise einer von mehreren Aspekten der neuen Weltordnung geworden.

---

[10] Döblin, Alfred: Kritik der Zeit: Rundfunkbeiträge 1946-1952. Walter Verlag, Freiburg im Breisgau 1992, S. 447.

[11] Müller-Salget, a.a.O. S. 42. Er fährt fort: „1914 war es das deutsche Volk, 1933 waren es die Juden und die Sozialisten und schließlich - wirklich ‚schließlich'? - die katholische Kirche."

4. Feuchtwanger, Heine und das Bild der jüdischen Frau

„[D]as ganze Leben, das ich bisher geführt hatte, die ganzen sechsundfünfzig Jahre, die mir, wenn ich gesund und bei voller Vernunft war, gut und erfüllt vorgekommen waren, schienen mir jetzt sinnlos, leer, schmutzig. Verse aus dem Nachtgebet kamen mir, das ich als Junge viele Jahre hindurch Abend für Abend hatte plappern müssen, beschwörende, hebräische Verse gegen das Grauen der Nacht: ‚Siehe, da ist Salomons Lager. Drei Reihen von Helden stehen ringsum, von den Helden Israels. Alle halten sie Schwerter, kampfgeübt sind sie. Jeder hat sein Schwert an seiner Hüfte, den König zu schützen gegen die Schrecken der Nacht.‘ Ich plapperte die Verse vor mich hin. Sie kamen und gingen und wurden deutsche Verse, und sie hießen: ‚Wo wird einst des Wandermüden letzte Ruhestätte sein? Unter Palmen in dem Süden, Unter... an dem Rhein?‘ Es fiel mir durchaus nicht ein, was das für trochäische Bäume sein könnten an dem Rhein: Eichen, Birken, Buchen? Nichts paßte recht, und es quälte mich, daß ich den rechten Baum nicht finden konnte. Ich sagte mir, wenn ich den rechten Baum und das rechte Wort finde, dann komme ich durch. Wenn ich es nicht finde, dann muß ich sterben."[1]

Feuchtwanger mochte das Gedicht *Wo?* im Lager von Les Milles nicht vollständig eingefallen sein, aber als er seinen Bericht *Der Teufel in Frankreich* niederschrieb, war ihm zweifellos klar, daß es sich nicht nur um ein Gedicht Heinrich Heines handelte, sondern außerdem um die Verse, die Heine später als Grabinschrift gesetzt wurden. Diese unwillkürliche Selbstprojektion auf Heine war weder ein Einzelereignis bei Feuchtwanger, noch geschah sie bei Feuchtwanger allein. Heine war unter Deutschen aller Konfessionen kontrovers, doch die Juden setzten sich mit ihm besonders intensiv auseinander. Jakob Wassermann schrieb:

„In meiner Jugend war Heinrich Heine in den geistig interessierten Kreisen Deutschlands noch ein mächtiger Name. War von jüdischer Leistung, jüdischem Vollbringen, jüdischem Ruhm die Rede, so wurde auf Heine hingewiesen. Durchaus nicht bloß Juden waren für Heine Feuer und Flamme; die Wirkung und der Einfluß dieses Poeten gingen in die breitesten Schichten, über das Künstlerische und Poetische hinaus ins Politische und Soziale. Es war mir unbegreiflich. Heute sehe ich darin den charakteristischen Ausdruck einer ganz bestimmten Zivilisationsverfassung, einer solchen nämlich, in der das Talent über das Menschtum prävaliert. [...] Was mir an Heine wider das Blut ging, war vielleicht das Blut. Seine zeitbedingte Entscheidung war im zeitbedingten Sinn jüdisch, und das Auffallendste an ihr ist das schroffe Nebeneinander von Ghettogeist und Weltgeist, von jüdischem Kleinbürgertum und Europäismus, von dichterischer Imagination und jüdisch-talmudischer Vorliebe für das Wortspiel, das Wortkleid, das Wortphantom, welch letztere Mischung man nun fälschlich als romantische Ironie bezeichnet hat, während sie ein Ergebnis fabelhafter jüdischer Anpassung und dabei tiefer innerer Lebens- und Weltunsicherheit ist. [...] Er beklagte sein jüdisches Schicksal und sein jüdisches Leid und verriet den Juden in sich. Er gab sich

---

[1] Feuchtwanger, Lion: Unholdes Frankreich. Editorial „EL LIBRO LIBRE", Mexico 1942, S. 305 f.

als deutscher Patriot, deutscher Emigrant, als Deutscher von Geblüt und Wahl und verriet den Deutschen in sich. [...] Er war der Talentmensch, katexochen, ohne göttliche Bindung, ohne wahre Zusammenhänge, unheilvoll isoliert, durchaus auf sich selbst gestellt, auf sein einsames Ich, ohne Mythos, ohne Mütter, ohne Himmel und deshalb auch ohne Erde."[2]

Jakob Wassermann stand mit dieser Haltung nicht allein da. Karl Kraus widmete Heine mindestens drei Polemiken und zog wortgewaltig gegen ihn zu Feld:

„Ohne Heine kein Feuilleton. Das ist die Franzosenkrankheit, die er uns eingeschleppt hat. Wie leicht wird man krank in Paris! Wie lockert sich die Moral des deutschen Sprachgefühls!"

Ein anderes Verdikt an gleicher Stelle lautet:

„Heine war ein Moses, der mit dem Stab auf den Felsen der deutschen Sprache schlug. Aber Geschwindigkeit ist keine Hexerei, das Wasser floß nicht aus dem Felsen, sondern er hatte es mit der anderen Hand herangebracht; und es war Eau de Cologne."[3]

Es liegt der Argwohn nahe, Kraus habe in Heine Dinge gesehen, die er an sich selbst nicht zugeben wollte. Lion Feuchtwanger dagegen, mit seiner Vorliebe für zwiespältige, umstrittene Persönlichkeiten von Josef Süß Oppenheimer über Josephus bis zu Jehuda Ibn Esra, fühlte sich wahrscheinlich gerade von diesem schillernden Element in Heines Wesen angezogen.

Die Heinesche Mischung aus Politik und Ästhetizismus, seine Zurückweisung jeglicher Orthodoxie bei lebenslanger Auseinandersetzung mit dem eigenen Judentum, boten sich für den jungen Feuchtwanger als Identifikationsmöglichkeit geradezu an. Über Feuchtwangers Entscheidung für den *Rabbi von Bacharach* als Dissertationsthema schreibt Windfuhr:

---

[2] Wassermann, a.a.O., S.56 ff. Eine andere Haltung gegenüber Heine schildert Feuchtwangers Bruder Martin von seinem Vater: „Für meinen Vater war die jüdische Religion die Welt [...]. Fortschrittliche Juden - neologe Juden, wie er sie nannte - waren ihm unbehaglich. [...] Und doch war er stolz auf Heinrich Heine, auf jüdische Schriftsteller, Maler, Schauspieler, Professoren große jüdische Industrielle und Bankleute, auch wenn ihm bekannt war, daß sie allen rituellen Dingen ablehnend gegenüberstanden, stolz auf den ganz langsam einsetzenden Ruhm seines Sohnes Lion." Feuchtwanger, Martin: Zukunft ist ein blindes Spiel. Langen Müller, München 1989, S. 72. Oder, wie Mark Gelber in bezug auf Heine ausdrückt: „Unsere Meshumadin sind Mishpoche." („Unsere Abtrünnigen sind Verwandtschaft".) Aus: Gelber, Mark H.: Heinrich Heine und das Judentum: gestern und heute, S. 9, in: Grab, Peter (Hrsg.): Heinrich Heine und das Judentum, Katalog zur gleichnamigen Ausstellung der Stadt Augsburg, Augsburg 1994, S. 8-13.

[3] Kraus, Karl: Heine und die Folgen, S. 126 ff., in: Kleinknecht, Theodor (Hrsg.): Heine in Deutschland, Niemeyer Verlag, Tübingen 1976, S. 124-136.

„Kein Zweifel: Feuchtwanger wählte das jüdische Thema, um sich selbst besser zu verstehen, die zugrunde liegenden Wertungen sprechen mehr für die Psychologie des Verfassers als für die Heines."[4]

Dabei verlief Feuchtwangers Heine-Rezeption nicht unkritisch. Er hielt den *Rabbi* („das arme, flügellahme Werk"[5]) als historischen Romanversuch letztlich für mißlungen; vor allem störte ihn der Bruch zwischen den ersten beiden und dem dritten Kapitel, in dem er die „Wärme" vermißte, die Heine zugunsten der Satire verloren gegangen sei. Den Vorwurf der Gefühlskälte revidierte Feuchtwanger später allerdings, als er in „Glück und Ende der deutschen Juden" meinte:

„Wenn sich Heine über Juden äussert, wird er hin- und hergezerrt von widerstrebenden Empfindungen; was er über Juden zu sagen hat, ist gefärbt von Hass oder von Liebe."[6]

Diese Äußerung könnte man nun allerdings auch wieder als Selbstkritik werten, denn es fällt auf, wie oft Feuchtwanger, genau wie Heine, zu den Begriffen Gefühl-Verstand, Herz-Hirn, Instinkt-Ratio griff, um sein Verhältnis zu seinem jüdischen Erbe zu definieren.

„Volksindividualität, Stammeseigenart konservieren zu wollen, ist unrational, zum Misserfolg bestimmt, bleibt Romantik. Dies klar erkennend, bekenne ich mich zur Romantik. Soweit ich meine Arbeit abhängig machen kann von meinem Verstand, tue ich das, bemühe mich also, in der Richtung des Morgen, des Internationalismus zu wirken. Aber ich tue es mit Bedauern. Mein Herz ist auf der Seite dessen, was ich bekämpfe. Da ich glaube, die Fähigkeit zu besitzen, in meinen Werken das, was ich bin, nach aussen zu projizieren, muss sich in meinen Büchern die Erkenntnis deutlich abspiegeln. Meine Bücher sind somit gefühlsmässig jüdisch-national, verstandesmässig international betont."[7]

Vergessen wir nicht, daß Gefühl und Instinkt traditionellerweise als „weiblich", Verstand und Ratio dagegen als „männlich" definiert werden. Während Heines männliche jüdische Gestalten - Gumpelino und Hyazinth in den *Reisebildern*, oder auch Don Isaak Abarbanel im *Rabbi* - sehr individualisiert sind, werden die weiblichen jüdischen Charaktere stark ins Symbolische überhöht. Das endet bei der *Prinzessin Sabbat* des gleichnamigen Gedichts, fängt aber bereits im Rabbi mit der stereotyp so genannten „schönen Sara" an:

„Die schöne Sara [...] trug als Wirtin nichts von ihrem Geschmeide, nur weißes Linnen umschloß ihren schlanken Leib und ihr frommes Antlitz. Dieses Antlitz war rührend schön, wie

---

[4] Windfuhr, Manfred: Jüdisches Selbstverständnis. Beim Wiederlesen von Feuchtwangers „Rabbi"-Dissertation, S. 146, in: Heine-Jahrbuch 1993, hrsg. vom Heinrich-Heine-Institut Düsseldorf, 32. Jahrgang, Hoffmann und Campe, Düsseldorf 1993, S. 144-147.

[5] Feuchtwanger, Lion: Heinrich Heines „Rabbi von Bacharach", a.a.O:, S. 78.

[6] Feuchtwanger, Lion: „Glück und Ende der deutschen Juden", Rede, gehalten in London im Dezember 1933, Feuchtwanger Memorial Library, USC, Los Angeles, S. 8.

[7] Feuchtwanger, Lion: „Bin ich deutscher oder jüdischer Schriftsteller?" Manuskript, datiert 1933, Feuchtwanger Memorial Library, USC, Los Angeles, S. 3.

denn überhaupt die Schönheit der Jüdinnen von eigentümlich rührender Art ist; das Bewußt-sein des tiefsten Elends, der bittern Schmach und der schlimmen Fahrnisse, worinnen ihre Verwandte und Freunde leben, verbreitet über ihre holden Gesichtszüge eine gewisse leiden-de Innigkeit und beobachtende Liebesangst, die unsere Herzen sonderbar bezaubern. "[8]

So geschildert, entzieht sich Sara den beiden Extremen, zwischen denen sich Heines Frauenbild sonst bewegt - unnahbare, kalte Madonna und sinnliches, grausames Weibchen - und erscheint als Symbolfigur für das verfolgte Juden-tum. Florian Krobb sieht Sara in der Tradition der „schönen Jüdin":

„Die Sprachformel ‚Die schöne Jüdin' umreißt dieses vielschichtige, unterschwellig sicher-lich erotisch konnotierte Bild jüdischer Frauen, das deutlich vor dem Hintergrund der zeitge-nössischen Assimilationsproblematik zu verstehen ist. [...] Auf diese Weise stilisiert Heine die Rabbinersfrau zur Sympathieträgerin, zur Symbolgestalt jüdischen Diaspora-Leids. "[9]

Allerdings weicht Sara nicht nur durch ihren „verheirateten" Status von anderen „schönen Jüdinnen" der Erzählliteratur des neunzehnten Jahrhunderts ab. Wie die berühmteste Jüdin der zeitgenössischen Literatur, Walter Scotts Rebecca, ist Sara eine verfolgte Sympathieträgerin, doch anders als Rebecca wird sie ohne Exotismus, mit einer betont schlichten Kleidung, eingeführt und gleichsam aus der jüdischen, aus der „Innen"-Perspektive geschildert. Es fehlt der sonst über-all vorhandene christliche Betrachter. Im Beziehungsgeflecht des *Rabbi* ist Sara ausschließlich mit anderen Juden verbunden. Ihre Schönheit wird an keiner Stelle mit einem erotischem Reiz verknüpft. Für Heine war die Keuschheit ein entscheidendes Attribut der jüdischen Frau:

„Bei Jessika ist besonders bemerkbar eine gewisse zagende Scham, die sie nicht überwinden kann, wenn sie Knabentracht anlegen soll. Vielleicht in diesem Zuge möchte man jene son-derbare Keuschheit erkennen, die ihrem Stamme eigen ist, und den Töchtern desselben einen so wunderbaren Liebreiz verleiht. [...] Die Züchtigkeit der Frauen bei Juden [...] ist viel-leicht von keinem absoluten Wert, aber in ihrer Erscheinung macht sie den lieblichsten, an-mutigsten und rührendsten Eindruck. "[10]

Lieblich, anmutig, rührend, keusch und Opfer: Dieses keineswegs auf Jüdinnen beschränkte Frauenbild des neunzehnten Jahrhunderts könnte man in diesem Kontext auch ein umgekehrtes Klischee nennen, denn in der Regel ist es die „exotische" (arabische, jüdische, in jedem Fall aber dunkelhaarige) Frau, der

---

[8] Heine, Heinrich: „Der Rabbi von Bacharach". Fischer Taschenbuch Verlag, Frankfurt a.M. 1985, S 110.

[9] Krobb, Florian: „Mach die Augen zu, schöne Sara": Zur Gestaltung der jüdischen Assimila-tionsproblematik in Heines „Der Rabbi von Bacharach", S. 173 f., in: Butler, G.P.G. u. Fo-ster, Leonard (Hrsg.): German Life and Letters. A Quaterly Review. Bd. XLVII, Blackwell Publishers Oxford 1994, S. 167-181.

[10] Heine, Heinrich: Shakespeares Mädchen und Frauen, in: Elster, E. (Hrsg.): Heinrich Heines sämtliche Werke. Band 5, Leipzig, Bibliographisches Institut, S. 454 f.

erotische Reize zugeschrieben werden, und der dann ein blonder keuscher (bis abweisender) Engel gegenüber gestellt wird. Ein gutes Beispiel wären Judith und Anna in Gottfried Kellers *Der grüne Heinrich*, oder, um in der Romantik zu bleiben, Undine und Bertha bei de la Motte-Fouqués *Undine*. Heine selbst verwendete blonde abweisende Engel gern und häufig, aber im Gegensatz zu der Geliebten im *Buch der Lieder* ist die Keuschheit bei Sara positiv besetzt und auch nicht identisch mit Asexualität. Sara ist glücklich verheiratet. In den *Hebräischen Melodien* wählte Heine das Bild einer Ehe zwischen der Prinzessin Sabbat (deren Beschreibung Sara entspricht - „schön", „verschämt" und „sittsam", und, wie Naemi, Raquel, Ester und Ja'ala, mit alttestamentarischen Attributen versehen -)[11] und dem Prinzen Israel für die Situation des Judentums.

Warum jedoch überhöhte Heine eine *weibliche* Figur derart symbolisch?[12] Warum macht er nicht einen Mann - den Rabbi des Titels - zur Verkörperung des Judentums, und warum war diese Formel für Feuchtwanger so eindrucksvoll, daß er ihr, wie zu zeigen sein wird, folgte?

Eine mögliche Antwort liegt in der Konnotation des Weiblichen mit dem Herzen, der Empfindung. Eine andere, gerade für Feuchtwanger wichtige, in der erotischen Attraktivität, Zugänglichkeit oder Verwundbarkeit einer Frau, denn damit kann das Assimilationsproblem zu einer Verbindung zwischen Mann und Frau werden, deren Spektrum von Vergewaltigung (Naemi) bis zu Verführung (Raquel) reicht. Auch war Heines „schöne Jüdin" Sara ein Gegenstück zu den von nichtjüdischen Erzählern vorgegebenen Typen. In jedem Fall bot Heine und das von Heine literarisch vorgegebene Modell dem jungen Feuchtwanger den Anlaß, zu reflektieren:

„Dieser ständige Zwiespalt zwischen hingebendem Gefühl und verständnismäßiger [sic, nicht ‚verstandesmäßiger'] Kritik mag mit daran die Schuld tragen, daß aus der großen Anzahl jüdischer Schriftsteller, die an der deutschen Literatur teilnehmen, keiner den ‚großen Judenschmerz' - um den Börne-Heineschen Ausdruck zu gebrauchen - wirklich poetisch vollwertig hat gestalten können. Denn eben diese ohnmächtige Sehnsucht eignet sehr vielen Kulturjuden."[13]

Die Inspiration, der Anreiz zum eigenen Versuch war gegeben.

---

[11] Heine, Heinrich: Prinzessin Sabbat, in: Romanzero, Hoffmann und Campe, Hamburg 1851, S. 175-182.

[12] In „Prinzessin Sabbat" sind natürlich beide, Prinz und Prinzessin, Symbolfiguren. Ausnahmen bestätigen die Regel.

[13] Feuchtwanger, Lion: Heinrich Heines „Rabbi von Bacharach", a.a.O., S. 99.

5. Naemi

5.1 Stoffgeschichte

Es läßt sich ohne Übertreibung sagen, daß Joseph Süß Oppenheimer, geboren entweder 1692/93 oder 1698/99, hingerichtet am 4.2.1738, einer der schnellsten Übergänge aus der Wirklichkeit in die Legende gelang. Bereits zu seinen Lebzeiten erschienen Schmähgedichte und Pamphlete, die sich vor allem auf zwei Aspekte, seine Finanztaktiken und seine Sexualität, konzentrierten. Das berühmteste Exemplar dieser Gattung dürfte das *Unterthäniges Dancksagungs-Compliment sämtlicher Hexen und Unholden an seine Jüdische Hexelenz Jud Joseph Süß Oppenheimer*[1] sein.

Die Flut der Veröffentlichungen brach jedoch erst mit Süß' Tod los. Wie Barbara Gerber nachweist, war die öffentliche Entrüstung über Süß von Anfang an untrennbar mit seiner Identität als Jude verbunden. Günstlinge, welche die Feindseligkeit des Volkes auf sich zogen, gab es öfter. Doch was an Süß unerhört erschien, war, daß er alles, was er tat, als Jude tat.

Ein Jude als „Herr", als Höfling und Machtpolitiker störte die soziale Ordnung; nach seinem Tod ließ sich immerhin das sehr barocke Schema von Aufstieg und Fall eines Günstlings anwenden, was auch häufig geschah. Daß Süß dabei oft ausgerechnet mit dem biblischen Judenfeind Haman und die württembergischen Protestanten mit den Juden verglichen wurden, erschien offensichtlich niemandem als Ironie. Doch was, dem Inhalt der Pamphlete, Gedichte und Schauspiele nach zu schließen, die Öffentlichkeit noch viel stärker beunruhigte, waren seine Beziehungen zu Christinnen.

„In der Wollust welzeste sich dieser Jud täglich, wie eine Sau im Koth. [...] Es finden sich immer stinkende Mist-Pfützen [...], und daran fehlete es auch dem Süß nicht. Er verblendete mit seinem verdammten Gelde nicht nur unverheyratete Weibs-Personen, sondern auch Eheweiber. Einige von denselben sind bekannt, und unter solchen die so genannte Frau Andel, [...] und neben dieser die Tochter eines ansehnlichen Rheingräflichen Bedienten, Namens Henrietta Luciana Vischerin. Diese leichtfertige Dirne hatte sich dem Gehorsam ihrer rechtschaffenen Eltern entzogen, und sich an den geilen Süß gehenkt. [...] Man weiß noch andere

---

[1] Unterthäniges Dancksagungs-Compliment sämtlicher Hexen und Unholde, An seine Jüdische Hexelentz Jud Joseph Süß Oppenheimer/ über die gemachte Lobwürdige Anstalten die Camine und Rauch-Fang sauber zu halten; Zu Beheugung höchsten Respects und Danckbarkeit/ im Nahmen aller aufgesetzt und überreicht von gesamter Nacht-liebender Societat Ur-Groß-Mutter Der Zigeunerin von Endor. Gedicht auf dem Heu- und Bocksberg in St. Walburgis-Nacht. O.J. - Illegales Flugblatt mit dem Porträt des Süß. (Abdr: Curieuse Nachrichten, 2, 1738, S.53/54).

Schand-Bälge, die sich der unersättlichen Geilheit dieses Juden, wiewohl auf eine etwas behutsamere Art, preis gegeben."[2]

Der pathologische Sexualneid, der in solchen Pamphleten zum Ausdruck kommt, zieht sich auch als ein roter Faden durch die Gedichte: „Meidet ungehenckte Diebe,/ Ist ein Jude noch so groß/ Würdigt ihn nicht Eurer Liebe,/ Blöset ihm nicht Eure Schooß!/ Was geschicht, lasts Christlich seyn,/ Kömmt ein Jude, saget nein."[3]

Neben den antisemitischen Jud-Süß-Legenden - *Letzter Abschied des Juden Süß an seine Maitressen, Galgengesang Joseph Süß Oppenheimers in seinem Vogel Haus,* oder *Leben und Tod des berüchtigten Juden Joseph Süß Oppenheimers,* alle bereits 1738 gedruckt - die auf diese Weise das Bild des Abenteurers mit dem des Ausbeuters und Verführers verbanden - legten die durchaus Süß-feindlichen Berichte des Vikars Immanuel Hoffmann und des pietistischen Pastors Rieger den Grundstein für eine andere Tradition. Beide waren widerwillig beeindruckt davon, daß der nicht orthodoxe Süß sich bis zum Schluß weigerte zu konvertieren, und überlieferten seine letzten, gegen den Lärm der Menge gerufenen Worte: „Schma Israoel, Adonai elohenu, Adonai echod, Adonai hu hoelohim!"[4]

Dieses Bekenntnis bildet die Grundlage für das im April 1738 gedruckte anonyme einzige positive zeitgenössische Jud-Süß-Pamphlet, die *Relation von dem Tod des Joseph Süß, seel. Gedächtnis,* in dem er als Sündenbock der Christen und „Gerechter" der Juden geschildert wird.

Der Meinung, daß „ein Jud für Christenschelme die Zeche gezahlt hat", wie der nachfolgende Regent Carl Rudolph sich ausdrückte und oft genug zitiert wurde, waren angesichts des offenkundigen Schauprozesses und der Tatsache, daß andere, christliche, Profiteure des Karl-Alexander-Regimes frei ausgingen, auch nachfolgende Rezipienten wie Wilhelm Hauff. Dennoch reiht sich Hauffs Süß in die Tradition des dämonischen Günstlings und Volksausbeuters ein.

„Man darf ohne Übertreibung sagen, daß der Herzog in der Novelle auf Kosten des Juden reingewaschen wird. [...] Diese Unkenntnis oder willentliche Umkehrung der tatsächlichen Geschehnisse, die Hand in Hand geht mit dem gänzlichen Verzicht Hauffs, den Charakter des Süss irgendwie problematisch zu sehen und tiefer anzulegen, ist es wohl vor allem gewesen, die Feuchtwanger veranlaßt hat, Hauffs Novelle eine ‚naiv-antisemitische Darstellung' zu nennen."[5]

---

[2] Gerber, Barbara: Jud Süß. Ein Beitrag zur historischen Antisemitismus- und Rezeptionsforschung. Hans Christians Verlag, Hamburg 1990, S. 133.

[3] Ebd., S. 134.

[4] Siehe Elwenspoek, Curt: Jud Süß Oppenheimer. Der große Finanzier und galante Abenteurer des 18. Jahrhunderts. Süddeutsches Verlagshaus, Stuttgart 1926, S. 171.

[5] Berndt, Die frühen historischen Romane Lion Feuchtwangers, a.a.O., S. 37 f.

Wichtig für die weitere Stoffgeschichte ist, daß dem Süß hier zum ersten Mal eine weibliche Verwandte beigegeben wird, in diesem Fall, eine Schwester, Lea, die ebenfalls an eine Tradition anknüpft: an die der „schönen Jüdin". Die unschuldig-reine Lea wird von ihrem Bruder von der christlichen Umwelt verborgen, begegnet jedoch einem jugendlichen Parlamentarier, in den sie sich verliebt. Da er sie schließlich ihrer Herkunft wegen zurückweist, begeht sie Selbstmord. Florian Krobb hat darauf hingewiesen, daß Leas Einführung in den Text und die Beschreibung ihrer Wirkung auf Gustav eine verhängnisvolle „zauberische" Ausstrahlung von Jüdinnen auf Christen impliziert, was sie als eindeutige Sympathieträgerin ausschließt. Die Rezeption der Lea-Figur verlief jedoch sehr zugunsten der „schönen Jüdin".

Lea rückt in den Mittelpunkt von E.F. Grünwalds Drama *Lea* von 1846; die Entscheidung des jungen Lanbeck, sich nicht mit einer Jüdin zu verbinden, wird nicht länger (wie noch bei Hauff) als wenn nicht positiv, so doch notwendig gesehen, sondern sehr kritisch dargestellt. Damit ist die stoffliche Verknüpfung mit der Emanzipationsproblematik gegeben, die in Albert Dulks Drama *Lea* von 1848 noch stärker in den Vordergrund tritt. Hier wird die Möglichkeit, Süß als Märtyrer und sein Schicksal im Zusammenhang mit der Verfolgung der Juden zu sehen, stofflich zum ersten Mal in einer fiktiven Bearbeitung genutzt. Otto Ludwigs Dramenfragment *Jud Süß* zielte in dieselbe Richtung.

Die antisemitische Tradition griffen vor allem Novellen und historische Anekdotensammlungen wie Theodor Griesingers *Schwäbische Familienchronik* von 1860 auf. Marcus Lehmanns *Jud Süß* von 1872 ging in die umgekehrte Richtung, befreite den Titelhelden von aller Problematik (und seinen Affären) und machte ihn zur Symbolfigur für das verfolgte jüdische Volk. Eugen Ortners völkisch-nationales Drama *Jud Süß* kann hier nur bedingt angeführt werden, denn es erreichte die Öffentlichkeit erst nach Hitlers Machtantritt 1933; laut Auskunft des Autors wurde es jedoch bereits 1911 geschrieben. Inhaltlich weist es schon auf Harlans Film voraus.

Die letzte bedeutende Dramatisierung vor Feuchtwanger lieferte Fritz Runge 1912 mit *Jud Süß*, ein psychologiches Schauspiel in fünf Aufzügen. Sein Stück basierte teilweise zwar auf Griesinger, brachte jedoch neben der herkömmlichen Aufstieg-und-Fall-Geschichte zum ersten Mal angedeutet den Konflikt zwischen Macht und Geist in den Stoff. Feuchtwanger hat Runges Stück nie erwähnt und kannte es wahrscheinlich nicht; viel wichtiger für ihn war Manfred Zimmermanns Biographie *Josef Süß Oppenheimer, ein Finanzmann des 18. Jahrhunderts* von 1871, die sich als erstes Sachbuch um eine einigermaßen ausgewogene Studie bemühte und, was den historischen Hintergrund anging, seine Hauptquelle wurde.

5.2 Die Vorstufe: Das Drama Jud Süß

Joseph Süß Oppenheimer hatte, soweit sich heutzutage feststellen läßt, keine Tochter. Daß Feuchtwanger ihm dennoch bereits in der Vorstufe seines Romans, dem Drama *Jud Süß*, eine Tochter zuordnet und sie zentral für die Handlung werden läßt, verdient eine ausführliche Analyse.

Neben der in Feuchtwangers Werk erkennbaren Vorliebe für das Motiv des verlorenen Kindes, das für ihn auch einen autobiographischen Bezug hatte (seine einzige Tochter Marianne lebte nur einige Tage), läßt sich als literarischer Einfluß C.F. Meyers Thomas-Becket-Novelle *Der Heilige* feststellen. In dieser Novelle ordnet Meyer dem Becket ebenfalls eine fiktive Tochter zu, deren Verführung durch Heinrich II. und Ermordung durch Eleonore von Aquitanien in seinem Helden die entscheidende Wandlung auslöst. Der Eindruck, den *Der Heilige* bei Feuchtwanger hinterließ, ist noch in der *Jüdin von Toledo* spürbar. Feuchtwanger hatte als Vorarbeit für die *Jüdin*, wie sich aus seinen zahllosen Quellenverweisen am Rand der verschiedenen Fassungen feststellen läßt, mehrere Biographien gelesen, in denen die Sage von der durch die Königin vergifteten königlichen Geliebten, meist Rosamund Clifford, klar ins Reich der Legende verwiesen wird. Dennoch erwähnt er bei seiner Erzählung von Ellinors - Eleonore von Aquitaniens - Leben „wie seinesteils Heinrich seine Königin hinterging mit vielen, vor allem aber mit einer, und wie Ellinor ihm diese seine schöne Geliebte Rosamund umbrachte."[6]

Aber auch Wilhelm Hauffs Idee, Süß Oppenheimer mit einer - gleichfalls erfundenen - Schwester auszustatten, mag Feuchtwanger beeinflußt haben, der literarischen Tradition der „schönen Jüdin" zu folgen. Feuchtwanger setzt seine Tochterfigur jedoch in Beziehung zu Kontexten biblischer Tradition und psychoanalytischer Deutungen.

Bereits in der ersten Szene des Dramas *Jud Süß* wird Süß Oppenheimers Tochter mit ihrem Spiegel- und Gegenbild, Magdalen Sybille, verknüpft. Die Namensgebung dürfte kein Zufall sein: „Tamar" hat, wie später im Roman, „Naemi", einen spezifisch biblischen Hintergrund. Ich vermute, daß Feuchtwanger eher an Davids Tochter, die von ihrem Bruder Ammon mißbraucht und von ihrem Bruder Absalom gerächt wurde, als an Judas Schwiegertochter und spätere Frau gedacht hat.

Weissensees Tochter wird in der gleichen Szene wie Tamar verbal eingeführt; der Pietismus, der ihr Dasein als „Erweckte" vor der Begegnung mit Süß und dem Herzog kennzeichnete, entspricht Tamars Verbundenheit mit dem Alten Testament und der Kabbala. Anders als die Magdalen Sibylle des Romans akzeptiert sie nach der Zerstörung ihres Glaubens die von Süß gebotene Alternati-

---

[6] Feuchtwanger, Lion: Die Jüdin von Toledo. Aufbau Verlag Berlin 1955, S. 303.

ve: „Macht! Glanz! Rausch!"[7]. Ihr Vater spricht in einem Zug von ihrem durch Süß verschuldetem Schicksal und Tamars Versteck, was Süß und den Zuschauern bereits den ersten Hinweis auf seinen Racheplan gibt. Die mehrfachen Warnungen, die Süß in bezug auf die Gefährdung seiner Tochter erhält, sind im Drama viel stärker als im Roman, wie auch sein unmittelbares Verschulden an ihrem Tod stärker ist; fast immer sind sie mit Magdalen Sybille verknüpft, deren Vergewaltigung durch den Herzog ebenfalls durch ihn ermöglicht wurde. Auch die zweite Stelle, in dem diese beiden Töchter ehrgeiziger Väter - lange vor ihrem Auftritt - erwähnt werden, betont die Spiegelbildfunktion:

HERZOG: Nun? Wie ist das mit mir und den Frauen?
MAGUS: Fürchtet sie! Diese wird Euch verwunden, eine Euch töten.[8]

Magdalen Sibylle wird den Herzog „verwunden", indem sie Süß seine Pläne verrät, Tamar ihn durch ihren eigenen Tod, der die Rache ihres Vaters auslöst, „töten". Beide Frauen formen mit Süß und dem Herzog eine Dreieckskonstellation (im Roman ist das Rabbi Gabriel vorbehalten), beider Liebe gilt Süß und nicht dem Herzog. Nachdem Tamar durch das Gespräch zwischen Süß und Weissensee bereits als potentielles Opfer des Herzogs eingeführt wurde, zeigt sich im Gespräch mit dem Magus ihre Hauptfunktion, als die verdrängte und verlorene Seele ihres Vaters.

MAGUS: Tamar verzehrt sich nach dir. Deine Tochter schreit nach dir. Komm!
SÜSS: Ist sie krank?
MAGUS: Es ist nicht eine Krankheit des Körpers. Es muß ihr Schlimmes den Sinn verstört haben. Sie verlangt nach dir, dürstet nach dir. Komm!
SÜSS *zögernd*: Ich kann jetzt nicht fort. Der Fürstbischof von Würzburg hat sich angesagt. Es schweben tausend politische Geschäfte von größter Importanz. [...]
MAGUS: Der Fürstbischof von Würzburg? Politische Geschäfte? Verstehst du mich denn nicht? *Mit größter Eindringlichkeit:* Tamar, dein Kind, verzehrt sich nach dir. I c h kann ihr nicht helfen. Sie braucht d i c h.
SÜSS *unterworfen*: Gut. Ich werde kommen. *Pause.* Manchmal, wenn ich hier sitzte und das heimliche Schlößchen denke und Euch und Tamar, dann frag ich mich: Was ist wirklich? Ich, der ich hier sitze und ein deutsches Fürstentum regiere, oder ich, der ich mich in dem heimlichen Schlößchen vor den Menschen verstecke und über den Schriften von der Kabbala träume? Ich bin ein andrer dort, ein andrer hier. Welches ist mein wahres Ich? Eines muß Schein und Lüge sein. Welches ist wirklich?
MAGUS: Keines von beiden. Diese deine Welt und jene reinere, in der Tamar lebt und ich, beide sind nur Abbilder der dritten wirklichen Welt, Gewänder des Greises der Greise, des Verborgenen der Verborgenen, die äußersten Kleider Gottes.[9]

---

[7] Feuchtwanger, Lion: Jud Süß, in: Dramen I, Gesammelte Werke in Einzelausgaben, Bd. 15, Aufbauverlag, Berlin u. Weimar 1984, S. 318.

[8] Ebd., S. 272.

[9] Ebd., S. 274.

Tamar als Bindeglied zur dritten Welt, als verkörperte Kabbala, als Seele ihres Vaters, das sind Funktionen, die auch Naemi später hat. Was aus Feuchtwangers Wortwahl („verzehrt", „verlangt", „dürstet") ebenfalls spricht, ist die erotische Komponente, auf die er bei keiner seiner Vater-Tochter-Beziehungen verzichtete.

Zu Beginn des zweiten Aktes, als Tamar zum ersten Mal in Person auftritt, werden beide Aspekte erneut verdeutlicht. Tamar, laut Regieanweisung „siebzehn Jahre alt, sehr zart, tiefschwarzes Haar, milchigweißes Gesicht, die Züge ausgesprochen jüdisch, die Augen aus den Morgenzeiten des Alten Testamentes"[10], verkörpert offensichtlich die von Süß in seinem Machtleben verdrängte jüdische Spiritualität. Die ersten Worte, die sie spricht, sind hebräisch; doch sie übersetzt aus dem Hohen Lied, dem am stärksten erotisch gefärbten Text des Alten Testaments. Außerdem entspricht ihre Beschreibung in allen Punkten - schwarzes Haar, schöne Augen, jüdische Züge - denen jener Esthers, Miriams und Delphinen, die in der Erzählliteratur des neunzehnten Jahrhunderts dem Rebecca-Modell folgten und die in allen Fällen einen überwältigenden Reiz auf die Männer der jeweiligen Romane (*„Esther Raphael"*, *„Die Jüdin"*, *„Wally, die Zweiflerin"*) ausübten. Bei dem durch das vertraute literarische Bild konditionierten Zuschauer darf eine entsprechende Erwartungshaltung angenommen werden.

Doch Tamar wird in ihrer ersten Szene nicht von einem Christen gesehen; sie begegnet ihrem Vater, keinem Liebhaber. Feuchtwangers Beschreibung dieser Begegnung impliziert allerdings zumindest bei Tamar einen Elektra-Komplex:

TAMAR: Der Vater! *Haltlos an seinem Hals.* Vater! Du! Vater! Lieber Vater!
MAGUS: Sieh dich vor, Joseph, daß du sie nicht zerbrichst.
Entfernt sich.
SÜSS *streichelt ihr das Haar:* Kind! Liebes! Faß dich! Verström mir nicht!
TAMAR: Daß du da bist! Daß ich dich wieder habe! Ich spüre dich. Du hältst mich. Du bist kein Traum. Ich höre deine Stimme. Oh! Nun ist alles wieder gut. [...] O Vater! Daß du mich so lang allein lassen konntest! Daß du nicht spürtest, wie heiß ich dich herbeiwünschte! Ich hieß mein Herz dich rufen. So laut es konnte, rief es dich. [...]
Aber jetzt sollst du ruhn, Vater! Du wirst müde sein vom Weg. Ich laß dir das Bad richten und das Mahl bereiten. - Die fremden Früchte sind reif geworden. Sie sind herrlich anzuschauen, die Körner glasig klar und hochrot und geschwellt, und würzig der Duft. Wir wollen die ersten zusammen kosten, Vater. - „Mein Geliebter ist mein, und ich bin sein, der in den Rosen weidet." *Mit lustiger Wichtigkeit:* Weißt du auch, daß das was ganz anders bedeutet? [11]

Als Tochter, Seele, biblische Figur aus dem Alten Testament und Verkörperung der jüdischen Identität, als die Frau, die Süß am nächsten steht, und als

---

[10] Feuchtwanger, Lion: Jud Süß (Drama), a.a.O., S. 285.
[11] Ebd., S. 287 ff.

„verbotene Frau", ist Tamar in der Tat dazu bestimmt, von ihrem Vater „zerbrochen" zu werden. Nach einer weiteren Aufforderung durch den Magus, sein bisheriges Leben hinter sich zu lassen und mit Tamar zu fliehen, erhält Süß überraschend Besuch von Magdalen Sibylle („Ein Zeichen, Oheim! Das Leben schickt mir ein Zeichen"[12]).

SÜSS: Und S i e kommen und sagen mir das? Sie, Magdalen Sibylle, die dieses Projekt ins Herz trifft? Sie kommen zu mir und warnen mich und sagen mir das?
MAGDALEN SIBYLLE: Ja! Ja! Ja! Ich komme zu Ihnen und warne Sie und - Ja! (...)
SÜSS *reißt sie an sich*: Magdalen Sibylle! - Gewartet, gewartet hab ich auf dich wie auf den ersten, zögernden Frühlingstag nach spätem Winter, gewartet wie ein Kranker auf den ersten Morgen nach fiebriger Nacht. - Ruhm - Erfolg - Seele: dich im Arm zu haben ist Leben, und alles andere ist toter Schein.[13]

Die Lockung durch Erfolg und Eros ist immer noch größer als die der Seele. Statt mit Tamar zu fliehen, bleibt Süß bei Magdalen Sibylle, die in ihrer vernichteten Spiritualität für Süß „Leben" - eine auch körperlich erfüllte Bindung - symbolisiert, was seine unschuldige Tochter nicht kann. Zu einem Verzicht und einem Leben ohne Macht und Sexualität - wie es die Flucht mit Tamar bedeuten würde - ist Süß noch nicht bereit. Die Strafe folgt in Gestalt des Herzogs auf dem Fuß und im gleichen Akt. Weißensee kommentiert: „Sie gaben meiner Tochter Okkasion, eine zweite Gräveniz zu werden: bien, als honetter Mann erwidre ich Ihre Freundlichkeit".[14] „Kleine Schwester"[15] nennt Magdalen Sibylle Tamar, in der sie ihr früheres Selbst erkennt. Der Herzog, der in diesem Drama wenig mehr als die gröbste Form des Machtmenschen und die Gestalt gewordene Libido verkörpert, bleibt dennoch nicht nur erotisch, sondern auch spirituell angerührt zurück, nachdem er Tamar gesehen hat: „Da geht sie hin. Und ein bestes Teil von meinem Herzen mit ihr."[16]

Daß Süß in dieser Szene anwesend ist, bildet einen entscheidenden Unterschied zum Roman und unterstützt die mögliche Lesart dieser Vater-Tochter-Machtmensch-Geschichte. Der Vater bringt seine Tochter dem Machtmenschen auf verschiedene Arten als Opfer, einmal dadurch, daß er die Vergewaltigung Magdalen Sibylles durch den Herzog möglich gemacht und damit Weissensees Rache beschworen hat, zweitens dadurch, daß er sie trotz wiederholter Mahnungen und, obwohl er persönlich das erotische Interesse des Herzogs an seiner Tochter erlebt, nicht in Sicherheit bringt und sogar allein zurückläßt, und drittens auf symbolische Weise, wenn wir den Herzog als Süß entfesseltes Unbe-

---

[12] Feuchtwanger, Lion: Jud Süß (Drama), a.a.O., S. 293.
[13] Ebd., S. 294.
[14] Ebd., S. 296.
[15] Ebd., S. 303.
[16] Ebd.

wußtes - als Macht- und Sexualtrieb in seiner rohesten Form, nicht mehr sublimiert durch Intellekt und Charme - sehen.

Die Möglichkeit, den Herzog als Teil von Süß zu betrachten, bietet der Text des Dramas auch später noch einmal eindringlich. Anders als in der geschichtlichen Realität und später in Feuchtwangers Roman überlebt Karl Alexander nämlich, wenn auch durch den von Süß ausgelösten Schlaganfall um seinen Verstand gebracht. Vor seinem Tod bittet Süß:

SÜSS: Kann ich den Herzog noch einmal sehen?
STURM: Den regierenden?
SÜSS: Den Herzog Karl Alexander. M e i n e n Herzog.
STURM: Ich werde versuchen, ob ich es Ihm auswirken kann.
[...]
HERZOG *wird in einem Rollwagen hereingeschoben; sein Blick geht stumpf von einem zum andern.*
REMCHINGEN: Weidest du dich an deinem Opfer, Jud? Viel defraudieren wirst du nicht mehr können, eh daß du auf hänfenem Strick zur Hölle reitest.
HERZOG, *an Süß verbeisehend, reagiert mechanisch auf das Wort Jud, mühsam hervorstoßend*: Jud -. Judas!
SÜSS *tritt näher*: Warst d u schuldig? War ich es? Könntest du hören, zerbrochener Mann, ich würde dir linde Worte ins Ohr flüstern, ich würde mit dir klagen über deine verflatterte Seele, dir helfen den Schutt abtürmen, darunter sie begraben liegt. Es tut mir leid um dich, Herzog Karl Alexander. [17]

Die Beziehung zwischen dem Herzog und Süß, deren symbiotischer Charakter in der Romanfassung eine viel stärkere Rolle spielt, beruht auf einer natürlichen Affinität: Beide wollen jeweils eigene Ziele durchsetzen. Aber jeder braucht den anderen und erkennt in diesem komplementäre Wesenszüge. Süß wird bewußt, daß der Herzog der in ihm selbst verborgene Machtmensch ist. Der Herzog bedient sich der ihm nicht zu Gebote stehenden Fähigkeiten, will aber zuletzt nicht anerkennen, wie stark Süß Teil seiner selbst ist. Durch den Übergriff des Machtmenschen auf den Privatbereich - die versuchte Vergewaltigung und der Tod Tamars - wird der *status quo* aufgehoben; beide, Süß und der Herzog, versuchen eine gewaltsame Trennung, versuchen sie durch den Tod des jeweils anderen herbeizuführen.

Durch das Überleben des Herzogs läßt Feuchtwanger in der Dramenfassung diesen Versuch auch äußerlich zu beiden Teilen mißlingen. Daß Süß am Ende in der Lage ist, dem Herzog zu verzeihen und „den Schutt abbauen" möchte, stellt die eigentliche Trennung dar. Durch die Anerkennung der eigenen Schuld und der Ähnlichkeit zum Herzog ist Süß wieder eine integrierte, in sich geschlossene Persönlichkeit; für den Herzog jedoch, der im doppelten Sinne seines

---

[17] Feuchtwanger, Lion: Jud Süß (Drama), a.a.O., S. 328 f.

Intellekts (den schließlich Süß für ihn symbolisierte) beraubt und auf ein rein vegetatives Dasein reduziert ist, kommt jede Hilfe zu spät.

Der Herzog und Süß als Spiegelbilder, diese Vorstellung arbeitet Feuchtwanger in seiner Romanversion des Stoffes noch viel stärker heraus, wo sich die Rolle der beiden Tochterfiguren allerdings verändert. In dem Drama *Jud Süß* steht Tamar noch ganz in der Tradition der „schönen Jüdin", mit dem einen, entscheidenden Unterschied, daß sie ihrem Vater, nicht dem christlichen Betrachter, dem Herzog, verbunden ist; damit knüpft sie an die ebenfalls dem jüdischen Bereich verhaftete Sara Heines an, weist aber gleichzeitig auf die Bedeutung der Vater-Tochter-Konstellation für Feuchtwanger hin.

5.3 Jud Süß

Naemi ist in der Bibel Ruths Schwiegermutter, eine jüdische Frau, die lange im Exil war, ehe sie in ihre Heimat zurückkehrt, und zu der die Moabiterin Ruth sagt:

„Wo du hingehst, da will auch ich hingehen; wo du bleibst, da bleibe auch ich. Dein Volk ist mein Volk, und dein Gott ist mein Gott. Wo du stirbst, da sterbe ich auch; da will ich auch begraben werden. Der Herr tue mir dies und das, der Tod muß mich und dich scheiden."[18]

Die Namensänderung, die Feuchtwanger an Süss Oppenheimers Tochter vornahm, ist bereits ein Hinweis auf den unterschiedlichen Symbolwert von Tamar und Naemi. In ihren Eigenschaften hat sich das Mädchen kaum verändert; sie ist immer noch die schöne, etwas blasse Idealfigur, die Süß, Schober und der Herzog mit dem Alten Testament assoziieren. Aber anders als im Stück ist Naemi vierzehn, nicht siebzehn Jahre alt; sie wird von Rabbi Gabriel und Süß beinahe stereotyp als „das Kind" bezeichnet, sie spricht „mit ihrer kleinen, kindlichen Stimme".[19] Der erotische Unterton der Beziehung zwischen ihr und ihrem Vater ist dadurch deutlich zurückgenommen, wenn auch durchaus noch vorhanden.[20]

Die späteren Absichten des Herzogs wirken durch diese betonte Kindlichkeit, Unschuld und Jugend um so schockierender. Stärker noch als im Drama her-

---

[18] Das Buch Ruth, I.16 und 17 in der Übersetzung von Martin Luther.

[19] Feuchtwanger, Lion: Jud Süß (Roman). Drei Masken Verlag, München 1925, S. 171.

[20] „Wäre Frage nicht Zweifel gewesen? Nein, ihr Vater war herrlich und in großem Glanz, und die Verleumdung der Heiden und Philister schmutzte ihm nicht die Sohle. [...] [E]r war Josef, der milde, kluge, den Pharao setzte über alles Volk und der das Volk zinste für die künftige Hungersnot. Aber sie waren töricht und sahen seine Weisheit nicht ein. Oh, wenn er käme, endlich! An seinem Hals verströmen! Vor seinem feuervollen Augen verbrennt, verweht in Asche das Geschwätz des dicken jungen Menschen." Feuchtwanger, Lion: Jud Süß (Roman). a.a.O., S. 257.

ausgearbeitet ist Naemi als Süß' verdrängte Identität und Seele. Man vergleiche die bereits zitierte Szene „Deine Tochter verzehrt sich nach dir" mit ihrer Entsprechung im Roman:

„Rabbi Gabriel nahm sich nicht die Mühe, auf die Einwürfe des anderen zu erwidern. Er schaute ihn nur an, langsam, mit den trüben steinernen, wissenden Augen, und schwieg. Und während dieses Schweigens sprang plötzlich schmerzhaft das Verkapselte auf, und das Jahr lag bloß, jenes seltsame und unbegreifliche Stück Leben, das Jahr in der kleinen holländischen Stadt, das Süß geflissentlich und doch mit einem geheimen Stolz, etwas Störendes und höchst Unpassendes, vor sich und aller Welt versteckte. Er sah das weiße, verschlossene Gesicht der Frau, voll Hingabe und doch so unsagbar fremd, er sah die rührenden, gelösten Glieder, er sah die Tote, die verlöscht war wie sie aufgeglommen, kaum die neue Kerze gezündet. Er sah das Kind, sich selber in einer seligen und gleichzeitig so entsetzlich drückenden Ratlosigkeit. [...]
‚Das Kind ist jetzt vierzehn Jahr', sagte endlich Rabbi Gabriel. ‚Es macht sich seinen Vater aus meinem Wort. Es ist nicht gut, wenn dann die Wirklichkeit und mein Wort so auseinanderklafft. [...] Ich werde sie also ins Land bringen', schloß er, ‚daß sie dich sieht.' Süß erschrak strudelnd tief. Das Kind! Da saß dieser Mann vor ihm, ganz gleichmütig, und sagte ihm einfach: Ich werfe dein Leben um. Ich setze mitten in dein Leben voll Glanz und Frauen und Wirbel das Kind, die Tochter, Naemi. Ich hebe dein Leben aus den Angeln, ich reiße die Kapsel auf, ich reiße dein Herz aus den Angeln." [21]

Naemi, „das Kind", hat ihren Ursprung in dem „Verkapselten", dem einzigen Teil der Vergangenheit ihres Vaters, der nicht von Machtstreben beherrscht war. Die „selige und doch so entsetzlich drückende Ratlosigkeit", die er bei ihrer Geburt empfand, nimmt bereits seine Fähigkeit zu der kontemplativen Geisteshaltung vorweg, die ihn Feuchtwanger am Ende des Romans erreichen läßt. Damit ist Naemis Aufgabe, ihren Vater zu dem „Verkapselten" zurückzuführen, bereits angelegt; daß ihre Existenz überdies Süß „das Herz aus den Angeln" reißt, sollte ebenfalls nicht unbeachtet bleiben. „Herz" ist in der Feuchtwangerschen Begriffswelt keineswegs identisch mit „Seele" (der das „Verkapselte" entspricht). In der bereits zitierten Aussage zum Thema Nationalismus und Internationalismus verknüpft er „Herz" mit irrationaler Romantik und Nationalismus. Wenn Naemi nicht nur für Süß' Seele, sondern auch für sein Herz steht, dann bedeutet „Herz" auch seine Identität als Jude, etwas, daß der Roman im folgenden noch weitaus deutlicher macht.

Zurückgenommen im Vergleich zur dramatischen Vorlage, wenn auch noch vorhanden, ist die Parallelität zwischen Naemi und der neunzehnjährigen Magdalen Sibylle. Immer noch rächt sich Weißensee dadurch, daß er den Herzog zu Süß' verstecktem Haus und dessen Tochter führt.

„Ei ja, mein Herr Geheimrat Finanzienrat, gewiß doch, diese war wohl ein Kleinod und sehr wert, gehütet zu sein. Achtes Weltwunder! Hebräische Venus! Augen hat sie wie aus dem

---

[21] Feuchtwanger, Lion: Jud Süß (Roman), a.a.O., S. 71 f.

Alten Testament. Und sieht nicht aus, als wäre sie nur lieblich anzuschauen. Zu der Magdalen Sibylle kamen die Apostel und sprachen zu ihr. Zu dieser mögen die Propheten kommen. Sie waren schlauer als ich, Herr Finanzdirektor; aber doch nicht schlau genug" [22]

Doch Süß hat sich zu diesem Zeitpunkt, noch vor dem Tod Naemis, aber nach der Entdeckung seiner halbchristlichen Herkunft und seiner bewußten Entscheidung für das Judentum, bereits von Magdalen Sibylle zurückgezogen.[23] Es gibt keine indirekte Wahl zwischen Magdalen Sibylle und der Sicherheit für Süß' Tochter.

Magdalen Sibylle ist weder bei dem verhängnisvollen Jagdausflug des Herzogs anwesend, noch veranlaßt sie Süß, im Lande zu bleiben, auch versucht sie nicht, die Esther-artige Position der einflußreichen Mätresse, die er ihr einmal nahelegte, einzunehmen, obwohl nicht nur Süß, sondern auch ihr Vater sie in diese Richtung drängen: „Vielleicht habe sie ja Gott auserwählt, wie Esther den Ahasverus."[24]

Hier bringt Weißensee seine Tochter als Mätresse eines Machthabers mit der biblischen Esther in Verbindung, doch er bleibt nicht der einzige. Nach seiner ersten Begegnung mit der vierzehnjährigen Naemi denkt Süß: „Warum versteckt er das Kind vor den Menschen? Eine Königin von Saba, eine Königin Esther soll sie werden."[25] Die einzige Art, wie Naemi zu einer Esther werden könnte, wäre natürlich durch die Verbindung mit dem Herzog.

Ihre Abwesenheit und die bereits begonnene Abwendung Süß' von Glanz, Sexualität und Macht, die nicht erst mit dem Tod Naemis, sondern nach der Rettung des Juden Seligmann und der Enthüllung Rabbi Gabriels über seine Her-

---

[22] Feuchtwanger, Lion: Jud Süß (Roman), a.a.O., S. 404 f.

[23] Ebd., S. 386 f.: „Das große Mädchen mit den bräunlichen, männlich kühnen Wangen war müde geworden. [...] Sie war durch Demut und Entzückung der Brüdergemeinde gegangen, die Schrift hatte ihr Klang und Sinn gehabt [...]. Und dann waren der Herzog und der Jud gekommen und hatten wie eine große Schlammflut ihren Garten überschwemmt und verwüstet. Alle Blüte und Frucht und Baum und Grün war tot und verschlammt gewesen, und als die Wasser sich verlaufen hatten, war nichts geblieben als nasser, unfruchtbarer Kot. Und dann war die Werbung des Süß gekommen. Sie hatte trotz der ersten Enttäuschung ihn für eine große, lebenzeugende Sonne angeschaut und hatte sich ihm ganz erschlossen, alle Poren des Leibes und der Seele ihm willig und mit bewußter, grenzenloser Hingabe geöffnet. Aber er war eine Sonne gewesen, die nicht wärmt und die fahl und mitleidslos und unerreichlich ihre Straße zieht. Sie hatte allen Willen darauf gerichtet, ihn zu begreifen, sie hatte sich mitreißen lassen von ihm, und sie hatte auch, mehr als jeder andere, von seinen Verwicklungen gespürt, mehr verstanden von seiner Isolierung, seinen Kämpfen, seinen Niederlagen, seiner Gelähmtheit, seinem neuerlichen Aufstieg. Aber ihr scheues und ihr offenes Werben um ihn blieb ohne Krone; er war zu ihr von einer sehr höflichen, vertrauensvollen Freundschaftlichkeit, doch alle männliche Glut war verascht."

[24] Ebd., S. 243.

[25] Ebd., S. 170.

kunft beginnt, dient dazu, die Schuld an dem Tod seiner Tochter von einer tatsächlichen auf eine metaphysische Ebene zu heben. Dabei übt Naemi eine Wirkung aus, die über Tamars Einfluß im Drama hinausgeht: Sie macht nicht nur die Selbsttäuschungen ihres Vaters, sondern auch seinen Assimilationsprozeß rückgängig.

„Die Stimme frei, sachlich, sagte er: ‚Ich fahre nach Hirsau. Zu Naemi.' Näher an Süß riß es den Überraschten. Heller das Gesicht, halb ungläubig, mit fast gutmütigem Scherz: ‚Als Rächer an Edom?' Doch Süß blieb ruhig. Ohne Gereiztheit, zuversichtlich und fest sagte er: ‚Sie will mich sehen. Ich stelle mich ihr.' Rabbi Gabriel nahm seine Hand. Sah sein Gesicht. Sah Unreines, Unwahres, Schutt. Sah darunter anderes. Sah unter Haut, Fleisch, Knochen zum erstenmal Licht. ‚Sei es!' sagte er, schon klang seine Stimme wieder mißlaunig wie sonst. ‚Komm mit zu dem Kind!'"[26]

„Karl Alexander trat ein. Fuhr zurück. Fast hätte er den Mann nicht erkannt. Dieser Mensch mit den schwärzlichen, schmutzigen Stoppeln um den Mund und die Wangen hinauf, mit dem häßlich farblosen Haar, den eingesunkenen, rötlichen, stieren, triefenden Augen: war das Süß, sein Jud und Finanzdirektor, der große Kavalier, der lüsterne Traum der Frauen?"[27]

„‚Leid kratzt die Tünche vom Gesicht', sagte Rabbi Gabriel. ‚Du hast ein zerlittenes Gesicht, du hast ein jüdisches Gesicht.'"[28]

Diese Reaktion auf den Verlust eines geliebten Kindes teilt Süß mit Dr. Geyer aus *Erfolg*[29] und Josephus in *Der Tag wird kommen*[30]. Der Verlust der Tochter bewirkt auch den Verlust der erotischen Attraktivität, und auf dieser Attraktivität beruht sowohl ein Teil von Süß' Assimilation als auch seine Dominanz in Württemberg.[31] Seine Beziehung zu Karl Alexander, der für ihn Macht, Glanz

---

[26] Feuchtwanger, Lion: Jud Süß (Roman), a.a.O., S. 356.

[27] Ebd., S. 419.

[28] Ebd., S. 447.

[29] Feuchtwanger, Lion: Erfolg. Kiepenheuer Verlag, Berlin 1930, Bd. 2, S 311: „Als spät der Morgen heraufkam, hörte die Haushälterin Agnes den Dr. Geyer sprechen, allein, in einer fremden Sprache. Es war hebräisch. Der Reichstagsabgeordnete Geyer sprach Gebete, hebräische, Sterbegebete […]. So hockte der Abgeordnete Geyer den Tag über und aß nicht und wusch sich nicht und rasiert sich nicht und blieb in den gleichen Kleidern."

[30] „So geübt der Kurier war, […], so verblüfft war er über den Anblick dieses Flavius Josephus. Er hatte ihn gesehen vor wenigen Tagen, damals, als der Kaiser ihn auf den Palatin beschieden hatte. Da war er ein Mann in guten Jahren gewesen, glänzend, einer, der in der Residenz gute Figur machte. Und jetzt stand vor ihm ein verdreckter, unrasierter, zerlumpter, alter Jude." Feuchtwanger, Lion: Der Tag wird kommen. Berman Fischer Verlag, Stockholm 1954, S. 343.

[31] Vgl.: „Die Frauen, die an dem Palais in der Seestraße vorübergingen, schielten neugierig und gekitzelt durch die mächtigen Torflügel in die Vorhalle, wo massig in seiner weinroten silberknöpigen Livree der Huissier ragte. Ritt Süß auf seinem Araberschimmel glänzend durch die Straßen, so langten voll begehrlichen Grauens viele Frauenblicke nach ihm. Man wisperte wilde, unheimlich und lüsterne Geschichten von ihm, wie er in Frauenfleisch wühle, wüte, sich

und Assimilation verkörpert, hat, wobei Feuchtwanger nie den geringsten Zweifel daran läßt, daß es sich um zwei völlig heterosexuelle Männer handelt, eine erotische Komponente:

„Nie hatte ihn ein Mensch so gefesselt wie Karl Alexander, er studierte jede kleinste Geste von ihm mit stiller Aufmerksamkeit, seine Vertraulichkeiten beglückten ihn, seine Brutalitäten imponierten ihm, alles, was der Prinz tat und ließ, diente nur, den Juden fester an ihn zu binden."[32]

Naemis Tod bricht die gegenseitige Attraktion, die sich durch ihren Einfluß schon vorher ein wenig gelockert hatte. Sie ist keine Esther, ebenso wie Magdalen Sibylle sich der Esther-Rolle verweigert: Beide zerstört der Herzog mit Gewalt, beide Male ist Süß indirekt schuld daran. „‚Ist sie um den Herzog gestorben?' ‚Sie ist um dich gestorben', sagte Rabbi Gabriel."[33]

Daß Naemi auf diese Weise durch ihren Tod die völlige Rückwendung ihres Vaters zu seiner jüdischen Identität bewirkt, entspricht dem Ideal, daß Feuchtwanger Süß am Ende erreichen lassen wollte: Dem Weg vom Tun zum Nichttun. Die vorher nach außen projizierte *anima* ist wieder in die Persönlichkeit selbst integriert. Und die erotischen Bindungen an die äußere Welt sind gelöst, was nur durch den Tod der Tochter möglich war und daher einen der Gründe für Naemis Existenz im Romangefüge darstellt.

Naemis Tod dient im Roman außerdem dazu, ein im Drama noch nicht behandeltes Thema, das der jüdischen Solidarität in der Not, einzubringen. Feuchtwanger schildert Naemis Beerdigung sehr ausführlich, wie später den Tod und die Beerdigung ihres Vater; die Art der Schilderung und des Sprachstils sind später in der *Jüdin von Toledo* wieder erkennbar.[34] Die feierliche, ar-

---

mit schwarzen Mitteln den Frauen ins Blut brenne, sie dem Teufel verschreibe. Der Herzog hielt mehr auf den Geschmack seines Juden als auf den seiner anderen Vertrauten, und Süß mußte dem Unersättlichen unter allen möglichen Vorwänden immer neue Weiber ins Lager schicken." Feuchtwanger Lion: Jud Süß (Roman), a.a.O., S. 165.

[32] Feuchtwanger, Lion: Jud Süß (Roman), a.a.O., S. 70.

[33] Ebd., S. 418.

[34] Ebd., S. 424 f.: „Dann sargte man das Kind ein. Rabbi Gabriel legte ihr ein kleines, goldenes Amulett um den Hals, umzirkt vom Schild Davids das Word Schaddai. Er winkte dem Süß, mit gelblicher, blutloser Hand hob der den Kopf der Toten, und unter das strahlend schwarze Haar, das noch immer nicht stumpf und erloschen war, streut er ein Häuflein Erde, fette, schwarze, krümelnde Erde, Erde aus Palästina, Zions Erde. Dann wurde der Sarg zugenagelt; auf ihren Schultern trugen die vier Männer, der dickliche Rabbi Gabriel, der verfallende, schmutzig gebartete Süß, der milde, welke Jaakob Josua Falk, Rabbiner von Frankfurt, und der in seinem Kaftan schlotternde Isaak Landauer, auf ihren Schultern trugen sie die Tote aus dem weißen Haus […]. Dort warteten andere jüdische Männer, sie nahmen ihnen die leichte Bürde ab, trugen auf ihren Schultern sie weiter, und nach einer halben Meile wieder. So trugen sie das Kind des Josef Süß Oppenheimer durch das Land und über die Grenzen und bis nach der Stadt Frankfurt. Und der kleine Sarg rührte nicht den Boden, fuhr auch in keinem Wagen, von einer

chaische Erzählweise ohne jede Distanz kontrastiert auffällig mit der Ironie, mit der Feuchtwanger selbst die sympathischen christlichen Figuren wie Magister Polycarb Schober im Zustand seelischer Erschütterung behandelt. Nicht nur Süß, Rabbi Gabriel und die jüdische Gemeinde sind durch Naemis Tod betroffen; der Erzähler will diesen Affekt auch beim Leser erzielen, was noch einmal Naemis Bedeutung als Verkörperung von Süß' „verkapselter", „verschütteter" Seele unterstreicht.

Entgegen Feuchtwangers späterer, defensiver Versicherung, er habe mit dem Roman *Jud Süß* weder etwas für noch gegen das Judentum aussagen wollen[35], läßt sich gerade an der symbolischen Umschichtung der Figur Naemi eine viel stärkere Einbeziehung der jüdischen Belange feststellen. Tamars Tod ist eine Privatangelegenheit, die nur Süß, den Herzog und den Magus betrifft; Naemis Tod dagegen wird von der gesamten jüdischen Gemeinde in Württemberg und Hessen mitempfunden, deren Reaktion am Schluß des Romans dadurch bereits vorbereitet wird.

---

lebendigen Schulter auf die andere lebendige Schulter glitt er, bis in die Stadt Frankfurt. Und es standen viele Juden an der Straße des Sarges, und wenn der schweigende, karge Zug vorüberkam, sprachen sie: ‚Gerühmt seist du, Jahve, Gott, gerechter Richter!' Und sie streuten jeder eine Handvoll Erde in den Karren, fette, schwarze, krümelnde Erde, Erde aus Palästina, Zions Erde. Sie war bestimmt für das eigene Haupt und den eigenen Sarg; aber sie streuten sie in den Karren und gaben sie gern. Auf daß bestattet werden könne ganz in heiliger Heimaterde das Kind Unseres Lehrers und Herrn, des Reb Josef Süß Oppenheimer, der gerettet hat Israel aus schrecklicher, grausiger Not. In der Stadt Frankfurt aber die Gräberstatt der Juden war schwarz von Volk. Sie standen lautlos, die Beweglichen, Schreienden, als Josef Süß im Angesicht des Sarges bekannte: ‚Gerühmt seist du, Jahve, Gott, gerechter Richter.' Und sie antworteten im Chor: ‚Eitel ist und vielfältig ist und Haschen nach Wind ist die Welt; doch eins und ewig ist der Gott Israels, das Seiende, Überwirkliche, Jahve.' Und dann sank der kleine Sarg in die Erde Zions, und die Erde Zions überdeckte den kleinen Sarg. [...] Und dreißig Tage in allen jüdischen Gemeinden des Römischen Reiches wurde gesprochen das Gebet von der Heiligung des göttlichen Namens für die Jungfrau Naemi, Tochter des Josef Süß Oppenheimer, Unseres Lehrers und Herrn."

[35] Vgl. z.B. Feuchtwanger, Lion: „Bin ich deutscher oder jüdischer Schriftsteller?" Manuskript von 1933, Feuchtwanger, Memorial Library, USC, Los Angeles (erschien auf Englisch in London 1927 als Artikel leicht erweitert unter dem Titel „Are the Jews a Nation?"), S.4: „Meine Bücher bemühen sich, nicht ‚jüdisch' zu sein: Sie sind, scheint mir, nicht pathetisch und nicht sentimental. Schwerlich wird man ihnen, auch bei genauer Prüfung, eine projüdische Tendenz nachweisen könne. Ich habe beispielsweise von den üblichen Eigenschaften und Taten des Juden Josef Süss Oppenheimer nichts unterschlagen, ich habe sie ins Licht gehoben, eher etwas zugetan. Habe die Eitelkeit, die Prunksucht dieses Juden Süss, seinen Ehrgeiz, seine Geilheit, seine skrupelose Gier nach Erfolg ausführlich geschildert; einige sagen, zu ausführlich. Dennoch behauptet man auf der anderen Seite, ich glorifizierte diesen Juden, ich machte ihn zum Heros und gerade die sachliche Art, wie ich das Schicksal des Mannes darstellte, reizt die Antisemiten bis aufs Blut."

Diese unterschiedliche Bewertung in Roman und Drama trifft noch stärker auf Süß' eigenen Tod zu. Das Drama betont die Wendung seines Helden zum Nichttun derart stark, daß der Tod von Süß wie ein privater Selbstmord ohne politische oder soziale Dimensionen, erscheint. Außerdem läßt Feuchtwanger Süß nicht nur, wie im Roman, die Konversion als möglichen Ausweg ablehnen, sondern beendet das Drama mit einem vergeblichen Befreiungsversuch Magdalen Sibylles, der sehr viel breiteren Raum einnimmt als das kurze Auftreten der Rabbiner am Schluß. Hierzu erklärt der Feuchtwangers Stück sonst sehr kritisch bewertende Wolfgang Berndt:

„Sieht man von der hohen Unwahrscheinlichkeit dieser Erfindung ab - gerade ist gesagt worden, das Gefängnis sei von einer tobenden Menschenmenge umlagert! - so darf man behaupten, daß dieser Auftritt der schönste, ergreifendste des ganzen Schauspiels ist. Die Kerkerszene des Faust wird mit vertauschten Rollen vorgeführt"[36]

Im Kontrast dazu schließt der Roman mit der ausführlichen Schilderung von Süß' letztem Mahl mit Rabbi Gabriel und Rabbi Eybeschütz, und seiner Hinrichtung, die mit seinem Bekenntnis zum Judentum durch den gleichen Satz endet, den er bereits über dem Grab seiner Tochter aussprach: „Eins und ewig ist Jahve Adonai".[37]

Die Parallele zwischen Naemis Begräbnis - an dem die gleichen Personen teilnehmen - und Süß' Tod ist damit gegeben; der Tod sowohl des Vaters wie auch der Tochter betrifft alle Juden, verursacht eine Kundgebung jüdischer Solidarität. Süß' Tochter wurde von einer Figur, die noch wenig mehr als die Sprachformel „Die schöne Jüdin" implizierte, zu einem Symbol für die jüdische Zugehörigkeit ihres Vaters.

---

[36] Berndt, Die frühen historischen Romane Lion Feuchtwangers, a.a.O., S. 58.
[37] Feuchtwanger, Lion: Jud Süß (Roman), a.a.O., S. 601 f.

6. Ester

6.1 Stoffgeschichte

Das Buch Esther beginnt mit einer ehelichen Zwistigkeit: Königin Vasthi weigert sich, dem Befehl ihres Gemahls Ahasveros zu gehorchen, bei einem Gelage vor ihm zu erscheinen. Das könnte weitreichende Konsequenzen haben: „Denn es wird solche That der Königin auskommen zu allen Weibern, daß sie ihre Männer verachten vor ihren Augen."[1] Vasthi wird verstoßen, und der König fordert zu einer Art Schönheitswettbewerb auf, um Ersatz für Vasthi zu finden.

Gewinnerin ist Esther, Mündel Mardochais. Auf Rat Mardochais, eines jüdischen Mannes „zu Schloß Susan"[2] verheimlicht Esther dem König ihre jüdische Herkunft. Sie warnt ihn jedoch vor einem geplanten Mordanschlag, von dem Mardochai zufällig erfahren hat. Mit dem dritten Kapitel beginnt der sinistre Aspekt der bis dahin märchenhaften Handlung: Der Kämmerer Haman beschließt, „das Volk Mardochais, alle Juden, so im ganzen Königreich Ahasveros waren, zu vertilgen"[3], nachdem Mardochai ihm den ehrerbietigen Kniefall verweigert hat. Dieses Pogrom soll am dreizehnten Tag des zwölften Monats, des Monats Adar, stattfinden.

Mardochai und die Juden beginnen öffentlich zu trauern und zu fasten, was Esther zu Ohren kommt; dadurch erfährt sie von dem Plan Hamans. Obwohl es bei Todesstrafe verboten ist, sich dem König ohne Aufforderung zu nähern, geht Esther zu ihm und bittet ihn, mit Haman zu dem Mahl, das sie „für sie zurichten will"[4] zu kommen. Inzwischen läßt Haman bereits einen Galgen für Mardochai errichten, während der König erfährt, daß die Warnung vor dem Attentat von Mardochai ausging, und Mardochai daher öffentlich ehren läßt.

Im siebten Kapitel offenbart Esther vor dem König und Haman ihre jüdische Herkunft. „Habe ich Gnade vor dir gefunden, o König, und gefällt es dem Könige, so gib mir mein Leben um meiner Bitte willen, und mein Volk um meines Begehrens willen."[5] Der König willigt ein, Haman wird an dem für Mardochai vorbereiteten Galgen aufgehängt, und die Juden erhalten die Erlaubnis „zu vertilgen, zu erwürgen und umzubringen alle Macht des Volks und Landes, die sie ängsteten, samt den Kindern und Weibern, und ihr Gut zu rauben."[6] Nach Voll-

---

[1] Das Buch Esther 1, 17 in der Übersetzung von Martin Luther.

[2] Ebd., 2, 5; bereits Flavius Josephus schreibt „SUSA".

[3] Ebd., 3, 6.

[4] Ebd., 5, 8.

[5] Ebd., 7, 3.

[6] Ebd., 8, 11.

ziehung dieses unerbittlichen Rachefeldzugs beschließt das jüdische Volk, die Errettung durch Esther und Mardochai durch das Purimsfest zu ehren.

Die Geschichte von Esther wurde, verglichen mit anderen biblischen Stoffen (wie etwa Jefta und seine Tochter) erst verhältnismäßig spät als literarisches Motiv entdeckt. In Dramen aus dem 16. Jahrhundert, z.B. *Ganze Hystori der Hester* von Hans Sachs (1530), oder *Hester,* ein anonymes Berner Spiel *(*1555), wurde durch die biblische Episode vor allem das beliebte Thema vom Sturz der Mächtigen und Aufstieg der Demütigen behandelt; war der Autor protestantisch, so wurden in der Regel die Juden mit den Protestanten gleichgesetzt. In jedem Fall verzichteten die Autoren auf die drei biblischen Schlußkapitel und beließen es bei dem Tod Hamans und der Erhöhung Mardochais. Dabei wurde Haman hier und da als tragische, durch ihren Stolz zu Fall kommende Figur im Sinn des Klassizismus entdeckt, so in Rouillets *Aman* von 1556 und Montchrestiens *Aman ou la vanité* (1578). Doch in der Regel lag das Hauptgewicht auf Esther.

In allen Fällen blieb Esther die unbestrittene Heldin. Die Judenfeindlichkeit des Mittelalters und der frühen Neuzeit erstreckte sich im Gegensatz zum modernen Antisemitismus nicht auf die Juden des Alten Testamentes. Ihre Repräsentanten waren von Anfang an exemplarische Figuren, die im Protestantismus und Katholizismus gleichermaßen Gültigkeit behielten.

Lope de Vegas *La hermosa Ester* (vor 1635) oder Racines *Esther* (1650) sehen Esther als Retterin ihres Volkes und Haman als pogromwütigen Schurken; das Problem von Esthers Rachsucht stellt sich nicht, dieser Zug wird weggelassen. So auch in dem galanten Roman *Der schönen und liebenswürdigen Esther merckwürdige und angenehme Lebens-Geschichte* von Christian Lehms (1713), der als erster über die biblische Handlung hinausgeht und Esthers Jugend zu einer Robinsonade ausfabuliert, in der sie sogar eine Liebesaffäre mit Belsazar, einer biblischen Figur aus einem ganz anderen Teil des Alten Testaments hat.

Die jüdischen Purimspiele verwenden den Stoff als märchenhaftes Puppenspiel. Gotter nutzt die biblische Grundlage in *Esther* von 1795 und *Die stolze Vasthi* von 1797 als literarische Travestie, während bei Goethe das in das Jahrmarktsgeschehen integrierte Esther-Spiel verschlüsselte literarische Satire ist (*Das Jahrmarktsfest von Plundersweilen*, 1774). In der Überarbeitung durch Peter Hacks von 1975 wurde aus Goethes *Jahrmarktsfest* dann eine politische Satire. Erst Grillparzers *Esther*-Fragment von 1877 problematisierte die Hauptfigur. Doch Grillparzer wählte nicht etwa die von der Bibel vorgegebene Möglichkeit, Esther als rachsüchtig oder grausam zu charakterisieren, sondern benützte den Stoff für ein privates Ehedrama: Esther bringt menschliche Wärme in das liebesleere, erstarrte Dasein von Ahasver (wie es auf eine andere Art Grillparzers Rahel bei Alfonso tut). Ihr Vergehen besteht darin, ihre Herkunft verschwiegen zu haben, und dieses Vergehen wird als Keim der Zerstörung ihres Verhältnisses zum König angelegt. Dabei wird der sozialpolitische Aspekt, die Verfolgung der Juden, die später ihrerseits ihre Feinde verfolgen, zugunsten der Charaktertragödie zweier ganz aus ihrem gesellschaftlichen Kontext herausgelöster Individuen zurückgedrängt.

Georg Engels Drama *Hadasa* (1891) folgt Grillparzer, gibt aber genau wie Wilhelm Hartlieb in *Esther* (1918) dem Geschehen letztendlich wieder eine glückliche Wendung; bei Hartlieb wird nicht nur die Beziehung zwischen Esther und Ahasver gerettet, sondern Esther findet auch eine Möglichkeit, den Haß zwischen Haman und Mardochai zu überbrücken. Auch Felix Brauns Drama *Esther* von 1925 lehnt sich an Grillparzer an, dem das Werk gewidmet ist; nicht nur im Inhalt, sondern auch im Stil folgt es dessen Vorbild. Dabei bleiben die sozialpolitischen Umstände - der drohende Krieg, die Verfolgung der Juden - nur Rahmen für eine private Tragödie, die sich zwischen dem König Ataxerxes, Esther und Vasthi abspielt. Mardochai sieht in Esther zunächst eine Auserwählte Gottes, doch ihr Entschluß im ersten Akt, um den König zu werben, ist in erster Linie von ihrem Ehrgeiz und ihrem durch Haman verletzten Stolz bestimmt. Auch ihre entscheidende Tat wird im Vergleich zur biblischen Vorlage nicht nur relativiert, sondern herabsetzend verändert. Mordechais ursprüngliche Bitte, ihr Volk zu retten, weist sie zurück; erst als er sie nicht nur an ihre eigene Gefahr erinnert, sondern vor allem an Hamans Beleidigung, entschließt sie sich zu handeln. Anders als in früheren Dramen offenbart sie dem König jedoch nicht ihre Herkunft und bittet ihn auch nicht um Aufhebung des Pogrombefehls, sondern legt Hamans Haß gegen sie persönlich offen und bringt den König dadurch dazu, Haman zum Tod zu verurteilen. Haman, der ihre Herkunft kennt, enthüllt sie nun, doch Esther leugnet sie auch weiterhin; diese Lüge und Hamans Selbstmord, ehe der Befehl ausgeführt werden kann, zerstören die Beziehung zwischen Esther und dem König endgültig, als sich die Wahrheit herausstellt. Er verbannt sie, wie am Anfang des Dramas Vasthi, und Mordechai nimmt die in einem sonambulen oder wahnsinnigen Zustand verfallene Esther wieder zu sich.

Brauns Drama motiviert Hamans Haß gegen die Juden nicht weiter, sondern nimmt ihn als gegeben hin; da Mardochai und Eleazar, die beiden anderen jüdischen Gestalten des Stücks, positiv gezeichnet sind, wird Hamans Position dennoch indirekt verurteilt. Nicht er, sondern Vasthi ist Esthers eigentlicher Gegenspieler; sie wird als stolze, aber den König aufrichtig liebende Frau charakterisiert, die verkleidet bei ihm bleibt und sich am Ende wieder mit ihm versöhnt. Da Felix Braun Grillparzer auch durch Sentenzen über das Verhältnis von Mann und Frau nachahmt, wird damit eine klare moralische Wertung getroffen: Die Geschichte von Esther als Parabel über Wahrhaftigkeit und die zerstörerische Wirkung von Ehrgeiz auf das Gefühl.

Völlig frei von dem Grillparzerischem Ansatz sind die Dramen von Max Brod und Friedrich Hochwälder, die beide die biblische Grundhandlung in einen anderen historischen Kontext versetzen. Max Brods 1918 erschienenes Drama *Eine Königin Esther* spielt laut Regieanweisung ausdrücklich nicht in einem persisch-biblischem Raum, sondern soll schon durch die Kostüme sowohl mit der Tradition litauischer Volksmärchen als auch mit der Gegenwart in Verbindung gebracht werden. Die Gegenwart von 1918 wird sofort im Vorspiel deutlich; der König hat einen für ihn demütigenden Frieden geschlossen, doch sein Volk ist ihm dankbar, weil er dadurch das Blutvergießen beendet und das Leben der Menschen gerettet hat, statt sie seinem Ehrgeiz zu opfern. Er wird als gütig, ja heilig verehrt. Doch Haman, den das Stück als eine tragisch-luziferische Figur charakterisiert, stellt die Güte des Königs als Selbsttäuschung in Frage. Das Dreiecksverhältnis zwischen dem König, Haman und Esther steht im Mittelpunkt von Brods Stück, wobei sich die Konzentration von dem König und Haman mehr und mehr auf Haman und Esther verschiebt. Esther, die Hamans Nihilismus ihren Glauben an Harmonie und Versöhnung entgegensetzt, sich aber dennoch ebenso wie der König stark zu ihm hingezogen fühlt, kommt schließlich zu der Erkenntnis, daß ihre ideale Welt - noch - unmöglich ist.

Haman überredet den König zu dem Pogrom nicht aus Haß gegen die Juden, sondern um Esther zum Handeln zu zwingen; sie kann ihr Volk nur retten, indem sie ihn vernichtet, ein Unrecht ist nur durch ein anderes Unrecht zu verhindern, Friede ist nur durch Gewalt möglich, und die Rettung wird nicht der höheren Einsicht des Königs zu verdanken sein, sondern seinem erotischen Verlangen. Es entspricht der Philosophie des Stückes, daß Esther nach dieser Erkenntnis ihre biblische Bitte nicht stellt. Ihre Tat bei Max Brod besteht darin, daß sie Haman tötet, obwohl sie erkannt hat, daß er sie liebt und sie ihn liebt.

Ihrem Volk gegenüber nimmt Esther eine zwiespältige Haltung ein; zu Beginn des Stückes hat sie sich von ihm gelöst, ist aus der jüdischen Gemeinschaft geflohen und leugnet ihre Herkunft. Sie schämt sich Haman gegenüber für Mardochai, der hier ausdrücklich keine Vaterfigur ist, sondern laut Regieanweisung nicht älter als Esther, aber deutlich ein osteuropäischer Jude im Gegensatz zu der westlich-assimilierten Esther. Doch als Mardochai zu beten beginnt, flößt er ihr Ehrfurcht ein, und sie schützt ihn vor Hamans körperlichem Angriff. Da Max Brod in seiner Autobiographie beschreibt, wie er sich nach einer assimilierten Kindheit und Jugend gerade durch die Begegnung mit der ostjüdischen Kultur, speziell dem Theater, als Jude entdeckte, liegt eine Deutung seiner Esther als Symbolfigur nicht nur für ein philosophisches Prinzip, sondern auch für eine bestimmte jüdische Haltung in der Frage der Assimilation nahe. Esthers Schamgefühl ist auch am Ende des Stückes nicht ganz geschwunden - nun gilt es dem Triumph der Juden über den Tod Hamans - es trägt zu ihrem Entschluß bei, sich von dem König abzuwenden und zu ihrem Volk zurückzukehren. Ihre Aufgabe besteht darin, es zu ändern; entsetzt über das Purimfest, das ihr zu Ehren gefeiert werden soll, im Triumph über Hamans Tod, entscheidet sie: „Ich muß sie lehren, dieses Fest nicht zu feiern. Gerade das ist meine Aufgabe. Denn ich weiß jetzt: solange sie dieses Fest feiern, kann der Messias nicht zur Welt kommen."[7]

Auch Fritz Hochwälder verzichtet in seinem Drama *Esther* von 1940 auf einen biblischen Rahmen; er benutzt den Stoff zu einer deutlichen Auseinandersetzung mit der Gegenwart und der jüngsten Vergangenheit. Die Lage des ungenannten Staates, in dem sein Stück spielt, ist desolat, und die Partei der „Erwachenden", zunächst wenig mehr als Stammtischhelden, findet durch ihre antisemitischen Parolen, die Juden für das allgemeine Elend verantwortlich machen, mehr und mehr Zulauf. Ihr Anführer wird Haman, ehemals Diener bei Mardochai und Hadassa/Esther, für die er eine mit Haß gemischte Begierde empfindet. Als der König, der gemeinsam mit der sich bereichernden inkompetenten Adels- und Beamtenclique wirklich für die Misere verantwortlich ist, seine erste Zusammenkunft mit Haman kommentiert, schließlich habe noch nie ein König einen Volkstribun empfangen, ist die Anspielung auf den Feldmarschall Hindenburg und den Gefreiten Hitler kaum zu überhören.

Mardochai, Hadassa/Esther und ihr Bruder Benjamin stellen drei Möglichkeiten dar, als Juden in einem solchen Staat zu leben. Der königstreue Mardochai vertraut noch mehr als auf die Macht des Geldes auf die Gerechtigkeit des Staates, verkörpert durch den König. Durch seine mühsam errungene Stellung und durch die Gerechtigkeit der Obrigkeit glaubt er sich sicher vor Haman und den „Erwachenden". Seine Nichte Esther, die unpolitische Künstlerin, ignoriert auf andere Weise die Zeichen der Zeit; sie nimmt sie einfach nicht wahr. Nur ihr Bruder Benjamin sieht die tödliche Gefahr, in der die Juden schweben, und plädiert für die Flucht. Sowohl Esther als auch Mardochai werden grob desillusioniert, und beide ziehen ihre Konsequenzen. Nicht Esthers Bitte rettet die Juden, sondern der Umstand, daß dem König Haman und die Partei der „Erwachenden", deren er sich zunächst einmal bedient hat, mittlerweile über den Kopf gewachsen sind; Haman droht, sich zum Diktator zu machen, und in dieser Situation kommt dem König die Möglichkeit, Haman zu erledigen, gerade recht. Esther zu schützen ist nur sein Vorwand. Doch für die Juden hat sich im Prinzip nichts geändert, sie sind immer noch jedermanns Lieblingssündenböcke, und da Mardochai das erkennt, zerreißt er die Adelsurkunde, die ihm der König überreicht, und bricht unter der Erkenntnis, daß es für die Juden keine Gerechtigkeit gibt, zusammen. Ebenso weist Esther das Eheangebot des Königs zurück und verläßt ihn gemeinsam mit Mardochai. Ihr Schlußmonolog deutet die einzige Hoffnung des düsteren Stücks an, und es ist eine sehr vage Hoffnung:

---

[7] Brod, Max: Eine Königin Esther. Kurt Wolff Verlag, Leipzig 1918, S. 135.

„Dieses Getrieben- und Geduldetsein, Unschuld- und Jammertragen, wird nie aufhören - nie! - solange unsre Welt aufgebaut wird durch namenlose Gier, Ausbeutung und Niedertracht! Zur Stunde aber, da geschleift wird dieser Zwinger, der von wenigen geschaffen wurde zum Gefängnis vieler - zu dieser Stunde wird auch wie ein Rauch aufgehn all das, was ihr [...] zu erkennen vermeint als unabänderliches Schicksal."[8]

6.2 Die Romanentwürfe zu Ester

In dem Nachwort zur *Jüdin von Toledo* erklärt Feuchtwanger:

„Jahrzehnte hindurch hat mich die Geschichte jener Hadassa beschäftigt, die, von dem persischen König Ahasver zu seiner Königin erhöht, unter dem Namen Esther ihr Volk, die Juden, vom sichern Untergang rettet. Der kleine Roman, der das Schicksal dieser Hadassa zum Gegenstand hat, ‚Das Buch Esther', ist eines der wirksamsten und populärsten Bücher der Bibel. Der Autor versteht sich auf die Kunst der großen hebräischen und arabischen Erzähler [...]. Überdies schrieb er zu einer Zeit, da sein Volk aus höchster Bedrängnis gerettet worden war, er litt und jubelte mit seinem Volk, und sein patriotischer Schwung teilt sich noch heute dem Leser mit. Mich jedenfalls hat ‚Das Buch Esther' tief angerührt [...]. Mehrmals, wenn ich die Bedrängnis der beiden Völker, deren Verband ich angehöre, besonders schmerzhaft spürte, hat es auch mich getrieben, aus dem Sehwinkel meiner Welt heraus die Geschichte der Königin Esther neu zu erzählen."[9]

Ihn habe, führt Feuchtwanger aus, schließlich vor allem der Umstand an der Ausführung gehindert, daß Esther „eine Puppe in der Hand ihres Vormunds, [...] ganz und gar passiv, ein Rad im Getriebe der Handlung, nichts weiter"[10] sei. Aus diesem Nachwort geht nicht hervor, wie weit Feuchtwangers *Ester*-Plan schon gediehen war, ehe er ihn aufgab. In der Feuchtwanger Memorial Library liegen mehrere Entwürfe vor; der kürzeste besteht aus drei, der umfangreichste aus achtundzwanzig Seiten, die bereits einen sorgfältig skizzierten Handlungsverlauf und die Charakterisierung der Hauptfiguren enthalten.

Der erste, undatierte Entwurf verwendet noch die biblischen Namen Ahasver und Vasthi (die später durch Darius und Atossa ersetzt werden).

„Die Hintergründe der antisemitischen Bewegung, deren Führer der Reichskanzler Haman ist, liegen in den Geschehnissen im Lande Israel, das die neue zionistische Politik des persischen Hofs den Juden wieder als Heimatstätte zur Verfügung gestellt hat. Die reichen Juden,

---

[8] Fritz Hochwälder: Esther. S. 81, in: Hochwälder, Dramen I. Styria Verlag, Zürich 1975, S. 7-82.

[9] Feuchtwanger, Lion: Die Jüdin von Toledo. Aufbau Verlag, Berlin, 1955, S. 473.

[10] Ebd., S. 474.

die in Susa leben, wollen natürlich nicht zurück nach dem Lande Israel, aber sie fördern sehr die Auswanderung der armen Juden aus Susa dorthin."[11]

Die *Ester*-Entwürfe sind leider nur mit Monatsangaben versehen; die Jahresangabe fehlt. Doch durch zwei Briefe Feuchtwangers an seinen amerikanischen Verleger Benjamin Huebsch, in denen er von seinem Plan für *Ester* spricht, lassen sie sich mit ziemlicher Sicherheit auf das Jahr 1942 datieren. In dem ersten dieser Briefe spricht er davon, den „richtigen historischen Hintergrund" gefunden zu haben, „vor dem man das biblische Maerchen darstellen kann, ohne dass es zuviel an innerer und aeusserer Glaubwuerdigkeit einbuesst", und fügt hinzu, der Stoff sei „aktuell".[12] Auf den ersten Blick liegt die Aktualität des Esther-Stoffes für das Jahr 1942 in der Rolle der Juden als Verfolgte, doch die Verfolgung durch Antisemitismus wird von Feuchtwanger in den vorliegenden Entwürfen geradezu vernachlässigt. Wie der oben zitierte Ausschnitt illustriert, legte er statt dessen auf die Spannung zwischen Diaspora und Rückkehr nach Israel weitaus mehr Wert. Es fällt schwer, hier nicht in die Versuchung zu geraten, für „Susa" „U.S.A." zu setzen, legt doch bereits der erste Satz seines ersten *Ester*-Entwurfes fest, Voraussetzung sei die Notwendigkeit, die Anfänge des Zweiten Jüdischen Staates mit den Ereignissen des Buches *Esther* in Einklang zu bringen.

Zwei Jahre zuvor hatte Feuchtwanger in seiner bereits zitierten Rede im Palästina-Pavillon erstmals die Notwendigkeit eines jüdischen Staates proklamiert, wenn auch mit einer wehmütigen Erinnerung an seine alte Vorstellung, ein Volk könne durch geistige Tradition und Literatur auch ohne Staat überleben. In den *Ester*-Entwürfen zeigt sich nun die schriftstellerische Problematisierung beider Überzeugungen. Hatte er in *Jud Süß* die Figur der Tochter erst hinzuerfinden müssen, so bot hier bereits die biblische Vorlage das Dreieck zwischen Vaterfigur, (Zieh-)Tochter und Machtmensch. Doch die symbolische Bewertung dieser drei Feuchtwangerischen Archetypen hat sich verschoben.

Feuchtwangers neueste Inkarnation des Machtmenschen hat mit Karl Alexander nur noch das Temperament gemeinsam:

„Der König Ahasver ist ein liberaler Herr, modernen Ideen zugänglich. Er ist also geneigt, seinen einzelnen Satrapien, also auch dem Lande Israel weitgehende Autonomie zuzugestehen. Er wirft gerne mit grossen ideologischen Worten um sich und liebt es nicht, an militäri-

---

[11] Feuchtwanger, Lion an Benjamin Huebsch, 3.11.1942, Feuchtwanger Memorial Library, USC, Los Angeles. Die Korrespondenz zwischen Feuchtwanger und B. Huebsch wird gegenwärtig von Professor von Hofe ediert und zur Veröffentlichung im Aufbau-Verlag vorbereitet.

[12] Feuchtwanger, Lion: Ester. Undatierter dreiseitiger Entwurf, Feuchtwanger Memorial Library, USC, Los Angeles, S. 1.

sche oder gar ökonomische Tatsachen erinnert zu werden. Er ist sehr launisch, man muss ihn zu nehmen wissen."[13]

Willig, dem Lande Israel weitgehende Autonomie zuzugestehen, waren 1942 auch die Alliierten; Ahasver, so wie ihn Feuchtwanger in seinem ersten Entwurf für *Ester* charakterisiert, birgt als Mächtiger, von dem das Schicksal der Juden abhängt, ein enormes Hoffnungspotential, er ist „liberal" und „modern". Während also der Machtmensch zunehmende Attraktivität zeigt, wird die Tochterfigur - im Gegensatz zu Naemi, Raquel und Ja'ala - ganz und gar nicht idealisiert, was um so mehr überrascht, als es sich um die biblische Heldin des Purim-Festes handelt. Es hätte nahe gelegen, Ester als Retterin ihres Volkes zu einer weiteren Symbolfigur jüdischer Identität zu machen, doch bereits die erste erhaltene Charakterisierung läßt eine solche Interpretation zumindest fraglich erscheinen:

„Das Wesen der Ester ist klar. Sie ist durchaus weiblich, ohne jede Grundsätze, klug, spielerisch, kokett. Sie hat eine intuitive Hochachtung for Mardochai, den sie für den weisesten aller Menschen hält. Sie folgt ihm also blind, wiewohl sie natürlich auch ab und zu Seitensprünge macht. Sie ist mutig. Das Buch beginnt damit, dass Kinder eine grosse Spinne entdecken und davonlaufen, während Ester interessiert zuschaut, wie die Spinne die Fliege einwickelt."[14]

Mit einer solchen Beschreibung erinnert Ester eher an die nichtjüdischen Frauenfiguren Feuchtwangers, wie z.B. die Herzogin von Alba, als an die ätherischen Opfergestalten, die jüdische Frauen sonst bei Feuchtwanger zu sein pflegen. Nur Berenike in der Josephus-Trilogie, die ausdrücklich mit Esther verglichen wird, fällt ebenfalls aus dem Rahmen der jüdischen Frau heraus und hat auch den multikulturellen Hintergrund, auf den Feuchtwanger in weiteren Entwürfen bei Ester Wert legt. Allerdings ist Berenike niemandes Tochter und an keine starke Vaterfigur gebunden, während das bei Ester sehr wohl der Fall ist.

Dieser Onkel und symbolische Vater, Mardochai, steht in einer Tradition mit anderen Feuchtwangerschen Helden:

„Mardochai ist reich, unabhängig, kontemplativ, verliebt in Experimente. Ihn interessiert der Wiederaufbau des jüdischen Staates, ihn interessiert die mächtige jüdische Gemeinde in Susa, ihn interessiert der Versuch, was alles aus dem kleinen, hübschen, klugen Mädchen Ester zu machen ist. Mardochai ist ein grosser Schriftsteller, der das reiche persische Schrifttum und die grosse Literatur der Juden vollkommen beherrscht. Es schwebt ihm vor, eine neue reali-

---

[13] Feuchtwanger, Lion: Ester. Undatierter dreiseitiger Entwurf, a.a.O., S. 2. Feuchtwanger bezeichnet den König in einem späteren Entwurf (8.11.?, S. 3) als Mann „in der Linie Karl der Grosse, Stalin".

[14] Ebd., S. 2.

stische Literatur zu schaffen, aus der Verbindung persischer und jüdischer Kunstformen. (Beispiel eben *Das Buch Ester*.)"[15]

Die beiden Möglichkeiten jüdischer Existenz - der Wiederaufbau des jüdischen Staates in Israel, die mächtige Gemeinde in der Diaspora - als Zentren von Mardochais Gedankenwelt, zusammen mit dem Wunsch, als Schriftsteller durch die Verschmelzung zweier Traditionen eine „neue realistische Literatur zu schaffen" weisen auf die Anliegen des geplanten Romans hin und kennzeichnen außerdem Mardochai deutlich als Sprachrohr des Autors. Überdies fällt auf, daß Feuchtwanger die Frage nach einem jüdischen Staat sowohl in die Charakterisierung Ahasvers als auch in die Mardochais einbaute, nicht jedoch in die Esters.

Daß eine der beiden jüdischen Parteien, zwischen denen Mardochai einen Mittelweg sucht, einen selbständigen und unabhängigen jüdischen Staat fordert, während die andere ein geistiges Zentrum der Juden in Judäa wünscht, durch das die - geistige - Mission des jüdischen Volkes erfüllt werden kann, entspricht den beiden Hauptströmungen des Zionismus, die sich nach Theodor Herzl einerseits und nach Achad Haam andererseits richteten. Da Feuchtwanger zum Teil in seinen Entwürfen sogar identische Formulierungen verwendet - vor allem den Begriff des „geistigen Zentrums" -, wäre der Bezug zur Gegenwart der vierziger Jahre für Leser dieser Zeit, die auch nur ein wenig mit dem Zionismus vertraut waren, unübersehbar gewesen, ebenso eine andere Parallele: Die von Haman durchgesetzten Edikte enthalten ein sofortiges Einwanderungsverbot für Judäa, wie es auch die Briten im sogenannten „Weißbuch" von 1939 erlassen hatten. Wenn Feuchtwanger in seinem dritten Entwurf kurz die auf das Edikt folgenden verzweifelten illegalen Einwanderungen beschreibt, so entspricht auch dies der Situation von 1939 bis 1943; danach wurde das Einwanderungsverbot von den Briten durch eine Geheimverfügung für Flüchtlinge, welche die Türkei erreichten, bis zum Ende des zweiten Weltkriegs aufgehoben.

Im ersten Entwurf fehlt noch ein Handlungsgerüst, das in dem nächsten, auf den 26.10. datierten Entwurf skizziert wird. Hier ist der biblische Ahasver bereits durch den historischen Darius ersetzt worden, was für die Weiterentwicklung des Stoffes durch Feuchtwanger sehr bedeutsam wird. Ahasver wird gewöhnlich mit Xerxes identifiziert. Mit der Entscheidung, aus Xerxes' Vater Darius den König des Buches Esther zu machen, wählt Feuchtwanger eine andere historische Situation, die seinem Wunsch nach Aktualität offenbar mehr entgegenkam. Die Konsequenzen für seine weiteren Entwürfe sind folgende:

1. Aus Ahasvers Gemahlin Vashti wird Darius' Königin Atossa, eine historisch belegte Figur, überdies die Heldin des Aischylos-Dramas *„Die Perser"*, das

---

[15] Feuchtwanger, Lion: Ester. Dreiseitiger undatierter Entwurf, a.a.O., S. 3. Man setze für „persisch" „deutsch", und das alter ego ist komplett.

Feuchtwanger während des ersten Weltkriegs übersetzte und aufführen ließ und das für ihn eine enorme Bedeutung hatte.

2. Während außerbiblische Quellen Xerxes nicht mit den Juden in Verbindung bringen, wurde Darius traditionsgemäß zusammen mit seinem Schwiegervater Cyrus als Vollstrecker des göttlichen Strafgerichts für die jüdische Gefangenschaft in Babylon gesehen, so z.B. in dem von Feuchtwanger benutzten „*Darius the Great*" von Jacob Abbott.[16] Wegen einer Revolte ließ Darius dreitausend der Einwohner Babylons kreuzigen und die Stadtmauern schleifen; jüdisches Exil, Rebellion eines anderen von Persien beherrschten Volkes und die gedankliche Verknüpfung der Bestrafung einer solchen Rebellion mit Rache spielen im folgenden in den *Ester*-Entwürfen eine entscheidende Rolle.

3. Darius wurde zwar gegen Ende seines Lebens von den Griechen bei Marathon zurückgeschlagen, starb jedoch anders als Xerxes als unbestritten mächtigster Herrscher seiner Zeit; das griechische Kleinasien und die Inseln gehörten zu dem von ihm beherrschten Territorium, was für den von Feuchtwanger gewählten historischen Hintergrund ebenso wichtig ist wie die fehlgeschlagene ionische Rebellion gegen die Perser.

Mit der Rivalität von Juden und Griechen um die Gunst des persischen Hofes führt Feuchtwanger in seinem zweiten Entwurf ein weiteres unbiblisches Motiv ein; Milde dem einen Volk gegenüber bedeutet Strenge gegenüber dem anderen. Daß Ester und Mardochai ohne weiteres dazu bereit sind, die Griechen in die Opferrolle zu drängen, zeigt erstmals in Feuchtwangers historischen Romanen eine Differenzierung und Wandlung seiner Konzeption der Juden. Sie sind immer noch die Verfolgten, aber gleichzeitig bereit, andere zu verfolgen. 1942 war die vehemente Opposition der Araber gegen einen jüdischen Staat in Palästina bereits mehr als deutlich; es war abzusehen, daß ein Staat Israel nie mit ihrer Einwilligung verwirklicht werden konnte. Durch die widersprüchlichen Versprechen gegenüber Arabern und Juden im Ersten Weltkrieg hatten sich die Alliierten in ein bis heute unlösbares Dilemma verwickelt. Die Parallelen zu der von Feuchtwanger gewählten historischen Situation in *Ester* sind nicht zu übersehen, ebenso wenig wie die Gegebenheit, daß für Darius die Frage nach der Loyalität beider Völker dem persischen Oberherren gegenüber ein entscheidender Prüfstein ist. Die prodeutsche Haltung der Araber, Hitlers Unterstützung und die fragwürdige Rolle des Muftis von Jerusalem, im Gegensatz zu der trotz des „Weißbuchs" proenglischen Haltung der Juden in und außerhalb von Palä-

---

[16] „The holy prophets of Judea had predicted that after seventy years the captives should return, and that Babylon itself should afterwards be destroyed. The first prediction was fulfilled by the victory of Cyrus. It desolved on Darius to execute the second of these solemn and retributive decrees of heaven." Abbott, Jacob: Darius the Great. Harper & Brothers Publishers, New York and London 1901, S. 144.

stina wurde in den vierziger Jahren ein wichtiges Kriterium für den Umschwung der internationalen Meinung in der Frage eines jüdischen Staates.

Die Bedeutung des Hinzufügens des „griechischen" Motivs wird um so klarer, als die biblische Vorlage schon unerbittlich genug klingt; nachdem die Juden von Ester vor dem Pogrom gerettet wurden, „gab der König den Juden [...] die Erlaubnis, zu vertilgen, zu erwürgen und umzubringen alle Macht des Volks und Landes, die sie ängsteten, samt den Kindern und Weibern, und ihr Gut zu rauben."[17]

Daß diese alttestamentarische Grausamkeit Feuchtwanger beunruhigte, zeigt sich an der Diskussion, die er in die *Jüdin von Toledo* zu diesem Thema einbaute.

„Der junge Don Benjamín fand, Mardochai und Esther hätten bei all ihren Verdiensten zwei Sünden auf sich geladen. Zum ersten waren sie ohne Mitleid. ‚Am Passah-Feste', sagte er, ‚nehmen wir aus dem Becher der Freude zehn Tropfen Weines fort, weil wir der Qualen unserer Feinde gedenken.' Mardochai und Esther aber hängten mit ungeschmälertem Jubel den Haman und seine Söhne und erschlugen mit ungemischtem Triumph ihre Gegner. [...] [E]s ist Mardochais Stolz, der das ganze Unheil über die Juden herabgerufen hat. So steht es ausdrücklich im Buche. Mardochai kannte die Menschen, er kannte Haman, er wußte, welche Folgen seine Weigerung haben werde: warum überwand er nicht seinen Stolz und wahrte sein Volk vor der Gefahr?"[18]

Einige Jahre später bearbeitete Feuchtwanger mit *Jefta und seine Tochter* wieder einen biblischen Stoff. Interessanterweise zeigen die Handlungsskizzen zu *Jefta,* daß Feuchtwanger einer anderen biblischen Grausamkeit, der des Menschenopfers, aus dem Weg gehen wollte; noch in seinem Konzept vom 30.12.55 überlebt Ja'ala. Bei der Arbeit an *Ester* dagegen kam es ihm offensichtlich trotz des Unbehagens, das die Vorlage in ihm auslöste, nicht in den Sinn, seine Charaktere zu mildern; im Gegenteil: durch die Dopplung des Rachemotivs (an Haman *und* an den Griechen) verstärkt er den Zug der Rachsucht bei Ester noch.

Im *Buch Esther* verschweigt Ester ihre jüdische Herkunft bis zur entscheidenden Unterredung mit dem König; Feuchtwanger sah in der Begründung dieses Umstands eine der Schwierigkeiten des Stoffes. In seinem zweiten Entwurf versucht er sie folgendermaßen zu lösen:

„Die Eltern Esters, reiche, vorsichtige Leute, haben Ester assimilatorisch aufgezogen. Man wollte auf sicher gehen. Mardochai ist betont juedisch, aber sein Bruder, Esters Vater, betont unjuedisch [...]. Mardochai, sehr tolerant, zieht Ester dem Willen der Eltern gemaess persisch auf."[19]

---

[17] Das Buch Esther, 8, 11. In der Übersetzung von Martin Luther.

[18] Feuchtwanger, Lion: Die Jüdin von Toledo, a.a.O., S. 261 f.

[19] Feuchtwanger, Lion: Ester. Entwurf vom 26.10.?, a.a.O., S. 1.

Damit verfügt Ester über eine persisch-jüdische soziokulturelle Identität, die ihre Entsprechung später in Raquels islamisch-jüdischer Selbstsicht findet. Assimilation bei gleichzeitiger Beibehaltung der jüdischen Tradition, dieses Dilemma stellt sich für Feuchtwangers Figuren, ob männlich oder weiblich, immer wieder. Im Fall von Ester differenziert er es in einem späteren Entwurf noch weiter. Wichtig ist hier, daß sich die bereits in den ersten Notizen enthaltene Tendenz, Ester nicht zu idealisieren, weiter verstärkt. Ihre entscheidende Tat, die Rettung der Juden vor dem Pogrom und der Sturz Hamans, hat Feuchtwanger folgendermaßen vorstrukturiert:

„20.) Ester ist unruhig, da sie von Mardochai nichts mehr sieht. Sie braucht ihn. Sie braucht seinen Rat. Sie setzt sich auf schlaue Art mit ihm ins Benehmen.
21.) Mardochai glücklich, dass Esters Herkunft bisher verschwiegen worden ist. Er hat eine gefaehrliche geheime Zusammenkunft mit ihr. Es gelingt ihm, ihr Geltungsbeduerfnis so anzustacheln, dass sie zur Heldin ihres Volkes werden will. Der Koenig hat sie lange nicht mehr besucht. Mardochai fordert sie auf, ungerufen vor das Angesicht des Koenigs zu treten. Das kann sehr schlecht ausgehen. Sie nimmt es auf sich, bittet aber, dass alle Juden am Tag vorher fuer sie fasten moegen.
22.) Sie betritt den Vorraum des Koenigs. Wird der Koenig das Zepter heben? Er hebt es. Sie hat eine kuehne Idee: sie spricht den Koenig nicht von dem, um dessentwillen sie gekommen ist, sondern laedt ihn mit dem Reichskanzler zu Gast. (...)
27.) Die Mahlzeit Esters mit dem Koenig und Haman. Ester erklaert, sie habe juedisches Blut. Haman, blass geworden, meint, das Gesetz habe natuerlich einige Ausnahmen vorgesehen. Ester, heftig, verlangt keine Ausnahmen fuer sich. Haman: Aber Ew. Majestaet koennen dem Koenig doch nicht zumuten, dass ein von ihm erlassenes, also goettliches Gesetz zurueckgenommen wird. Darius: Du hast die Gesamtsituation falsch beurteilt, Haman, in Syrien sowohl wie in Judaea. Du hat mir ein falsches Bild gegeben von der Loyalitaet der Griechen und der Juden. Je mehr Berichte einlaufen, so mehr sehe ich, wie falsch deine Darstellung war. Ester: Ist es richtig, Haman, dass du dich oeffentlich geruehmt hast, der Platz fuer die Hinrichtung Mardochais sei bereits bestimmt? Jener Mardochai, der dem Koenig das Leben gerettet hat und uebrigens mein Onkel ist? Haman bricht umstaendlich und laermend in die Knie. Haman wird abgesetzt.
28.) Sofort finden sich Anklaeger gegen Haman, die ihm Unterschleife nachweisen. Er wird zum Tode verurteilt, und Ester meint freundlich, man koenne eigentlich die Exekution dort vornehmen, wo die Exekution Mardochais geplant gewesen sei. So geschieht es."[20]

Die historische Tat ist durch persönliche Eitelkeit und Rachegelüste motiviert. Dadurch ähnelt Ester Josef Süß Oppenheimer oder Josephus, unterscheidet sich aber weiterhin von den anderen jüdischen Frauenfiguren bei Feuchtwanger. Es fällt jedoch auf, daß diese Eigenschaften solche sind, die Feuchtwanger mehr als einmal als „durchaus weiblich"[21] definiert. Ester wird zwar Klugheit zuge-

---

[20] Feuchtwanger, Lion: Ester. Entwurf vom 26.10.?, a.a.O., S. 5 f.
[21] Z.B. im undatierten dreiseitigen Entwurf „Ester", a.a.O., S. 1.

billigt, aber, und bei Feuchtwanger ist das ein entscheidender Unterschied, keine Vernunft.

Die Stimme der Rationalität und Versöhnlichkeit im geplanten Roman sollte Mardochai sein, wie Feuchtwanger auch über Mardochai, nicht über Ester, die politischen und ökonomischen Überlegungen ins Spiel bringt, die ihm als Hinweise zur Gegenwart so wichtig waren:

„30.) Es ist eine Gesandtschaft aus Judaea eingetroffen. Die nationalistischen Juden dort erhalten infolge der Angst vor der Pogromstimmung im ganzen Land von ueberall her Zuwachs. Es sind viele, Zehntausende von Juden nach Palaestina geflohen, weil sie annehmen, sie seien dort sicherer als sonst im Reich. Die Fuehrer der Serubabel Partei bereiten sich vor, bewaffneten Widerstand zu leisten, einen Aufstand zu wagen. Im Grunde sind sie enttaeuscht, dass sich die Situation geaendert hat.

31.) Mardochai beraet mit einflussreichen Juden aus Babylon, Jerusalem und Susa. Er ist der versoehnlichste. Er findet viel Undank. Man wirft ihm vor, er handle im persoenlichen Interesse, um sich mit dem Hof gut zu stellen. Die Edikte sind noch nicht zurueckgenommen; an sich ist das Leben jedes einzelnen noch gefaehrdet. Während man beraet, kommt Nachricht aus der Burg, Mardochai wird zum Koenig befohlen. Die Stimmung ihm gegenueber schlaegt wieder um.

32.) Ernsthafte Unterredung zwischen dem Koenig und Mardochai. Ester nimmt teil und will manchmal einreden, wird aber von beiden Maennern zur Ruhe gewiesen. Man kann das Edikt nicht zuruecknehmen. Wohl aber kann man in allen Provinzen die wichtigsten Judenfeinde festnehmen, einigen werden sich wohl auch Unterschleife nachweisen lassen, so dass man sie exekutieren kann. Wenn dann ausserdem Nachricht kommt, dass der Koenig den Juden Mardochai zum Minister gemacht hat, und dass Ester mit Mardochai verwandt ist, dann werden die Pogrome sehr zahm ausfallen. Ester begehrt auf. Die Hinrichtungen duerfen aber nicht zu knapp werden. Der Koenig streichelt sie, und Mardochai verspricht ihr, sein Bestes zu tun."[22]

Wirkt in allen anderen Fällen bei Feuchtwanger die Vater-Tochter-Machtmensch-Konstellation tragisch, so ist sie mit diesem „Finale" eher satirisch. Die Umkehrung der Opfer-Täter-Rolle bei *Ester* weist auf Feuchtwangers vollendeten biblischen Roman, *Jefta und seine Tochter*, voraus, in der die Erzählung aus der Bibel ebenfalls benutzt wird, um die Juden in einer ähnlich umgekehrten Rolle zu zeigen.

Im nächsten Arbeitsstadium psychologisiert und vertieft Feuchtwanger seine Gestalten. Dies gilt vor allem für die Beziehung zwischen Ester und Mardochai: Ihre erste „echte" Gefühlsregung spürt Ester nicht bei dem Heiratsantrag eines jungen Juden, nicht in dem Verhältnis zum König, sondern, als sie sich von Mardochai trennen soll.[23]

---

[22] Feuchtwanger, Lion: Ester. Entwurf vom 26.10.?, a.a.O., S. 6 f.

[23] Feuchtwanger, Lion: Ester. Entwurf vom 29.10.?, Feuchtwanger Memorial Library, USC, Los Angeles, S. 8.

Bei der Skizzierung von Esters Charakterzügen geht Feuchtwanger ausführlicher auf ihren doppelten kulturellen Hintergrund ein und hält an den bisher für sie entwickelten Eigenschaften fest:

„Ester ist sehr reizvoll, gescheit, kuehn, kindlich, frech, geltungssuechtig, prachtliebend, machtgierig. Sie fuehlt sich in ihrer etwas zweideutigen Situation sehr wohl, sie fuehlt sich als Perserin und als Juedin zugleich. Als Perserin gehoert sie dem Volke an, das die Welt beherrscht, als Juedin hat sie Gott fuer sich. Man hat ihr viele Heiratsantraege gemacht, von persischer Seite, auch von anderen; Mardochai hat die Entscheidung immer ihr ueberlassen. Jetzt hat sich einer von den juedischen Abgesandten in sie verliebt. Er gefaellt ihr gut, erzaehlt ihr von den juedischen Propheten und rezitiert ihr die schoenen juedischen Liebesgedichte. Aber er ist ihr zu gering, Judaea lockt sie nicht sehr. Sie zieht die Koenigsburg von Susa dem Tempel von Jerusalem vor."[24]

Die erste Gemahlin des Darius, Atossa, die zweite Frauenfigur, wird diesmal ausführlich beschrieben. In den ersten Notizen, als Vashti, war sie noch eine arrogante Aristokratin, die sich aus purem Hochmut weigerte, auf Geheiß ihres Mannes in den Speisesaal zu kommen. Nunmehr kennzeichnen das Verhältnis des Königs zu Atossa „Liebe, Anerkennung, aber staendige Gereiztheit erstens weil sie sich als Tochter des Kyros fuer noetig haelt fuer die Erhaltung seiner Herrschaft, und zweitens, weil sie ihre haeufig richtigen Ratschlaege auf eine unleidliche Art vorzubringen pflegt".[25] Atossa gehorcht ihrem Gemahl nicht („er moechte mit der Gescheitheit der Atossa prahlen"[26]), weil es ihr zuwider ist, einem Haufen Betrunkener vorgeführt zu werden.

Ester wird im Kontrast dazu als ebenfalls intelligent („der Koenig legt Gewicht darauf, sich hernach im Bett unterhalten zu koennen")[27], aber gleichzeitig als fähig geschildert „zu schmeicheln, ohne unterwuerfig zu sein".[28]

Beziehungen der Geschlechter sind bei Feuchtwanger häufig starker Belastung ausgesetzt, wenn der Mann argwöhnt, die Frau könne intelligenter sein als er; das gilt besonders für Beziehungen zwischen einem Nichtjuden und einer Jüdin (z.B. Titus und Berenike, Alfonso und Raquel). Im Gegensatz dazu gelingt das Verhältnis zwischen Ester und Darius unter der Voraussetzung, daß Ester die Hierarchie akzeptiert, während das mit der sich für gleichwertig oder sogar überlegen haltenden Atossa zu Bruch geht.

Daß sich Ester dieser Geschlechterhierarchie bewußt ist und sie spielerisch einsetzt, zeigt die Art, wie sie den König für sich gewinnt:

---

[24] Feuchtwanger, Lion: Ester, Entwurf vom 29.10.?, Feuchtwanger Memorial Library, USC, Los Angeles, S. 6.

[25] Ebd., S. 1.

[26] Ebd., S. 2.

[27] Ebd., S. 7.

[28] Ebd., S. 8.

„Ester, mit kuehnem Entschluss, erzaehlt die Geschichte von Simson und Dalilah, aber mit persischen Namen. Den Koenig interessiert die Geschichte. „Woher hast du das?" Ester luegt, das habe ihr die Waerterin erzählt, aber nicht ganz so, das meiste habe sie sich selber ausgedacht. Dem Koenig gefaellt das Maedchen. Er selber erzaehlt eine Geschichte von der grossen Semiramis. Am entscheidenden Punkt bricht er ab und fragt, fragt Ester: ‚Was haettest du an ihrer Stelle getan?' Ester verlangt, ein Bild der Semiramis zu sehen. Dann ahmt sie sie nach, ihre Feierlichkeit, und erklaert, nur so falle ihr was ein. Der Koenig schickt die beiden anderen weg [...]. Dann fragt er nochmals, was also Ester wohl getan haette. Da erwidert Ester: ‚Ich haette zu dem Fuersten der XX gesagt: Nimm deinen Bart ab und lass mich sehen, wie du wirklich ausschaust.' Koenig: Du bist sehr frech, Ester. Ester: Ich habe gelernt, eine grosse Tugend ist der Gehorsam, eine groessere die Wahrheit. Der Koenig nimmt den Bart ab und lacht schallend."[29]

Beide, der König und Ester, bedienen sich einer Erzählung als Gleichnis; dabei erweist sich Ester als die im Erzählzusammenhang überlegene Figur. Sie erzwingt die Offenbarung der Wahrheit, wenn auch nur symbolisch. Wie Dalilah steht Ester vor der Aufgabe, durch List und Sexualität einen Mann an der Ausübung seiner Macht zu hindern. Wenn der König für sie seinen Bart, das Symbol der Herrschaft, abnimmt, um ihr sein bloßes Gesicht zu zeigen, liegt die Assoziation mit Simsons Haaren auf der Hand, doch es handelt sich keineswegs um eine direkte Analogie. Ester wartet mit ihrer Forderung, bis sie mit Darius allein ist, und läßt ihn dadurch im wörtlichen Sinn sein Gesicht wahren, anders als Atossa.

Diese Rücksichtnahme auf das königliche Naturell bestimmt auch die Art, in der Ester ihre zentrale Bitte stellt; wieder appelliert sie an den privaten, hinter der öffentlichen Machtausübung verborgenen Mann, doch sie tut es in einer Form, die ihm schmeichelt und nicht etwa an Status verlieren läßt.

„Der Koenig haelt Gericht und unterschreibt Edikte, rein repraesentative, formale Handlungen, die ihn langweilen. Wie er Ester erblickt, ist er einesteils veraergert ueber ihre Frechheit. Andernteils hat es ihm die ganze Zeit ueber geluestet, sich mit einer Frau ueber die politischen Geschaefte zu unterhalten. Diese Unterhaltungen sind im allgemeinen Monologe gewesen, aber es hat ihm wohlgetan, sich in der Intimitaet des Bettes offen auszusprechen. Wenn ein halbwegs vernuenftiges Echo kam, dann umso besser. Er wundert sich, dass er sich die ganze Zeit ueber nach Atossa gesehnt hat. Warum ist er eigentlich nicht zu dieser kleinen, gar nicht so ueblen Ester gegangen. Er neigt ihr also das Zepter zu und fragt sie, was sie wolle, dass sie diese Kuehnheit wage. Aber er fragt, wiewohl seine Stimme streng klingt, mit einem ganz kleinen Laecheln, Ester denkt an den Mund unter dem Bart, sie denkt an den Koenig im Bett, und sie laesst sich durch seinen ernsten Ton nicht schrecken. Im Gegenteil, sie aendert ihren Plan. Urspruenglich hat sie heiss und leidenschaftlich und pathetisch klingen wollen ueber ihr und ihres Volkes Schicksal. Jetzt, statt dessen, erklaert sie einfach, sie habe eine unbezwingliche Sehnsucht nach dem Koenig gehabt, und sie bitte ihn

---

[29] Feuchtwanger, Lion: Ester. Entwurf vom 29.10., a.a.O., S. 10.

und den Kanzler, bei ihr zu Abend zu essen. Der Koenig freut sich, dass Ester die Kuehnheit hat, die Sitte zu durchbrechen, um mit ihm zu schlafen, und sagt Ja."[30]

Dabei ähnelt das Verhältnis des Königs zu Haman, den er mit „Haman, mein Liebling"[31] anredet, durchaus dem zu Ester, so wie auch Ester in Feuchtwangers Charakterisierung einiges mit Haman, dem Antagonisten der Geschichte, gemeinsam hat:

„Unter den sieben Herren seines engeren Kabinetts ist dem Grosskoenig Haman der liebste. Darius selber, wiewohl noch jung, hat etwas Bedaechtiges, er ist unnervoes, konstruktiv. Der juengere Haman hat eine heftige, nervoese Intensitaet, die dem Koenig gefaellt. Haman will lieber etwas Falsches tun als gar nichts; dabei ist er, wie Darius wohl durchschaut, durchaus abhaengig von seinen Trieben, versteht es aber ausserordentlich geschickt, diese seine Triebe vor sich selber mit Argumenten der Vernunft zu verschminken. Der Koenig unterhaelt sich auch gern mit ihm ueber Frauen. Haman ist ein guter Trinkkumpan. Er ist servil, aber nicht zu sehr, er hat eigene Meinungen und zeigt, dass er sie hat."[32]

Haman, der Schurke des Buchs Esther, wird damit zum erstenmal ausführlicher charakterisiert. Wie Feuchtwanger im Nachwort zu der *Jüdin von Toledo* bekennt, hatte er Schwierigkeiten, diese Figur ausreichend zu motivieren; im ersten Entwurf zu *Ester* gibt er ihm neben der persönlichen Abneigung gegen Mardochai auch einen ökonomischen Grund für die Feindschaft gegen die Juden generell; wieder in Form einer Anspielung auf die Gegenwart. Er macht Haman zum Großgrundbesitzer in Israel und weist darauf hin, daß die Großgrundbesitzer ihr Einkommen, das auf riesigem Landbesitz und sehr billigen Arbeitskräften beruht, durch die neue Einwanderung armer Juden aus Susa gefährdet sehen und daher eine antisemitische Bewegung ins Leben rufen. Das entspricht in der Tat der Reaktion der Großgrundbesitzer in Palästina auf die stark von sozialistischen Idealen geprägte zweite Alja - der zweiten jüdischen Einwanderungswelle Anfang des 20. Jahrhunderts - und die Errichtung der ersten Kibbuzim. („Auch der arabische Arbeiter, in dem unkultivierte Arbeitgeber jetzt nur ein Arbeitstier sehen, wird erwachen und wird an dem Kampf der arbeitenden Menschheit und der Vision ihrer Befreiung teilnehmen", verkündete zu dieser Zeit ein junger Ben Gurion).[33] In späteren Entwürfen kommt dazu, daß Haman dem König gegenüber Griechen gegen Juden ausspielt und so - mehr aus Antisemitismus als aus Hellenismus - zum Fürsprecher der griechischen Partei wird. Dennoch bleibt Haman blaß; er ist nicht sehr bedrohlich, vor allem, weil er genau wie Ester und Mardochai im Grunde völlig vom König abhängt.

---

[30] Feuchtwanger, Lion: Ester. Entwurf vom 29.10.?, a.a.O., S. 19 f.

[31] Ebd., S. 23.

[32] Ebd., S. 13 f.

[33] Krupp, Michael: Zionismus und Staat Israel. Gütersloher Verlagshaus, Gütersloh 1983, S. 54.

Die Figur des „wohlwollenden Tyrannen" ist ein weiteres Problem in Feuchtwangers Entwürfen. Er gibt sich einerseits alle Mühe, Darius mit positiven Eigenschaften zu versehen, betont seine Kriegsmüdigkeit und sein administratives Geschick, andererseits macht er dessen Willkürherrschaft ebenso deutlich. Darius ist gleichermaßen bereit, die Juden wie die Griechen zu verfolgen; persönliche Vorlieben geben den Ausschlag. Diese Willkürhaftigkeit wirkt auch auf Ester zurück. Eine unbestritten positive Eigenschaft ist ihr Mut, und Feuchtwanger betont ihn noch, indem er mehrmals ausdrücklich darauf hinweist, es sei ein todeswürdiges Vergehen, den König unaufgefordert anzusprechen. Doch einmal in einer gesicherten Favoritenposition, handelt Ester nicht anders als Haman: „Ester benutzt ihren Einfluss, um auf die Griechen zu hetzen."[34]

Der Günstling und die bevorzugte Nebenfrau des Willkürherrschers sind im Grunde austauschbar, was bei Feuchtwangers Schilderung von „Mardochais Erhöhung" noch einmal ins Auge fällt:

„Im uebrigen waere es gut, meint er selber, dem Antisemitismus, der unter seinen Vorgaengern eingerissen sei und der in Haman eine ueble Bluete gezeigt habe, ein fuer allemal auszurotten. Die Juden moechten eine Liste aufstellen von solchen, die sie als Fuehrer der antisemitischen Bewegung im Reich ansaehen. Mardochai sagt mit Freuden zu, dass diese Liste angefertigt wird; er meint, es werde sich sicherlich herausstellen, dass diese Antisemiten fast durch die Bank Verbrecher und im Grunde staatsfeindliche Elemente seien. [...] Wie gross, meinst du, soll die Liste sein? fragt der Koenig. Mardochai meint: So etwa fuenf bis sechshundert, werden wir herausfischen. Da aber, zum ersten Mal, mischt sich Ester ein, und zwar heftig. Fuenf bis sechshundert, begehrt sie auf. Uns wollten sie allesamt vier oder fuenf Millionen erschlagen, und ihr wollt euch mit fuenf- bis sechshundert begnuegen? Siebentausend verlangt sie, das ist das mindeste. Und die Soehne des Haman an der Spitze. Der Koenig streichelt sie und verspricht ihr, es wuerden ein paar hundert mehr werden."[35]

Auch Mardochai stellt sich hier auf eine fragwürdige moralische Ebene, was zwar der alttestamentarischen Vorlage mit ihrer „Auge-um-Auge, Zahn-um-Zahn"-Politik entspricht, aber im Widerspruch zu Feuchtwangers sonstiger Charakterisierung steht. Im Gegensatz etwa zu Josef Süß Oppenheimer, Josephus, Jehuda oder Jefta wird Mardochai nie als zerrissen dargestellt und durchläuft - wie Ester, der König oder Haman - keine innere Entwicklung. In allen Entwürfen bleibt er - bis auf den Schluß - die überlegene Stimme für Versöhnung und Vernunft. Feuchtwanger schuf sich mit dieser Figur eine weitere Möglichkeit, über Schicksal und Bestimmung der Juden zu reflektieren.

„Mardochai verurteilt die Aspirationen der imperialistischen Partei, er hat Achtung, ja Ehrfurcht vor dem rein Geistigen, den Propheten. Man ueberbringt ihm die Dichtung von dem

---

[34] Feuchtwanger, Lion: Ester. Entwurf vom 29.10.?, S. 25.
[35] Ebd., S. 26.

Gottesknecht, von dem Unschuldigen, der sich fuer das Volk opfert. Er liest sie mit Rueh-rung. Aber mit diesen Dingen kann man im Palast von Susa wenig Eindruck machen. Er ist ein entschiedener Anhaenger jener Mittelpartei, welche die Errichtung des Tempels durchset-zen moechte und die autonome Gerichtsbarkeit fuer die Juden in Syrien, wenn moeglich die Autonomie der Provinz Judaea oder einen juedischen Gouverneur fuer Syrien. [...] Innerer Monolog des Mardochai. Die Vorwuerfe der Leute aus Judaea, dass die reichen Juden nicht nach Judaea zurueckkehren wollten, sondern es vorzoegen, behaglich in Susa oder Babylon zu leben, statt in dem armen, von Parteikaempfen zerrissenen, heroischen Jerusalem, treffen ihn und treffen ihn nicht. [...] Es ist nun einmal vorbei mit den juedischen Staaten und mit den Weltmachttraeumen. Solange noch zwei gewaltige Staatsgebilde da waren, Aegypten und Babylon, zwischen denen Judaea eine Politik des Schaukelns halten konnte, hatten die Traeume von Weltmacht noch einigen Sinn. Jetzt sind sie sinnlos. Statt froh zu sein, dass Judaea jetzt die Aussicht hat, trotz seiner Kleinheit die gleiche Rolle zu spielen wie Babylon und Aegypten, werden diese Utopisten wieder alles verderben mit ihrer sinnlosen Deutung, dass die Auserwaehltheit der Juden sich aufs Politische beziehe statt aufs Geistige."[36]

Auch bei dieser Passage liegt es nahe, Susa durch die U.S.A. zu ersetzen und in ihr eine Stellungnahme zur Problematik des Staates Israel zu sehen, zumal Feuchtwan-ger anachronistische Begriffe wie „imperialistisch" und „Politik des Schaukelns" gebraucht. Das Plädoyer für einen Mittelweg - Autonomie und ein jüdischer Gouverneur, aber kein jüdischer Staat - ist nicht zu überhören. Doch mögli-cherweise finden sich gerade hier Gründe für das Scheitern des Autors an die-sem Roman.

In jedem der Romane Feuchtwangers gibt es Figuren, die Ansichten äußern, welche denen des Autors gleichen, die aber nicht nur die Aufgabe eines Sprach-rohrs haben, sondern Individuen sind, deren Funktion im jeweiligen Text nicht so eindeutig bestimmbar ist. Sie machen im Verlauf des Geschehens innere Veränderungen durch. Nicht so allerdings die drei Hauptfiguren in *Ester*. Der Umstand, daß keiner dieser Charaktere von Feuchtwanger als entwicklungsfä-hig begriffen, sondern als feststehend angelegt wird, legt das gesamte dramati-sche Gewicht auf das Beziehungsgefüge. Aber die Problematik einer Dreiecks-beziehung, in der einer der Beteiligten de facto unumschränkte Macht über das Leben der beiden anderen hat, wird nur im dritten Entwurf von Feuchtwanger einmal kurz angedeutet: „Ester bittet den Koenig, Mardochai vorzulassen, den weisesten Mann, den sie kennt, nach dem Koenig. Der Koenig, etwas eifer-suechtig, fragt, wie alt Mardochai ist. Wie er hoert dass er Anfang der Sechzig ist, ist alles gut."[37]

Mardochai droht, anders als Süß oder Jehuda, von dem Machtmenschen nie Gefahr, wenn man von der allgemeinen Bedrohung der Juden durch Haman

---

[36] Feuchtwanger, Lion: Ester. Entwurf vom 29.10.?, a.a.O., S. 5.
[37] Ebd., S. 25. Feuchtwangers Romanhelden haben häufig die Angewohnheit, im jeweiligen Alter ihres Autors zu stehen: Süß ist um die vierzig, Jehuda und Mardochai Anfang Sechzig.

einmal absieht. Umgekehrt lehnt Mardochai die Möglichkeit, sich gegen den Herrscher zu stellen, ebenso wie die Idee eines Tyrannenmords und eines gemeinsamen jüdisch-griechischen Aufstands strikt ab:

„Der Anschlag muss unter allen Umstaenden vereitelt werden. Es waere ein ungeheueres Unglueck, wenn er gelaenge, es wuerde dann eben ein anderer, viel schlechterer Diktator als Darius den Westen niederwerfen, und mit den Hoffnungen Judaeas waere es fuer immer zu Ende."[38]

Mit einem derartigen Mangel an Reibungsflächen bietet weder das Vater-Tochter-Machtmensch-Dreieck, noch die Geschichte vom drohenden Pogrom, viele dramatische Möglichkeiten. Dieser Umstand noch mehr als Esters Rolle im Geschehen mag Feuchtwanger veranlaßt haben, seinen *Ester*-Roman aufzugeben. Der letzte Entwurf umfaßt nur noch vierzehn Seiten und bricht, im Gegensatz zu den vorherigen Entwürfen, die mit Mardochais Erhöhung und dem Bau des Tempels schließen, mit dem Abschied von Ester und Mardochai vor dem Palast ab. Die Figur der Ester bleibt unverändert, obwohl Feuchtwanger eine interessante allgemeine Reflexion einschließt:

„Die [griechischen] Maenner sind unleidlich, zanksuechtige Philosophen, rechthaberisch, genau wie die Juden zanksuechtige Theologen und rechthaberisch sind. Aber waehrend die Frauen der Juden eng und seelenlos gehalten werden, erziehen die Griechen ihre Frauen so, dass ein anstaendiger Perser auch mit geistigem Vergnuegen mit ihnen schlafen kann."[39]

Die implizierte Kritik an dem herkömmlichen jüdischen Frauenideal hätte dazu führen können, daß Ester ihre assimilierte, persische Hälfte als Emanzipationsmöglichkeit begreift, doch ein solches Motiv wird von Feuchtwanger, obwohl er laut dem Nachwort zur *Jüdin* unter ihrer Passivität litt, nicht aufgegriffen. Esters Energien richten sich auch im letzten Entwurf auf List und Sexualität; ihre einzige emotionale Bindung bleibt die an ihren Onkel und Ziehvater. Damit durchbricht sie zwar ein Klischee, jedoch nur, um in ein anderes hineinzufallen.

Es ist möglich, vor allem, wenn man von der Ester-Figur ausgeht, daß Feuchtwanger mit seinem Roman eine vehemente Kritik an der biblischen Tradition durch eine satirische, vielleicht sogar zynische Auslegung geplant hat. Dafür spricht Esters fast an eine Antiheldin gemahnende Charakterisierung, vor allem in ihrem Verhalten Haman und den Griechen gegenüber, das Feuchtwanger noch in der bereits zitierten Passage aus der *Jüdin von Toledo* äußerst kritisch behandelt. Die sehr unterschiedliche Darstellung von Naemi, Raquel und Ja'ala - tragische Tochterfiguren, die gewaltsam sterben, wo Ester überlebt, triumphiert und sich durch Gewalt rächt - legt ebenfalls die Möglichkeit der Sa-

---

[38] Feuchtwanger, Lion: Ester. Entwurf vom 29.10.?, a.a.O., S. 13.

[39] Feuchtwanger, Lion: Ester. Entwurf vom 8.11.?, Feuchtwanger Memorial Library, USC, Los Angeles, S. 7.

tire nahe. Nimmt man hinzu, daß die biblische Esther neben Judith den weiblichen jüdischen Nationalmythos schlechthin verkörpert, daß es sich bei ihr und Mardochai in der literarischen jüdischen Tradition um sehr stark affektbesetzte Normenträger handelt und daß die Berufung auf biblische Tradition gerade für den Zionismus von elementarer Bedeutung war, so verstärkt das die Versuchung, Feuchtwangers geplanten Roman *Ester* als kritische Reflexion von Zeitgeschehen zu interpretieren. Unterstützt wird die Deutung des geplanten Romans als Satire auch von der Äußerung Feuchtwangers gegenüber Benjamin Huebsch:

„Was *Ester* anlangt, so empfinde ich selbst das, was ich machen will, gar nicht als biblisch, es soll vielmehr ein vor allem heiteres Buch werden mit vielen grotesken, ja burlesken Lichtern [...]."[40]

Nicht verschwiegen werden sollte jedoch die respektvolle, affektgeladene Art, in der Feuchtwanger im Nachwort zur *Jüdin* vom *Buch Ester* spricht, und die das gewichtigste Argument *gegen* satirische Interpretation darstellt. Möglicherweise geschah Feuchtwanger während der Arbeit an *Ester* genau das, was er in seiner Dissertation Heine für den *Rabbi* unterstellt: Die gefühlsmäßige Bindung an den Roman ging ihm zugunsten der Satire verloren, und eine Satire über den Esther-Stoff wollte er letztlich nicht schreiben. Er hatte Oskar Lautensack in *Die Brüder Lautensack* ursprünglich als jüdische Figur geplant, diese Konzeption jedoch verworfen, da er angesichts der schlimmsten antisemitischen Pogrome in der Geschichte dem Antisemitismus nicht neue Munition liefern wollte.[41] Der Veit-Harlan-Film *Jud Süß*, den er nicht gesehen hatte, war ihm als pervertierte „Verfilmung" seines Romans bezeichnet worden. Unter diesen Umständen wäre es verständlich, wenn er auf eine Weiterarbeit an *Ester* verzichtet hätte, weil ihm diese spezielle Reflektion der *conditio judaica* zu ambivalent geriet. Die Feststellung, die er Mardochai in den Mund liegt, klingt wie eine ironische Resignation des kosmopolitischen Verstands vor dem nationalen Gefühl:

„Leider hat da auch der religioese Zelotismus die Juden verdaechtig gemacht. Die Auserwaehltheit, ob sie nun geistig gedeutet wird oder politisch, kann von der Regierung nicht geduldet werden, und so sehr es reizen mag, diese Lehre zu verkuenden, es waere besser,

---

[40] Feuchtwanger, L. an Benjamin Huebsch, 10.11.1942, a.a.O.

[41] So Feuchtwanger in Briefen an Benjamin Huebsch und Eva von Hoboken; vgl. auch Feuchtwanger, Marta (interviewed by Lawrence M. Weschler): An Emigré Life. Oral History Program, Regents of the University of California, Los Angeles 1975, Bd. III, S. 1118: „I think it has two faults [...]. First, that Hanussen is not a Jew in the book. My husband thought in those days it would have been a prejudice against the Jews, because one person and one book can often make the opinion of the whole world when the book goes around, when they don't see what other things happened at the same time. But I found it would have been better when he was the Jew - Hanussen. "

wenn die Propheten nicht so laut schrien. Dabei kann sich Mardochai nicht helfen, die Dichtungen, die gerade unter den Juden des Exils entstanden sind, die messianischen Traeume, wie sie in den Werken des Jesajahs und seiner grossen Schueler in Babylon zum Ausdruck kommen, machen ihm starken Eindruck. [...] Es ist der ungeheure Hochmut, der geistige, wie der physische, der den Juden gefaehrlich wird. Aber wenn man die grosse Geschichte der Juden liest und wenn mann sich vertieft in ihre Dichtung, was bleibt einem da uebrig, als hochmuetig zu werden?"[42]

---

[42] Feuchtwanger, Lion: Ester. Entwurf vom 8.11.?, a.a.O., S. 9 f.

7. Raquel

7.1 Stoffgeschichte

Die erste Erwähnung der *„Jüdin von Toledo"* in der *Crónica general* von 1284, verfaßt von Alfonso dem Weisen, trägt bereits sagenartige Züge. Es sind keine zeitgenössischen Dokumente erhalten, welche die Existenz einer jüdischen Geliebten Alfonsos VIII. von Kastilien belegen; daß er sieben Jahre mit ihr verbrachte, Weib, Reich und alle Pflichten vergaß, bis die Granden sie umbrachten und ihn auf diese Weise wieder in einen vorbildlichen Rex Christianus verwandelten, klingt hundert Jahre nach dem mutmaßlichen Ereignis von seinem Nachfahren Alfonso dem Weisen erzählt, zu sehr nach einem „Fürstenspiegel", um sich in dieser Form ereignet zu haben.

Elisabeth Frenzel stellt fest: „Der Stoff ist eine Variante des häufig auftauchenden Motivs vom Helden, der in den Bann einer Frau gerät und darüber für geraume Zeit seine Pflichten vergißt."[1] Entscheidend für die literarische Behandlung des Themas wurde, daß im Zentrum stets Alfonso stand, seine Pflichtvergessenheit und seine Wiederhinwendung zur Pflicht. Die Jüdin, die in der *Crónica general* nicht einmal mit Namen genannt, sondern nur als „La Fermosa", die Schöne, bezeichnet wird, hat dadurch den Charakter einer Chiffre, die von verschiedenen Dichtern mit beliebigen Eigenschaften ausgestattet werden kann: Es ist die äußerste Reduktion der Sprachformel „Schöne Jüdin", die nach Belieben verwendbar ist.

Die *Romanze* des Lorenzo de Sepúlveda von 1511 sieht La Fermosa als Verführerin; Alfonso wird nach ihrem Tod durch eine Engelserscheinung wieder auf den rechten Weg gebracht. Lope de Vegas befaßte sich gleich zweimal mit der Episode, einmal in *La Jerusalén conquistada* von 1609, wo er noch Sepúlveda folgt, und in seinem Drama *Las paces de los reyes y judía de Toledo* (Druck 1616), in dem er neue und eigene Akzente setzt. Er gibt der „Schönen" den Namen Rahel und läßt sie aufrichtige Liebe für den König empfinden. Daß sie sich außerdem noch zum Christentum bekehrt, macht sie für sein zeitgenössisches Publikum zur Sympathiefigur. Als erster führte er auch die Gestalt der Königin in die Handlung ein und läßt die Tat der Granden auf ihre Initiative zurückgehen. Immer noch liegt das Schwergewicht der Handlung allerdings auf Alfonso, der in der Tradition der früheren Bearbeitungen durch eine Engelserscheinung erleuchtet wird und sich mit seiner Gemahlin beim Gebet in der Kirche wieder versöhnt.

Der Name „Rahel" blieb in all seinen Variationen (Raquel, Rachel) erhalten, doch die Gestalt der Jüdin gewann in den meisten folgenden Bearbeitungen immer negativere Züge, was angesichts des nicht nur in Spanien verbreiteten

---

[1] Frenzel, Elisabeth: Stoffe der Weltliteratur. Kröner Verlag, Stuttgart 1983, S. 383.

Judenhasses nicht wunder nimmt. *La desgraciada Raquela* von Mira de Amescuas (1605) sieht sie nicht nur als Verführerin, sondern auch als eine Art Agentin der Juden; ihr Einsatz für ihr Volk wird negativ gewertet und beurteilt, angefangen bei ihrem Bemühen, die Ausweisung der Juden aus Toledo zu verhindern, bei dem sie den König kennenlernt. Erstmals erhält auch die Gestalt von Rahels Vater, der hier den Namen David trägt und sie vor ihrem Ehrgeiz warnt, dramatisches Gewicht. Luis Ulloa Pereyra in *Alfonso Octavo...* (1650) und Diamante in *La Judia de Toledo* (1667) folgten dieser Vorgabe.

Positivere Züge - zu Lasten der Vaterfigur, die nicht immer Rahels leiblicher Vater zu sein braucht, sondern gelegentlich auch ein Vormund und Magier wie Ruben bei Cazotte ist und mehr und mehr zum Kuppler wird - gewinnt Rahel erst wieder bei Vicente García de la Huerta. In dessen *Raquel* (1778) kämpft sie ebenfalls gegen die Ausweisung ihres Volkes - was immer noch negativ gesehen wird -, sie ist jedoch selbst ein Werkzeug Rubens. In J. Cazottes Novelle *Rachel ou la belle juive* (vor 1789 erschienen) wird diese Rolle Rubens durch das noch bei Grillparzer wichtige Motiv der magischen Bilder verstärkt. Ruben bindet Rachel und den König durch ihre jeweils mit Zaubersprüchen belegten Porträts aneinander; erst als Alfonso das Bild Rachels von sich geworfen hat, ist er von der „Bezauberung" gelöst und kann sich mit seiner Gattin versöhnen.

Johann Christian Brandes in *Rahel, die schöne Jüdin* (1790) und P.-E. Chevalier in *Rachel ou la belle juive* (1803) folgen vor allem Cazotte und Huerta. Chevalier schreckte allerdings vor der Unerbittlichkeit des Endes zurück und läßt Rachel nur zu Gefängnis verurteilt werden.

Für G.K.Pfeffels in *Alfonso und Rahel* (1809) ist Rahel sogar Werkzeug des Teufels selbst, der König und Königin entzweien will. In *Rachel ou la belle juive* (1849) von H. Lucas spielt erneut das Motiv des magischen Bilds eine zentrale Rolle; Rachels Bemühen, ihr Volk zu schützen, wird jedoch nicht mehr ausschließlich negativ gewertet. Sie selbst wird, wie bei Chevalier, vor dem Tod gerettet. Im gleichen Jahr erschien Lázaro Monteros *Dona Fermosa*, eine Tragödie, die „Fermosa" als Eigennamen verwendet und ihre Heldin in die Nähe des Judith-Stoffes rückt. Immer noch wird Fermosas Versuch, den Juden zu helfen, nicht positiv gesehen; sie stirbt nicht durch die Christen, sondern durch die Hand ihres Vaters.

In der zweiten Hälfte des neunzehnten Jahrhunderts begann die bisher hauptsächlich religiös motivierte Judenfeindschaft, die sich nicht auf „bekehrte" Juden erstreckte, allmählich dem modernen Antisemitismus zu weichen, der nicht mehr religiös, sondern „rassisch" argumentiert. Vor diesem ideologischen Hintergrund veränderten sich auch die literarische Gestaltung jüdischer Figuren. Grillparzers Haltung in der bedeutendsten Bearbeitung des „*Jüdin von Toledo*"- Stoffes (1873) vor Feuchtwanger bleibt zutiefst ambivalent. Er gestaltet Rahels Vater, Isaak, als geldgierigen alten Kuppler, der seine Töchter in der Gefahr im Stich läßt und nur an sein Gold denkt. Andererseits läßt er Alfonso über die Juden sagen:

> „Ich selber liebe nicht dies Volk, doch weiß ich
> Was sie verunziert, es ist unser Werk;
> Wir lähmen sie, und grollen, wenn sie hinken.
> Zudem ist etwas Großes, Garceran,
> In diesem Stamm von unstet flücht'gen Hirten:
> Wir andern sind von heut, sie aber reichen
> Bis an der Schöpfung Wiege, wo die Gottheit
> Noch menschengleich in Paradiesen ging,
> Wo Cherubim zu Gast bei Patriarchen
> Und Richter war und Recht der ein'ge Gott.
> Samt all der Märchenwelt, die Wahrheit auch
> Von Kain und Abel, von Rebekkas Klugheit,
> Von Jakob, der um Rahel dienend freite -
> Wie heißt das Mädchen?"[2]

Er nimmt dieses Lob allerdings, wie das meiste, was er in diesem Stück sagt, teilweise wieder zurück: „Die Weiber dieses Stamms/ Sind leidlich, gut sogar. - Allein die Männer/ Mit schmutz'ger Hand und engem Wuchersinn [...]."[3] Grillparzer läßt hier das Bild vom ekelhaften alten Juden und seiner anmutigen Tochter wieder aufleben, differenziert aber dieses Bild im Rahmen seiner Figurenkonstellation. Er stellt Rahel eine ältere Schwester, Esther, zur Seite, seine „eigenste Zutat zu dem durch die literarische Tradition gegebenen Stoff".[4] Esther ist die souveränste Figur in dem gesamten Drama. So erklärt Rahel:

> „Wär meine Schwester hier! Sie ist besonnen
> Und klüger weit als ich; doch fällt der Funke
> Von Willen und Entschluß in ihre Brust,
> Dann lodert sie in gleichen Flammen auf,
> Wär sie ein Mann, sie wär ein Held. Ihr alle
> Erläget ihrem Blick und ihrem Mut;
> Ich will indes nur schlafen, bis sie kommt,
> Bin ich doch selbst ein Traum nur einer Nacht."[5]

Es ist zuletzt auch Esther, die am Schluß des Stücks, nachdem Alfonso seine große Rede gehalten und sich mit Rahels Mördern versöhnt hat, das königliche

---

[2] Grillparzer, Franz. Die Jüdin von Toledo. II, 1, in: Sämtliche Werke, hrsg. von August Sauer, Bd. IX, Cottasche Verlagsbuchhandlung, Stuttgart 1893, S. 133-221; S. 155. Man vergleiche den einleitenden Absatz des Teils „Die Juden" in Jud Süß.

[3] Ebd. IV, 2, S. 196.

[4] Paulsen, Wolfgang: Nachwort zu Die Jüdin von Toledo von Franz Grillparzer, Reclam Verlag, Stuttgart 1965, S. 80.

[5] Grillparzer, Franz: Die Jüdin von Toledo. II, 1, a.a.O., S. 177.

Läuterungsdrama und die heroische Haltung der Granden in aller Schärfe zusammenfaßt:

> „Sie sind die Großen, haben zum Versöhnungsfest
> Ein Opfer sich geschlachtet aus dem Kleinen
> Und reichen sich die annoch blut'ge Hand."[6]

Doch Grillparzers Hauptfigur bleibt Alfonso, nicht Rahel oder Esther, und der zentrale Punkt des Dramas liegt nicht in der Begegnung eines mittelalterlichen kastilischen Herrschers mit einer Jüdin, sondern in der eines „Menschen, der [...] an einer freien Entfaltung seines Wesens verhindert worden war"[7] mit dem, was Grillparzer unter dem Weiblichen, dem „Weib als solches, nichts als ihr Geschlecht"[8] versteht.

Daß Rahel Jüdin ist, spielt dabei höchstens insofern eine Rolle, als ihre Abstammung zu Alfonsos zwiespältigen Empfindungen beiträgt. Sie nennt seine Liebe einmal „ein verstecktes Hassen"[9], Garceran leitet es von Verachtung, der König selbst es von „Nichtachtung"[10] her. Er spricht oft genug von ihren Schwächen - worunter er auch ihre Abstammung rechnet -, sieht diese aber als Quintessenz des Weiblichen an, denn „das edle Weib ist halb ein Mann, ja ganz/ Erst ihre Fehler machen sie zu Weibern".[11]

Unter dem unmittelbaren Eindruck ihres Todes definiert Alfonso Rahels Weiblichkeit nicht mehr als charmante Ansammlung von Fehlern, sondern als Naturkraft, bei der Rationalität und Reflektion nur stören würden, was auf dieselbe Auffassung der Geschlechterrollen, nur schmeichelhafter formuliert, hinausläuft:

> „Sie aber war die Wahrheit, ob verzerrt,
> All was sie tat ging aus ihrem Selbst,
> Urplötzlich, unverhofft und ohne Beispiel.
> Seit ich sie sah, empfand ich, daß ich lebte
> Und in der Tage trüben Einerlei
> War sie allein mir Wesen und Gestalt."[12]

Das trübe Einerlei der Tage ist selbstverständlich die Schuld seiner Gattin: „Das ist die Art der tugendhaften Weiber,/ Daß ewig sie mit ihrer Tugend zahlen./ Bist du betrübt, so trösten sie mit Tugend,/ Und bist du froh ge-

---

[6] Grillparzer, Franz: Die Jüdin von Toledo, a.a.O., S. 215.

[7] Paulsen, a.a.O., S. 79.

[8] Grillparzer, a.a.O., S. 173. Vgl. dazu Feuchtwanger: „Ich liebte und liebe sehr dieses Stück, den zarten Schwung seiner Verse und die Seelenkenntnis seines Dichters, der bewußt darauf verzichtet, seiner Handlung irgendwelche geschichtliche Beziehungen zu geben, dafür aber seine Menschen umso schärfer herausarbeitet." Feuchtwanger, Lion: Die Jüdin von Toledo, a.a.O., S. 475.

[9] Ebd., III, 2, S. 176.

[10] Ebd., III, 1, S. 178.

[11] Ebd., III, 1, S. 173.

[12] Ebd., V, 2, S. 206.

stimmt, ists wieder Tugend,/ Die dir zuletzt die Heiterkeit benimmt,/ Wohl gar die Sünde zeigt als einzge Rettung."[13] Aber das Stück bietet mehr als diese Aufteilung der Frauen in kalte Madonnen und impulsive Triebwesen: Esther beispielsweise ist sowohl klug und „tugendhaft" als auch emotional und liebesfähig. Sie steht damit nicht nur außerhalb der herkömmlichen Geschlechtersicht, sondern läßt sich auch nicht mehr in die literarische Tradition der „schönen Jüdin" einordnen, was bei Rahel sehr wohl möglich ist: die schöne Jüdin als Haremsodaliske.

Auf die biblische Esther spielen die Personen des Stückes mehrmals an; dadurch mag Feuchtwanger auf den Gedanken der Verknüpfung beider Stoffe gekommen sein. Doch diese Anspielungen bleiben rein illustrativ, denn Rahel kommt an keiner Stelle auf die Idee, für irgend jemand anderen als sich selbst zu bitten. „Von Ahasverus, der den Herrscherstab/ Ausstreckte über Esther, die sein Weib/ Und selber Jüdin, Schutzgott war den Ihren"[14] spricht Alfonso, als er die alttestamentarische Vergangenheit der Juden aufzählt, und Isaak meint später prahlend über den König und seine Tochter: „Hört Ihr? Da kommen sie mit Zimbeln und Posaunen/ Wie Ahasverus mit dem Weibe Esther,/ Die unser Volk zu Glanz und Ruhm erhöht."[15]

Alfonso spricht von Schutz, Isaak von Glanz und Ruhm, was wieder bezeichnend für Grillparzers Gestaltung beider Figuren ist. Für Elisabeth Frenzel steht fest, daß Alfonso bei der toten Rahel „die Seelenlosigkeit einer nur sinnlichen, jenseits moralischer Wertung stehenden Frau, deren Wirkung mit dem letzten Atemzuge vorüber sein muß"[16] erkennt; sie übersieht Esthers Schlußworte, die zumindest in Frage stellen, wie positiv Grillparzer Alfonsos Abwendung von Rahel gesehen haben will. Unbestritten bei Grillparzer und seinen Kommentatoren bleibt jedoch, wie schon erwähnt, Alfonso als Zentrum des Geschehens und die christliche Gesamtperspektive. Man kann das Fazit ziehen, daß bei allen in sich verschiedenen Behandlungen dieses Stoffes vor Feuchtwanger, die meistens den Titel *Die Jüdin von Toledo* trugen, über Jahrhunderte hinweg eine Gemeinsamkeit vorherrschte: Um wen es nicht ging, das war die Jüdin von Toledo. Und wessen Perspektive bestimmt nicht eingenommen wurde, das war die der Juden.

---

[13] Grillparzer, Franz: Die Jüdin von Toledo, a.a.O., IV, 2, S. 198.
[14] Ebd., II, 1, S. 155.
[15] Ebd., III, 1, S. 173.
[16] Frenzel, a.a.O., S. 385.

7.2 Die Jüdin von Toledo

Feuchtwanger baut in seinen Roman *Die Jüdin von Toledo* eine lange Schilderung des Purim-Festes ein, in deren Verlauf es zu der Diskussion über Esther und Mardochai kommt, aus der bereits zitiert wurde. Der Held des Romans sieht sich durch die Parallelen angesprochen:

„Auch Don Jehuda, der festfreudige, versammelte in diesen Tagen in seinem Castillo viele Gäste, um mit ihnen die farbige Geschichte des Buches Esther zu hören [...]. Die Prüfungen und die Siege Mardochais und Esthers waren die seinen und die seiner Raquel. Wer konnte so innig wie er mitspüren den Mut und die Todesnot der Esther, da sie vor den König tritt? Wer wie er mitgenießen den Herzensjubel des Mardochai? Dem Mardochai verdachte es keiner, daß er die Pflegetochter dem heidnischen König in seine Burg und ins Bett schickte. Aber Mardochai hatte vor vielen hundert Jahren gelebt in der Stadt Susa, die fern war. Er, Jehuda, lebte heute, und die Galiana war keine zwei Meilen entfernt."[17]

Der aufgegebene Esther-Stoff und der tatsächlich vollendete Roman sind bei allen Ähnlichkeiten doch sehr verschieden. Zu den Gemeinsamkeiten zählt vor allem, daß die eigentliche Hauptfigur wieder nicht die Titelheldin, sondern ihr Vater ist. „Raquel, die schöne Jüdin von Toledo, ist weniger um ihrer selbst willen da als um die gespannte Beziehung zwischen Jehuda und dem König Alfonso VIII. mit zu versinnbildlichen", meint Köpke.[18] Diese etwas überspitzte Formulierung beruht auf einer richtigen Grundlage, denn Feuchtwanger selbst bemerkte in einem Brief:

„Was mich an der überaus interessanten Fabel reizt, ist der soziologische Hintergrund, der die Geschehnisse möglich, ja, notwendig macht. [...] Darstellen will ich die ungeheure Anziehungskraft, die das kämpferische Rittertum sogar auf seine Gegner ausübt, die Macht also des Zerstörungstriebs. Darstellen also will ich, welch ungeheure Widerstände der Kampf für den Frieden niederringen muß. Das Schicksal meines jüdischen Ministers Jehuda Ibn Esra wiederholt auf einer sehr viel höheren geistigen Ebene das Schicksal des Juden Süß."[19]

Da überrascht es nicht, daß sich unter Feuchtwangers Vorarbeiten für den Roman zwar Skizzen der „Handlung, gesehen von Jehuda" und „Handlung, gesehen von Alfonso", aber keine „Handlung, gesehen von Raquel" finden. Doch wenn Jehuda ein Süß „auf einer viel höheren geistigen Ebene" sein soll, dann ist Raquel differenzierter als Naemi. Der vergebliche Versuch, die biblische Esther zu gestalten, hatte Feuchtwanger zu einer Verschmelzung der zarten Tochter mit der sinnlichen Frau gebracht. In verschiedenen Notizen zu Raquel schrieb er:

---

[17] Feuchtwanger, Lion: Die Jüdin von Toledo, a.a.O., S. 260 ff.

[18] Köpke, Wulf: Lion Feuchtwanger. C.H. Becksche Verlagsbuchhandlung, München 1983, S. 154.

[19] Lion Feuchtwanger an F.C. Weiskopf, 17.3.1957, in: Hofe, a.a.O., S. 108.

„Ihren Vater liebt sie abgoettisch. Sie spuert eine tiefe Vertrautheit mit ihm [...]. Don Alfonso ist ihr die Essenz dieses fremdartig Barbarischen, Kindlichen, gewalttaetig-Maennlichen. In ihre Vorstellung hinein mischen sich Bilder aus den Maerchen von Ogern, Menschenfressern, wuesten Kriegern, gemischt aber mit der von verliebten Juenglingen. Er ist durch und durch der Gegensatz ihres Vaters. Die Amme erzaehlt ihr von der Sultanin der Unglauebigen, der Vater macht ihr klar, dass in diesem Lande die Koenigin in ihrem (sic) Gatten gleichgestellt sei. Sie ist neugierig auf Dona Leonor."[20]

„Etwa 20. Nicht gross. Ihr herzfiermiges [sic] Gesicht ist nicht mehr so feichlos [sic]. Augen von der Farbe der Tauben. Sehr dichtes, schwarzes Haar. Zarte, braeunlichweisse Haut (Die Farbe deiner Haut ist wie die Farbe des Strausseneis) Blaugraue, grosse Augen. Ihr Gesicht ist wissender, nachdenklicher, umschattet. Das Gesicht der Toten ist wieder ganz kindlich. Sie begreift es nicht, dass er das Glas der Mesusa zerschlagen hat und dass er die Wasseruhr des Rabbi Chanan hat zuschuetten lassen. [...] Ihr staerkstes Mittel: sie schweigt und sieht ihn an. [...] Wenn der Vater ihr von seiner und ihrer Sendung und von Esther gesprochen hat, dann war das etwas Grosses. Die Verbindung mit Alfonso hat aber unendlich viel Kleines, Schmutziges, Schimpfliches, Widerwaertiges mit sich gebracht."[21]

Die Esther-Parallelen werden durchaus problematisiert. Anders als Ester und Mardochai in Feuchtwangers Entwurf ist es Jehuda und Raquel bewußt, daß man ihre Stellung beim König, und sei es auch für eine noch so gute Sache, als Prostitution sehen kann. Die Liebe Raquels zu Alfonso entwickelt sich später, zunächst ist seine Forderung nur Machtausübung; Jehuda begreift sie als solche und seine Tochter als Opfer, er vergleicht sich mit Jefta [22] und schlägt dadurch die Brücke zu Feuchtwangers nächstem Roman.

Die Intensität der Vater-Tochter-Beziehung geht weit über das Einverständnis zwischen Ester und Mardochai hinaus und weist wieder auf Süß und Naemi zurück. „Ihm [*Jehuda*] unbewusst mischt sich in diese Liebe etwas Narzißtisch erotisches ein", notiert Feuchtwanger in einer Studie für den Roman[23], und macht es für Jehuda außerdem zur Belastung, seine Tochter als sexuelles Wesen zu sehen:

„Er hatte sich ergötzt mit Tänzerinnen aus Kairo und aus Bagdad, mit Huren aus Cádiz, die berühmt waren um ihrer Künste willen; oft aber hernach hatte er Überdruß gespürt und immer hatte er in fließendem Wasser gebadet, ehe er wieder vor das reine Gesicht seiner Tochter trat. Er konnte seine Raquel nicht dem rohen, rothaarigen Barbaren ausliefern, daß er sie beschlafe."[24]

---

[20] Feuchtwanger, Lion: Charakterisierung <u>Raquel</u>, 25.3.53, Feuchtwanger Memorial Library, USC, Los Angeles, S. 5.

[21] Feuchtwanger, Lion: <u>Raquel</u>, 19.4.54, a.a.O., S. 4.

[22] Feuchtwanger, Lion: Die Jüdin von Toledo, a.a.O., S. 158.

[23] Feuchtwanger, Lion: Charakterisierung <u>Jehuda</u>, 24.3.53, Feuchtwanger Memorial Library, USC, Los Angeles, S. 1.

[24] Feuchtwanger, Lion: Die Jüdin von Toledo, a.a.O., S. 156.

Raquels Reinheit als Ideal hindert Jehuda allerdings nicht daran, ihr die Frage nach ihrem Einverständnis zu der Verbindung mit dem König auf eine Weise zu stellen, die es ihr nahezu unmöglich macht, diese abzulehnen. Doch in ihrer Beziehung zu Alfonso hat Raquel einen größeren Handlungsfreiraum. Sie verfügt, wie Ester, über einen gemischt kulturellen Hintergrund, auf den sie stolz ist, und obwohl sie Alfonso liebt, will sie weder die jüdische noch die islamische Seite ihres Wesens seinetwegen aufgeben.

Der Unterschied zu Grillparzer fällt dabei besonders ins Auge. Grillparzers Rahel - die schöne Tochter eines jüdischen Wucherers in der literarischen Tradition - hat keinen kulturellen Hintergrund; daß sie Jüdin ist, spielt nur insofern eine Rolle, als es ihre spätere Opferung ermöglicht. Der einzige Wesenszug, der im 19. Jahrhundert als „jüdisch" empfunden worden mochte, ist Rahels Freude an Geschmeide, was aber mehr als Spieltrieb denn als Geldgier dargestellt wird. Es ist Grillparzers Alfonso, der nachdenkt, grübelt, reflektiert: Der Gedankenmensch als Gegenstück zu Rahels Triebwesen, was in diesem Stück dezidiert auch als Gegensatz zwischen Mann und Frau verstanden wird.

Feuchtwanger dagegen kehrt diese Auffassung der Geschlechterrollen um, nicht nur einmal, sondern gleich zweimal. Wie Naemi Magdalen Sibylle und Ester Atossa, gibt er Raquel die Königin, Leonor, als Parallel- und Kontrastfigur bei. Raquel und Leonor sind Alfonso beide an Kultur und Intelligenz überlegen, für beide besteht die Attraktivität Alfonsos in seiner Kindlichkeit, Impulsivität und der bis zur Gewalttätigkeit neigenden Triebhaftigkeit; bis auf die Gewalttätigkeit sind dies alles Eigenschaften, die Grillparzer Rahel zuschreibt und die traditionell „weiblich" belegt sind. Dabei wirken Intelligenz und Kultiviertheit bei Feuchtwanger als Störfaktoren auf das Verhältnis der Frauen zu Alfonso, der sich beiden gegenüber unterlegen fühlt.

„Dona Leonor liebt er, er hat Respekt vor ihr, aber es gelingt ihm selten, sie in der Liebe sich selber vergessen zu machen. Auch ist sie ihm eine Spur zu gescheit, und er hat manchmal das Gefuehl, sie glaube nicht zur Genuege an ihn."[25]

Zu Raquel heißt es:

„Wie sie nun bei einander sind, ist ihm alles nicht genug, er moechte sie mehr haben, tiefer haben, nichts genuegt, keine Worte, keine Beruehrung, keine Vermischung. Er begehrt sie tiefer, tiefer und ist rasend, dass ers ihr nicht zeigen kann."[26]

Die Unmöglichkeit, einander trotz des erotischen und emotionalen Bandes wirklich zu verstehen, erinnert, was Alfonso und Raquel angeht, an Titus und

---

[25] Feuchtwanger, Lion: Charakterisierung Alfonso, 25.3.53, Feuchtwanger Memorial Library, USC, Los Angeles, S. 17.
[26] Feuchtwanger, Lion: Die Jüdin von Toledo, Entwurf vom 27.3.53, rosa Papier, Feuchtwanger Memorial Library, USC, Los Angeles, S. 6.

Berenike.[27] Feuchtwanger charakterisiert es nicht nur als ein männlich-weibliches Problem, sondern auch, übergreifend, als die Unmöglichkeit der völligen Assimilation. Um das zu verdeutlichen, benutzt er das Dreiecksverhältnis zwischen Vater, Tochter und dem Machtmenschen in aller Schärfe. Raquels jüdische Identität ist mit ihrer Beziehung zu ihrem Vater eng verflochten, und Alfonsos Eifersuchtsausbrüche gelten beiden. Bereits in einem Entwurf wird ein solcher Ausbruch beschrieben:

„Wie sie am Freitag wiederum zu Jehuda gehen will, ist er tief enttäuscht. Er erniedrigt sich, sie zu bitten, der Sabbath solle hier in La Galiana gefeiert werden in seiner Gegenwart. Sie ist geruehrt und lehnt ab. Ihn reizt es noch mehr als das erste Mal, dass sie vor ihm Geheimnisse mit dem Vater hat. Er ist eifersuechtig auf Jehuda."[28]

Diese Beschreibung ist im fertigen Roman abgeschwächt;[29] von Alfonsos Reaktion hat sich das Gewicht auf Raquels Gefühle verschoben:

„Raquel verließ ihn so widerstrebend wie das erstemal. Allein schon auf dem Weg zum Castillo Ibn Esra verspürte sie ein tiefes Verlangen nach dem Vater; ihr war, als müsse sie sich bei ihm Hilfe und Stärkung holen. Sie *wurde* stärker in seiner Nähe. In der Galiana war sie nur ein Teil Alfonsos gewesen, nicht sie selber; sie hatte Alfonsos Ganzheit bewundert und sich selber unterlegen gefühlt, weil sie zwiespältig war. In Gegenwart des Vaters wußte sie: ihre Zwiespältigkeit war Tugend, war ein, freilich verfängliches, Glück."[30]

Mit dieser Definition von Zwiespältigkeit als Tugend gibt Feuchtwanger in der Person Raquels ein weiteres Mal eine Antwort auf die aktuelle Rolle des Judentums. Alfonso, blond wie Karl Alexander, ist wie dieser zweifellos den größten Teil des Romans hindurch ein unreflektierender „Tatmensch" im Rathenauschen Sinn; aber Feuchtwanger bewertet die Reflexion, die Hin- und Hergerissenheit des „Furchtmenschen", die Rathenau an sich selbst kritisierte, als Tugend. Es ist Alfonso, der von Raquel lernt, und nicht umgekehrt. Durch die Wahl einer weiteren weiblichen Symbolfigur für das jüdische Volk kann Feuchtwanger diesen Annäherungsprozeß mit der gesamten schmerzhaften Problematik des zwischen Anziehung und Unvereinbarkeit schwankenden Verhältnisses zwischen Mann und Frau belegen.

---

[27] „Ich muß es dir sagen, mein Josef [...], ich bin vor ihr immer wie ein kleiner Junge. Sie ist fremd und hoch über mir, selbst wenn ich sie nehme. Ich will, daß sie eins mit mir wird, ich will mich mischen mit ihr. Aber sie bleibt mir versperrt, selbst wenn sie sich mir gibt. Ihr Juden habt dieses infernalisch gescheite Wort für den Akt: ein Mann erkennt eine Frau. Ich habe sie bis jetzt nicht erkannt". Feuchtwanger, Lion: Die Söhne. Querido Verlag, Amsterdam 1935, S. 130.

[28] Feuchtwanger, Lion: Die Jüdin von Toledo, Entwurf vom 28.3.53, rosa Papier, Feuchtwanger Memorial Library, USC, Los Angeles, S. 14.

[29] „Alfonso suchte sie dieses Mal nicht zu halten; aber er saß bösen Gesichtes da, ein gekränktes Kind". Feuchtwanger, Lion: Die Jüdin von Toledo, a.a.O., S. 190.

[30] Feuchtwanger, Lion: Die Jüdin von Toledo, a.a.O., S. 190.

Raquel mag von Alfonso geliebt werden, aber sie ist, und darin liegt einer der entscheidenden Unterschiede zu Leonor, durch ihre soziale Stellung als Jüdin bei ihm die ganze Zeit in einer potentiell gefährdeten Situation. Hatte Feuchtwanger im *Ester*-Entwurf mit Darius einen dramatisch nicht sehr ergiebigen wohlwollenden Tyrannen entwickelt, so ging er in der *Jüdin von Toledo* wieder zu seinem problematisierten Machtmenschen zurück, wie er ihn zuletzt in den drei Flaviern geschildert hatte. Alfonso ändert wegen Raquel nicht seine Judenfeindlichkeit; er versucht mit allen Mitteln, sie zu bekehren („Es tat Raquel weh, daß dieser liebste Mensch das Beste, was sie hatte, beschimpfte")[31]. Auf Raquels Bitte um die Aufnahme der vertriebenen Juden - die vor Feuchtwanger so negativ bewertete Esther-Parallele - reagiert er zunächst, wie Titus auf Berenikes wiederholte Bitte um die Schonung des Tempels: mit einer Vergewaltigung. Und die fränkischen Juden verdanken ihre Rettung immer noch nicht Alfonsos Einsicht oder Mitgefühl, sondern einzig seinem Bedürfnis, Raquels Verzeihung zu erlangen. Raquel muß sterben, um Alfonso von einem Macht- zu einem Friedensmenschen zu läutern.

Feuchtwanger schrieb im Nachwort seines Romans *Die Füchse im Weinberg*, der eigentliche Held des Romans sei der Fortschritt. Der eigentliche Held der *Jüdin von Toledo*, könnte man sagen, ist der Friede. „Eine Unze Friede ist mehr wert als eine Tonne Sieg"[32], wie Raquel zu Alfonso sagt. Doch in aller Intensität beleuchtet Feuchtwanger auch die Attraktion des Krieges und der Gewalt: eine erotische Faszination, wie er sie schon einmal, in Erfolg, in dem Verhältnis Johanna Krains zu dem jungen Nationalsozialisten Erich Bornhaak beschrieben hatte, mit dem Unterschied, daß Raquel Alfonso tatsächlich liebt, und Alfonso, anders als Bornhaak, kein Zyniker, sondern ein aufrichtig Gläubiger ist. Doch die in Alfonso verkörperte Kriegslust und betonte Ungeistigkeit ziehen Raquel nicht nur an, sondern bedingen letztendlich auch die nicht zu überwindende Kluft zwischen ihr und dem König:

„Sie kauerte sich zusammen, überkommen vom Gefühl ihrer Fremdheit. Er war wunderbar, dieser ihr Alfonso, wie er dastand, stark, lustig, stolz, männlich, sehr wert, daß sie ihn liebte. [...] Aber das Beste, was es unter dem Himmel und im Himmel gab, war ihm verschlossen. Das Wichtigste wußte er nicht, nichts wußte er vom Geiste. Sie aber wußte darum, weil sie ihren Vater hatte und Musa, und weil sie zu denen gehörte, deren Erbteil das Große Buch war."[33]

Der literarischen Gestalt der „schönen Jüdin" wurde, wie Florian Krobb zeigt, häufig der Wunsch nach vollständiger Assimilation in die christliche Gesellschaft durch die Verbindung mit einem Christen beigegeben. Es waren die Christen, die - wie Walter Scotts Ivanhoe oder Wilhelm Hauffs Gustav Lanbek - eine

[31] Feuchtwanger, Lion: Die Jüdin von Toledo, a.a.O., S. 221.

[32] Feuchtwanger, Lion: Die Jüdin von Toledo, a.a.O., S. 172.

[33] Ebd., S. 174 f.

unüberbrückbare Fremdheit empfanden. In jedem Fall wird eine solche Verbindung, auch wenn sie scheitert, vom Erzähler als erstrebenswerter Aufstieg angesehen. Dies gilt auch und gerade in den Verarbeitungen des Stoffes der *Jüdin von Toledo*. Wenn Feuchtwanger hier die traditionellen Normen umkehrt und Raquel ihre „Fremdheit" empfinden läßt, in einer Weise, die diese Fremdheit gleichzeitig als Überlegenheit definiert, setzt er hier ein eindeutiges Zeichen. Raquels entschiedene Weigerung zu konvertieren, und ihre Entscheidung, ihr Kind gegen Alfonsos Willen jüdisch, nicht christlich erziehen zu lassen, verstärkt dies noch. Assimilation um den Preis der Aufgabe der eigenen Identität ist nicht zumutbar. Die mit der Chiffre „schöne Jüdin" konnotierten Erwartungen werden nicht nur nicht eingelöst, sondern widerlegt; es ist der christliche Mann, der seinerseits - aus weiblicher Sicht, auch dies eine Neuerung - als Objekt des Begehrens beschrieben wird, das sich ändern muß.

Raquel, Jehuda und die Juden im allgemeinen verkörpern in diesem Roman die Sehnsucht nach Frieden - und nicht nur sie: Feuchtwanger gibt Jehuda im Geiste Lessings je einen gleichgesinnten Moslem und Christen, Musa und Don Rodrigue, zur Seite. Judaismus kann hier Pazifismus sein, da die Ambivalenz des alttestamentarischen Hintergrundes von *Ester* fehlt. Durch den soziohistorischen Hintergrund allein sind die Juden im mittelalterlichen Spanien die Opfer, und niemals in der Lage, Täter zu werden. Dementsprechend ist auch Raquel, anders als Feuchtwangers Ester, eine uneingeschränkt positive Figur. Raquels Zugehörigkeit zum „Geiste" reicht indessen nicht so weit, daß ihr der Autor seine Reflexionen über die historische Rolle der Juden anvertraut. Derartige Überlegungen bleiben auch hier dem Vater, Jehuda, vorbehalten.

„So verhiess es der Seher, und so war es. Israel glaubte ihm. Aber Bitterkeit frass Jehuda am Herzen, wenn er daran dachte, wie lange Israel warten musste. Erst hatten die Heiden den Tempel Zions gestuerzt und an der Staette des unsichtbaren Gottes ihre griechischen und roemischen Greuelbilder aufgerichtet. Dann hatten die Moslems, die Soehne Hagars, Zion erobert und eine Moschee gebaut an der Staette des Heiligtums Israels. Wenn ein Jahrtausend verflossen sein werde, hatten die Propheten verkuendet, dann werde das Exil zu Ende sein und Israel zurueckkehren nach Zion. Vor drei Menschenaltern <u>war</u> das Jahrtausend vollenedet (sic), aber wer nach Zion kam, waren die Soehne Edoms gewesen, die Christen, und sie hatten aus der Moschee eine Kirche gemacht ueber dem angeblichen Grab ihres Gottes. Jetzt kaempften Moslems und Christen um das Land und das Heiligtum, und Israel, der echte Sohn und Erbe, lebte in der Verbannung. Israel hatte gelernt, zu warten, sich duckend, sich, wenn es sein musste, verkleidend in die Tracht der anderen, wo wie (sic) es ihm, Jehuda, zugeteilt war. Ja, Israel war klug, Gott hatte es durch immer neue Leiden klug gemacht. Israel verstand, zu warten. Aber so wie er, Jehuda, nun sein wahres Gewand wieder anziehen wird und zurueckkehren wird in das Haus seiner Vaeter, so wird All-Israel die Soehne Hagars und die Soehne Edoms ueberleben und Zion zurueckgewinnen."[34]

---

[34] Feuchtwanger, Lion: Die Jüdin von Toledo, Manuskript vom 9.4.53, gelbes Papier, Feuchtwanger Memorial Library, USC, Los Angeles, S. 12.

Diese deutliche Anspielung auf die Gründung des Staates Israel wurde von Feuchtwanger in dem auf den 9.4.53 datierten Manuskript gestrichen und auf einem eingefügten Blatt durch folgenden Passus ersetzt:

„So verhiess es der Seher, und so war es, Israel glaubte ihm. Freilich, Israel musste lange warten, ueber tausend Jahre hatte es jetzt gewartet, aber es hatte gelernt, zu warten, sich duckend, sich, wenn es sein musste, verkleidend in der Tracht der anderen, so wie es ihm, Jehuda, zugeteilt gewesen war. Ja, Israel war klug, Gott hatte es durch immer neue Leiden klug gemacht, Israel verstand, zu warten. Aber Israel war sicher, dass es Christen und Moslems ueberleben und sein Erbland zurueckgewinnen werde, um welches jetzt die Soehne Edoms und die Soehne Hagars kaempften. Und er, Jehuda, hatte die Sendung, sein winziges dabei zu helfen."[35]

Später eliminierte er die Passage ganz. Damit entfiel die Parallele zwischen Jehudas Ansiedlung der 6000 jüdischen Flüchtlinge in Kastilien und dem Zustrom jüdischer Flüchtlinge nach Palästina nach dem zweiten Weltkrieg, und die Implikation, daß Jehuda sein Handeln als Beitrag zur letztendlichen Rückkehr in das Gelobte Land und zu dessen Inbesitznahme begreift. Eine ähnliche Bedeutungsumschichtung erfuhr auch Raquels Vergewaltigung durch Alfonso; in den frühen Entwürfen des Romans (z.B. vom 26.3.1953) findet sie nicht nach der Bitte für die Juden, sondern nach einem Streit über die Frage, wem das Heilige Land gehöre, statt; Raquel weist Alfonso darauf hin, daß Gott es ihrem Volk, nicht den Christen oder den Moslems, versprochen habe.

In der endgültigen Fassung dagegen ist diese Auseinandersetzung auf einen Gedanken Raquels reduziert, den sie nicht ausspricht. Ihr unwillkürliches Lachen über den christlichen Anspruch löst einen kurzen verbalen Zornesausbruch Alfonsos aus, der jedoch nur wenige Zeilen einnimmt. Raquels versöhnliche Äußerung, mit der sie den Streit beilegt, bezieht sich auf ein Zitat aus dem Koran: „Wir sind beide gekommen. Keiner ist der Bessere."[36]

Vor dem Hintergrund der früheren Stadien dieses Romans wirkt dieser Satz signifikant. Feuchtwanger hat hier zwei der Normenträger seines Romans, Jehuda und Raquel, zunächst ein Plädoyer für das jüdische Recht auf einen Staat Israel in den Mund gelegt, von ihnen als vorrangig vor christlichen und moslemischen Ansprüchen bezeichnet. In beiden Fällen wird die Äußerung jedoch während der Arbeit an dem Roman vom Autor zurückgenommen, und bei Raquel sogar durch einen positiven Bezug auf den Islam ersetzt. Ihrer letzten, oben zitierten Aussage eine Bedeutung zu unterlegen, die über die bloße Anwendung auf einen Streit zwischen Liebenden hinausgeht, liegt nahe. Durch den Verzicht auf einen unbedingten Anspruch auf Israel als einen allein jüdischen Staat vertieft Feuchtwanger Aussöhnung und Friede zwischen den Religionen als zentrales Anliegen der *Jüdin*. Das Modell des gleichberechtigten

---

[35] Feuchtwanger, Lion: Die Jüdin von Toledo, Manuskript vom 9.4.53, a.a.O., S 12 a.

[36] Feuchtwanger, Lion: Die Jüdin von Toledo, a.a.O., S. 221.

Miteinanderlebens erweist sich zwar bereits in dem fragilen Beziehungsdreieck zwischen Raquel, Alfonso und Jehuda als Utopie, bleibt aber innerhalb des Wertegefüges des Romans weiterhin erstrebenswertes Ideal, ebenso wie Feuchtwangers Vorstellung von den Juden als Vermittlern zwischen den Völkern.

Jehuda, dem es immerhin über den größten Teil des Romans gelingt, eine solche Vermittlerfunktion zwischen Moslems, Christen und Juden erfolgreich auszuüben, bleibt jedoch ein vom Autor problematisierter Charakter, der nie zur unkritischen obersten Normeninstanz des Romans wird. In einem der frühesten Entwürfe des Romans, vom 9.9.52, stirbt Jehuda nicht mit seiner Tochter, sondern wird von de Lara gerettet. Warum Feuchtwanger sich für einen anderen Ausgang entschied, läßt sich nur vermuten; Jehuda wäre ohne das Opfer seines eigenen Lebens seiner Tragik beraubt worden. Seine Motive sind durchaus nicht nur von Sehnsucht nach Frieden und Altruismus, sondern ebenso sehr von Hybris, Machtgier und der schieren Freude am Risiko geprägt. Diese Gemeinsamkeit mit Süß und Josephus war in frühen Fassungen des Manuskriptes noch deutlicher als in der letztendlich gedruckten:

„Und die Drohung eines neuen Kriegs und Gemetzels war nur ein winziger Nebelstreif und wird sich wahrscheinlich in Dunst aufloesen. Das wird sie nicht. Er wollte es nicht so. Er wollte diesen Dunststreif sehen als Schweres, den ganzen Himmel ueberziehendes Gewoelk. Er sah ihn so."[37]

Auch die Notizen, die sich Feuchtwanger zu Jehuda machte, betonen die Ambivalenz des Charakters und seine Ähnlichkeit mit Süß und Jefta, bis hin zu der Vater-Tochter-Beziehung:

„Etwa 60 Jahre. Mittelgross, sucht sich durch die Schuhe groesser zu machen. Schlank, von lockerer, doch aufrechter Haltung. Mattbraeunliches Gesicht, umrahmt von von (sic) kurzem, schwarzem Vollbart. Glaenzende, sanftdringliche, ruhige, mandelfoermige Augen, die aber ueber ueberaus [sic] wild blicken koennen, wissend, etwas hochmuetig. Wohltoenende Stimme, doch lispelt er in der Erregung. Gepflegte, schoene Haende. Schnelle, doch gezuegelte Bewegungen. Er gesteht sich ein, dass seine 'Sendung' nur eine Verkleidung seiner ungeheuern Machtgier war. In die Liebe zu seiner Tochter mischt sich, ihm unbewusst, etwas Narzistisch-Erotisches."[38]

So sehr Jehuda unter der Eifersucht auf Alfonso leidet, so wenig wäre er im Grunde bereit, seiner Tochter wegen auf Macht und Einfluß zu verzichten. Er sieht eine Parallele nicht nur zwischen sich und Mardochai, sondern auch zwischen sich und Jefta[39] - was eine Opferung der Tochter impliziert. Doch sein Freund Musa konstatiert:

---

[37] Feuchtwanger, Lion: Die Jüdin von Toledo, Manuskript vom 8.4.53, gelbes Papier, Feuchtwanger Memorial Library, USC, Los Angeles, S. 7.

[38] Feuchtwanger, Lion: Charakterisierung Jehuda, 19.4.54, Feuchtwanger Memorial Library, USC, Los Angeles, S. 1.

[39] Feuchtwanger, Lion: Die Jüdin von Toledo, a.a.O., S. 158.

„Er liebt seine Tochter [...]. Aber er will, daß sie bleibt und sich dem Manne fügt. Er macht sich vor, er stehe vor einer schweren Wahl, aber er hat sich längst entschieden, er will bleiben, er will nicht hinaus in Armut und Elend. "[40]

Würde Jehuda überleben, so käme Feuchtwanger nicht umhin, ihn auf ähnliche Weise auf seine Schuld am Tod seines Kindes reagieren zu lassen wie Süß oder Josephus. Durch den gemeinsamen Tod von Vater und Tochter, der als bewußter Opfertod für das Volk erscheint, gewinnt Feuchtwanger dagegen für Jehuda eine neue ideologische Position. Außerdem bleibt durch Raquels geretteten Sohn die Hoffnung auf die Zukunft; die Familie findet nicht ihr Ende. Als einziger von Feuchtwangers ehrgeizigen Vätern stirbt Jehuda nicht einsam, sondern mit seinem geliebten Kind, und es wird ihm vergeben:

„Jehuda sah die rohen Gesichter der Soldaten und ihres Führers [...], er wußte, er hatte nicht mehr viele Minuten zu leben. Furcht würgte ihn. Er suchte sie zu vertreiben durch Denken. Zu einem jeden kommt der Zerstörer aller Dinge, und er selber hat es so gewollt, daß er hier und jetzt zu ihm komme. [...] Er hat viel Eitles getan, und manches Gute nur deshalb, weil er mehr hat sein wollen als jeder andere. Aber es war ihm erlaubt: er *war* mehr als die andern. [...] Er hat der Halbinsel Jahre hindurch Frieden und Blüte bewahrt. Und noch sein Sterben wird machen zum Segen. [...] Er sah auf seine Tochter, trank ihren Anblick ein, dachte an seinen Enkelsohn, den kleinen Immanuel. Alazar hatte er verloren, diese seine liebe Tochter verliert er in wenigen Minuten, nach wenigen Atemzügen wird er sterben: aber der Knabe Immanuel Ibn Esra lebt, den Feinden unerreichbar. Auch Raquel dachte an ihren Sohn. Sie hatte Alfonso nicht verwandeln können, aber was gut an ihm war, lebte weiter. Wirr und von neuem, nicht in Worten, tauchte in ihr die Vorstellung des Messias auf, der das Wilde besiegt, den Stier, und den Frieden bringt über die Erde. Und sie sah den Blick ihres Vaters und sie gab ihn zurück und sie sagte: ‚Du hast recht gehabt, mein Vater, da du Immanuel gerettet hast. Unser Immanuel wird leben. All mein Inneres ist voll Dank für dich.' Eine Welle von Zärtlichkeit, Befriedigung, Stolz schwoll und brach in Jehuda. Allein sie brach sogleich. Und nun von neuem schnürte ihn die kalte Angst. Er fand noch Kraft, sich dem Osten zuzuwenden. Dann senkte er den Kopf, wehrte sich nicht länger und wartete darauf, den Schlag zu empfangen; er sehnte sich danach. "[41]

Der Schwerpunkt dieser Todesbeschreibung liegt auf Jehuda, der sich, wie Süß, wie Josef, nach Osten, nach Jerusalem wendet und seinen Tod willkommen heißt. Für Raquel gibt es keine derartige Entwicklung; ihr Schicksal wird bestimmt von ihrem Vater, von Alfonso, von Leonor und der todesgierigen Menge. Und deswegen fällt es so schwer, sie als Hauptfigur des Romans zu akzeptieren; sie agiert nicht, sie reagiert. Innerhalb dieser Reaktionen ist sie weiter entwickelt als die anderen Tochterfiguren Feuchtwangers, Naemi und Ja'ala, doch der ihr zugeordnete Romanbereich bleibt dem ihres Vaters und Alfonsos untergeordnet. Die Farblosigkeit, die Köpke an ihr konstatierte, liegt vielleicht auch daran, daß Feuchtwanger ihr im Gegensatz zu ihrem Vater und

[40] Feuchtwanger, Lion: Die Jüdin von Toledo, a.a.O., S. 159.
[41] Ebd., S. 411 ff.

100

im Gegensatz zu Frauenfiguren wie Berenike, Lucia, Cayetana oder sogar der Ester seines Entwurfs keinen einzigen negativen Charakterzug gestattet.

Doch während Raquel mit Ester, wie Feuchtwanger sie beschrieben hat, wenig mehr als ihre Stellung als Konkubine eines nichtjüdischen Königs teilt, hat Feuchtwanger Züge seiner Ester-Figur (und von Atossa) in der *Jüdin von Toledo* nicht auf Raquel, sondern auf ihr Gegenbild, Leonor, übertragen. Wie schon erwähnt, haben Raquel und Leonor in ihrem Verhältnis zu Alfonso durchaus einiges gemeinsam, und beachtlich bleibt, daß Feuchtwanger in beiden Fällen die traditionelle Aufteilung der Geschlechterrollen umkehrt.

Der Unterschied zwischen Raquel und Leonor liegt in ihrem jeweiligen soziokulturellen Hintergrund, der sich entscheidend im Wesen ausprägt. Leonor ist bereits durch ihre Herkunft, als Tochter des mächtigsten Herrscherpaars ihrer Zeit, Alfonso nicht nur ebenbürtig, sondern überlegen. Feuchtwanger war sehr an ihren Eltern, Eleonore von Aquitanien und Heinrich II., interessiert und definiert Leonor über diese:

„Sie beneidet ihren Vater und ihre Mutter um ihr wildes Leben, sie wird hin und hergerissen von Hass und Liebe bald zu dem einen, bald zu der anderen, aber sie hat fruehzeitig unter dem Einfluss ihres Beichtvaters beschlossen, ein reines Leben zu fuehren [...]. Es war ihr sehr recht, in sehr jungen Jahren Koenigin eines souveraenen Reiches zu werden, und sie liebt ihren Alfonso; doch huetet sie sich, sich von ihren Trieben ueberkommen zu lassen [...]. Sie ist klueger als Alfonso, aber gerade darum droht, dass er sich nicht in die ganz grossen Weltkaempfe einmischt; sie weiss, dass er im Grunde nichts ist als ein Genral [sic], ein Raufbold [...], aber den ganz grossen Staatsgeschaeften nicht gewachsen wie ihr Vater und ihre Mutter. [...] Sie liebt Katzen. [...] Sie haelt in Toledo aus nach der Niederlage Alfonsos, unter hoechster Gefahr. Sie verbuendet sich mit dem Castro. Hinterhaeltig, sich selbst verachtend und dennoch stolz, gibt sie die Losung aus, die Juden zu erschlagen. Sie selber ruehmt sich dessen vor dem rasenden Alfonso, nimmt die ganze Schuld auf sich, rettet ihn davor, den Castro zu erschlagen, ruehmt sich, sie habe Alfonso vor der ewigen Verdammung, Spanien vor dem Untergang gerettet."[42]

Mit dieser Charakterisierung setzt Feuchtwanger seine Leonor deutlich von der Königin Grillparzers ab; auch sie ist ein Gegenbild der Jüdin, doch eine „gute, wenn auch verkümmerte Bürgerin auf dem Thron"[43]. Feuchtwanger läßt Leonors Mutter auftreten, mußte allerdings dazu die historischen Fakten manipulieren und zog zwei Reisen zusammen; die Reise Eleonores nach Navarra 1191, um die Ehe zwischen ihrem Sohn Richard und Berengaria von Navarra zu vermitteln, und jene Reise um 1201 nach Kastilien, wegen der Ehe zwischen ihrer Enkelin Blanca und dem zukünftigen Louis VIII. Das Zusammen-

---

[42] Feuchtwanger, Lion: Charakterisierung Dona Leonor, 25.3.53, Feuchtwanger Memorial Library, USC, Los Angeles, S. 23 ff.

[43] Paulsen, Wolfgang: Nachwort zu Die Jüdin von Toledo von Franz Grillparzer, Reclam Verlag, Stuttgart 1965, S. 79.

treffen von Mutter und Tochter war ihm offensichtlich sehr wichtig, denn es ist in jedem Romanentwurf enthalten:

„Die Mutter ihresteils hat Wohlgefallen an der Tochter. Die ueberschaeumende Lebenslust, die Unbesieglichkeit, das Nein-Sagen zu jeder Niederlage. [...] Alle empfinden sie als durchaus zugehoerig zu Ellinor. [...] Sie schuetzt die Juedin offiziell, gibt aber dann dem Castro, den sie nicht leiden kann, jede Vollmacht. Vielleicht macht sie es aehnlich wie ihr Vater im Falle des Thomas Becket. In der grossen Streitszene mit Alfonso ist sie kühl und kuehn und ruhig. Sie nimmt jede Schuld und Verantwortung auf sich. Es geschieht in dieser Unterredung, dass Alfonso von Raquel abfaellt."[44]

Nun verkörpert Leonor eine negative Kraft; obwohl sie die Notwendigkeit zum Frieden einsieht und anfangs mit Jehuda politisch auf derselben Linie liegt, wendet sie sich aus Eifersucht auf Raquel gegen ihn und treibt nicht nur die Ermordung ihrer Feindin, sondern auch den Krieg voran. „Leonor ist die Hexe, nicht Raquel. Sie ist die rechte Tochter ihrer Mutter, die Enkelin jener Ahnin, welche der Satan aus der Kirche in die Hölle geholt hatte"[45], erklärt Alfonso (damit seine eigene Schuld an Krieg und Tod von sich abschiebend), und es ist beachtlich, wie oft er in dieser Szene auf Ellinor anspielt, um Leonor zu beschimpfen: „Du bist wie deine Mutter, zerfressen von höllischer Bosheit" und „Jetzt begreife ich [...] warum Heinrich deine Mutter gefangenhielt".[46] So wie Raquel eine „Vatertochter" ist, ihrem Vater folgend, von ihrem Vater geprägt, kann Leonor als eine „Muttertochter" angesehen werden.

Weder Naemis noch Raquels Mutter werden je Handlungsträger; die ausschließliche Fixierung auf den Vater wäre sonst nicht möglich. Alfonso dämonisiert die Mutter-Tochter-Bindung, und es fragt sich, inwieweit der Autor mit Alfonso übereinstimmt. Feuchtwanger bleibt ambivalent. Er läßt Ellinor z.B. gleichzeitig noch einmal die Epoche des Feudalismus repräsentieren, aber im Gegensatz zu Alfonso klar erkennen, daß diese Zeit vorbei ist; Ellinor bedient sich bewußt der Mittel der neuen Zeit, des aufkommenden Bürgertums und der Juden. Doch Ellinors Ratschlag an ihre Leonor - „Lust an der Macht ist von allen Leidenschaften die haltbarste [...] Glaube es mir, Tochter, Politik kann einem das Blut erhitzen wie die schönste Liebesnacht"[47] - ist in einem Roman, in dem Frieden und Liebe als höchste Normen gelten, kaum positiv zu werten. Feuchtwanger mag nicht, wie Richard Wagner, vor „dem politischen Weibe" gegraut haben, aber er hielt bei Frauen eindeutig mehr von den konventionell

---

[44] Feuchtwanger, Lion: Charakterisierung Dona Leonor, 19.4.54, Feuchtwanger Memorial Library, USC, Los Angeles, S. 12.

[45] Feuchtwanger, Lion: Die Jüdin von Toledo, a.a.O., S. 420.

[46] Ebd., S. 421 ff.

[47] Ebd., S 322 f. Hans Wagener kommentiert diesen Ratschlag: „This is sheer demonic pleasure in domination, whatever the consequences." Wagener Hans: Lion Feuchtwangers Die Jüdin von Toledo, S. 238, in: Spalek, a.a.O., S. 231-243.

„weiblichen" Eigenschaften wie Verständnis, Sensibilität, Sanftmut, und der hierarchischen Geschlechterordnung, die sie implizierten. Er erklärte:

„Ein neuer Typ Frau bildete sich heraus in den Kreisen der Literatur, ein Mittelding, zwischen Sekretärin und Freundin, ziemlich nüchtern, hart, kameradschaftlich, verläßlich und ohne Geheimnis. Ich ziehe andere, mehr altmodische Frauen vor. Seltsamerweise habe ich unter diesen altmodischen Frauen meine fruchtbarsten Kritiker gefunden. Mit sicherem Gefühl für Qualität, mit dem Vermögen, sich einem Kunstwerk ganz hinzugeben [...]. Es wäre Unsinn und Heuchelei, abzustreiten, daß Erfolg gut schmeckt. Aber der Jubel [...] die Hymnen der Zeitungen und der Menge [...]: an all das gewöhnt man sich allmählich. Ewig und immer von neuem reizvoll aber bleiben die Abenteuer der Arbeit, Sieg und Niederlage und - vielleicht - die Wirkung des Vollendeten im bewegten Gesicht einer verstehenden Frau."[48]

Leonor hat Esters Rachsucht und deren Potential zur Grausamkeit, auch ihre Fähigkeit, Männer zu manipulieren; sie gewinnt den sie verehrenden Don Pedro einmal für den Frieden, ein andermal für den Krieg. Daß sie Alfonso zwar liebt, aber nicht unbedingt braucht und die Politik als Alternative in Erwägung zieht, ist ein weiterer Unterschied zu Raquel. Auf ihre Weise verkörpert Leonor ebenso wie Alfonso den Glanz von Minne und Krieg, doch ihr wird nicht auf dieselbe Art vergeben. Feuchtwanger mochte ursprünglich geplant haben, daß in der Unterredung mit Leonor nach dem Mord „Alfonso von Raquel abfaellt"[49], wie es die Stofftradition verlangt, doch in der endgültigen Romanfassung tut Alfonso nichts dergleichen. „Er konnte Leonor begreifen, doch nur mit dem Verstand. Alles in ihm sträubte sich gegen sie. Er wollte ihre Liebe nicht; die Liebe der Mörderin widerte ihn an."[50] Und wohl um ein mögliches Ungleichgewicht zwischen Leonor und Raquel auszugleichen, fügt Feuchtwanger eine weitere, in den Entwürfen nicht vorgesehene Szene ein, in der Leonor sich demütigt, um Alfonsos Liebe bittet und zurückgewiesen wird, was Alfonso als Rache für Raquel empfindet.

Durch die Kontrastierung dieser beiden Figuren erreicht Feuchtwanger eine deutliche Wertepolarisierung: Raquel friedliebend, reagierend; Leonor nicht unbedingt kriegsliebend, aber kriegsbenutzend, und agierend. Dabei gehört Raquel eindeutig dem patriarchalischen Bereich an, nicht nur wegen des engen Verhältnisses zu ihrem Vater, sondern, weil sie, wie die meisten von Feuchtwangers weiblichen Charakteren, *alle* ihre intensiven emotionalen und intellektuellen Bindungen zu Männern hat. Ihre Amme ist durch diese Funktion bereits beschrieben (wie Naemis Zofe Jantje); diejenigen, die Raquel um Rat fragt, mit denen sie diskutiert und sich auseinandersetzt, sind Don Benjamín,

---

[48] Zitiert in: Skierka, Volker: Lion Feuchtwanger. Quadriga Verlag , Berlin 1984, S. 295.
[49] Feuchtwanger, Lion: Charakterisierung Dona Leonor, 19.4.54, a.a.O., S. 12.
[50] Feuchtwanger, Lion: Die Jüdin von Toledo, a.a.O., S. 423.

Musa und Don Rodrigue. Bei allen von Feuchtwangers Heldinnen fällt auf, daß sie keine freundschaftlichen Beziehungen zu anderen Frauen haben.[51]

Wenn er überhaupt das Verhältnis zweier Frauen zueinander beleuchtet, ist es ein von Rivalität geprägtes, wie bei Margarete Maultasch und Agnes von Flavon, Deborah Gray und Charmian, der Herzogin von Alba und der spanischen Königin, Silpa und Ketura. Gespräche zwischen zwei intellektuell gleichwertigen Frauen, die Zuneigung füreinander empfinden, gibt es nur zwischen Leonor und Ellinor, wie dieses auch vor *Jefta und seine Tochter* das einzige intensiver geschilderte Mutter-Tochter-Verhältnis ist. Daß dieser matriarchalisch geprägte Bereich unter so negativen Vorzeichen geschildert wird, läßt auf eine gewisse männliche Beunruhigung, die bis zum Angstgefühl reicht, schließen. Wenn Frauen ihre Ideen und Werte von Frauen, nicht von Männern vermittelt bekommen, wenn sie, statt um Männer zu konkurrieren, sich gegen sie verbünden, wenn ein Vater nicht mehr das alleinige Objekt der Gefühle seiner Tochter ist, sondern die Mutter mindestens ebenso wichtig, wenn nicht wichtiger ist, wo bleibt dann die beruhigende Gewißheit, als Mann im Zentrum der weiblichen Welt zu stehen?

Was Raquel angeht, so besteht keine Gefahr. Sie ist differenziert genug angelegt, um nicht nur mit dem Chiffre „Schöne Jüdin" beschrieben werden zu können. Von allen Töchtern ist sie die überzeugendste. Doch bis zum Augenblick ihres Todes kommt es ihr nie in den Sinn, aus ihrer Tochter-Geliebten-Funktion auszubrechen oder gegen ihr Schicksal zu rebellieren. Ihren Schöpfer allerdings packte das Erbarmen, und wie Fontane im sechsunddreißigsten Kapitel von *Effi Briest*[52] ließ er bei der Opferung der Titelfigur die personale Erzählhaltung fallen und sprach sie aus dem Text direkt an:

„Es war aber nicht der wüste Ritter, vor dem sie aufstand, es war der Tod. Da stehst du, Dona Raquel Ibn Esra, du Schöne, La Fermosa, Sturmvogel des Satans, Kebsweib des Alfonso von Kastilien, selber aus dem Geschlechte David, Mutter des Immanuel. Dein herzförmiges Gesicht ist wissender als früher, und wenn es jetzt die Farbe der Angst haben sollte, so ist sie verborgen unter dem matten Braun deiner Haut. Deine blaugrauen Augen, noch größer als sonst, schauen ins Weite, vielleicht in ein schauerliches Leeres, vielleicht in ein sehr Helles, Erwünschtes."[53]

---

[51] Raquel erinnert sich an eine Freundin in Sevilla, Layla, aber sie erinnert sich an wenig mehr als einen Satz dieser Freundin, „Du Arme". Marie Auguste behandelt Magdalen Sibylle freundschaftlich, aber eher wie einen Lieblingspapagei, und Feuchtwanger schildert kein einziges Gespräch zwischen den beiden.

[52] Siehe Fontane, Th.: Effi Briest. Peter Oestergaard Verlag, Berlin o.J., S.333: „Arme Effi, du hattest zu den Himmelwundern zu lange hinaufgesehen […]."

[53] Feuchtwanger, Lion: Die Jüdin von Toledo, a.a.O., S. 412.

8. Ja'ala

8.1 Stoffgeschichte

Das *Buch der Richter* widmet Jefta siebenundvierzig kurze Verse, die über vier klar von einander abgesetzten Episoden im Leben dieses Richters berichtet.

Erzählt wird zunächst, wie Jefta, der uneheliche Sohn von Gilead, „ein Hurenkind"[1], von seinen ehelichen Brüdern und ihrer Mutter seines Erbes beraubt und in das Land Tob getrieben wird. In der Wildnis sammelt er Anhänger um sich und hat solchen Erfolg, daß die Ältesten seines inzwischen kriegsbedrohten Stammes ihn um Hilfe bitten und zu ihrem Anführer machen.

Die zweite Episode schildert die vergeblichen Verhandlungen mit dem König der Ammoniter, in denen es um Israels Anspruch auf das Land östlich des Jordans geht.

In der dritten Episode schließlich ist der Stoff für die späteren literarischen Gestaltungen enthalten: Jeftas Gelübde für den Fall seines Siegs, dem Herrn zu opfern, was ihm auch immer als erstes vor der Tür seines Hauses entgegentritt.[2] Es trifft seine - namenlose - Tochter. Jefta hält sein Gelübde; das Mädchen bittet sich eine Frist von zwei Monaten aus, geht mit ihren Freundinnen in die Berge, „beweinte ihre Jungfrauschaft"[3], kehrt zurück und läßt sich von ihrem Vater opfern. „Und er tat ihr, wie er gelobet hatte."[4] Die vierte, vor Feuchtwanger in der Literatur völlig unberücksichtigt gebliebene Episode, beschreibt den blutigen Bruderkrieg zwischen Gileaditern und Efraimitern.

Wie auch die Opfermythen des griechischen Kulturkreises, Iphigenie in Aulis und auf Tauris, wurde das Thema von Jeftas Opfer in der Literatur immer wieder aufgegriffen. Wilbur Sypherd zählte 1948 bereits mehr als 500, davon 305 literarische und 174 musikalische Anklänge (der Rest setzt sich aus Gemälden und Skulpturen zusammen)[5]. Doch während es für die vom Atridenmythos inspirierten Dichter in der Regel keine Schwierigkeit mit *griechischen* Göttern gab, die Menschenopfer verlangten, stellte sich sowohl in der jüdischen als auch in der christlichen Kultur sehr wohl das Problem, das vollzogene Opfer mit der jüdisch-christlichen Gottesvorstellung in Einklang zu bringen. Das Abraham auferlegte Opfer Isaaks dagegen wurde erst im 20. Jahrhundert ein Problem; vorher blieb man dabei, daß das geforderte Opfer nur eine Prüfung war und Gott schließlich Isaaks Leben gerettet hatte.

---

[1] Buch der Richter 11, 1 in der Übersetzung von Martin Luther.

[2] Die Parallele zu dem u.a. von Mozart bearbeiteten Idomeneos-Mythos liegt auf der Hand.

[3] Buch der Richter, 11, 38.

[4] Ebd., 11, 39

[5] Sypherd, Wilbur Owen: Jephthah and His Daughter. Newark: University of Delaware, 1948.

Dementsprechend bringt bereits der Talmud - speziell die Targumin und Midraschim - eine theologische Entlastung vor: Gott will das Gelübde nicht, die Menschen wollen es; sowohl Jefta als auch die Rabbiner und der Hohepriester werden ob des sündhaften Gelübdes mit Krankheiten geschlagen; Jefta faulen die Glieder einzeln ab. Im Talmud hat Jeftas Tochter einen Namen, Sche'ila, und wehrt sich gegen ihr Schicksal (vergleiche hierzu Feuchtwangers Aussage in *Jefta und seine Tochter* S. 378 mit den Ausführungen im *Midrasch Genesis Rabbah LX,3* wie auch im *Midrasch Leviticus Rabbah XXXVII,4*).

Ein unbekannter jüdischer Dichter des ersten nachchristlichen Jahrhunderts schrieb die *Klage Seilas auf dem Berg Stelac*, und auf die Klage von Jeftas Tochter und ihrer Freundinnen vor ihrem Tod konzentrierten sich in poetischer Form auch Abaelard *Planctus virginum Israel super filia Jeptae Galaditae*[6] und die meisten Lyriker des Barock: Hofmann von Hofmannswaldaus *Thränen der Tochter Jephta* (1679), Harsdörfers *Die Betrübte Mara, des Richter Jephte Tochter* und Robert Herricks *The Dirge of Jephthah's Daughter* (1697) sind herausragende Beispiele. Diese Tradition der Klage der Tochter als Gedichtsthema wurde im neunzehnten Jahrhundert von Dichtern wie Byron, Alfred de Vigny und Alfred Tennyson fortgeführt. In allen Gedichten steht nicht Jefta, sondern seine Tochter im Mittelpunkt der poetischen Aufmerksamkeit.

Die Renaissance-Dramen dagegen bezogen häufig auch einen Teil von Jeftas Vorgeschichte ein und gestalteten Jeftas Konflikt mit seinen Brüdern. In einigen Dramen wie Buchanans *Jephtes* von 1554 und John Christophersons *Jepthae* (1544) ist die Mutter Gegenspielerin des Vaters; sie wehrt sich gegen das Opfer. Doch erhält sie nie auch nur annähernd soviel dramatisches Gewicht wie etwa Klytämnestra in jeder Version von *Iphigenie in Aulis*.

Aus den etwa fünfzig Jesuitendramen, die sich auf Jefta konzentrieren, ragt J. Baldes *Jephtias* von 1654 heraus. Balde vergleicht erstmals den Tod von Jeftas Tochter mit dem Christi und führt anstelle der Mutter die Figur des Geliebten der Tochter ein. Damit liegt das Hauptgewicht wieder auf der Tochter, die nun symbolisch für die Christenheit zwischen die Alternative von himmlischer und irdischer Liebe gestellt wird.

Einmal eingeführt, blieb der Charakter des Liebhabers dem Stoff erhalten und verdoppelte sich sogar gelegentlich (wie in *Figlia di Jefte* von G. Granelli, 1766, oder Giacomo Meyerbeers Oper *Jephtas Gelübde* von 1811). Meistens hatte der Liebhaber die Aufgabe, mit der Mutter (oder ohne sie) zu versuchen, das Mädchen zu retten. Mittlerweile war jedoch der theologischen Begründung des Opfers mehr und mehr der Boden entzogen, was schließlich dazu führte, daß in Ludwig Freytags *Jephthah* (1874) wie bei Abraham der Wille zur Tat

---

[6] Luise Rinser schlägt in ihrem Roman Abaelards Liebe die interessante Interpretation vor, Abaelard habe mit Jeftas Tochter Heloise beschrieben.

zählt und genügt, damit Jephthah von einem Priester entsühnt wird und seine Tochter ihren Geliebten heiraten kann.

Andere Lösungsmöglichkeiten des Problems waren in Helds Epos *Jephtas Tochter* (1894) und in dessen Drama *Tamar* (1911), Jefta das Gelübde nicht Jahwe, sondern dem Gott der Ammoniter machen zu lassen, in *Tamar* „El" genannt; auch Schalom Asch greift in seinem jiddischem Stück *Jefta* (1915) zu dieser Erklärung für Jeftas Gelübde, doch bei ihm handelt es sich um den Gott Moloch.

Unter dem Eindruck des ersten Weltkriegs bot sich eine neue Deutungsmöglichkeit an: Das Opfer als Versuch, Frieden zu erlangen. In Ferdinand Ruhs *Jephtas Tochter* (1920) etwa liebt die Tochter einen gefangenen Ammoniter, was zunächst als reines psychologisches Drama angelegt ist, als Leugnung und schließliche Anerkennung erotischer Anziehungskraft, bis das Stück durch den Schluß eine neue Komponente erhält: Die - namenlose - Tochter erkennt ihr Schicksal, das nicht in der Liebe, sondern im Tod liegt, und vollzieht das Opfer selbst; ihr Selbstmord bringt Jephta und den Gefangenen nicht nur dazu, sich gegenseitig als Vater und Sohn zu akzeptieren, sondern auch zu dem Entschluß, keinen Krieg mehr gegeneinander zu führen und ihre Völker zu versöhnen.

Obwohl Jephta bei Ferdinand Ruh die einzige Figur ist, die einen Namen trägt, hat er nur drei kurze Auftritte, in denen er kaum Gestalt gewinnt; interessant ist im Hinblick auf Feuchtwangers Roman höchstens die zeitweilige Eifersucht, die er in bezug auf den Geliebten seiner Tochter zeigt. In Ernst Lissauers Stück *Das Weib des Jephta* (1928) dagegen steht er genauso wie seine Gemahlin, die hier den Namen Lea trägt, im Mittelpunkt; seine Tochter Miriam ist ein kleines Kind.

Als Jephta sein Gelübde offenbart, flieht Lea mit ihrer Tochter in die Berge; die Nachricht, daß Jephta das versprochene Opfer nicht vollzogen hat, veranlaßt Ammoniter und Moabiter zu einem neuen Feldzug, so daß Jephta von der Erfüllung seines Gelübdes das Schicksal seines Volkes abhängen sieht. Die Auseinandersetzung zwischen dem Recht des Individuums auf Leben und der Forderung des Staates nach dem Opfer des Einzelnen für das Wohl der Gemeinschaft erreicht ihren Höhepunkt erst nach Miriams Tod, als Lea im dritten Akt den wieder siegreichen Jephta vor dem Volk anklagt und dabei zur Sprecherin aller Mütter, aller Verwundeter und Verkrüppelter gegen die Unmenschlichkeit des vom Staat verlangten Opfers wird. Jephta, der von Lissauer nicht nur als Vertreter des Staatsrechts, sondern auch als Mensch charakterisiert wird, gibt ihr recht und nimmt nicht nur die Schuld am Tod seiner Tochter, sondern auch die Schuld der Völker am Krieg auf sich. Doch während Lea Selbstmord begeht, sieht sich Jephta zum Leben verurteilt. Das Ende von Lissauers Drama ähnelt dem, das Feuchtwanger für seinen Roman gewählt hat;

ein erstarrter, nur noch auf Amt und Ruhm reduzierter Jephta sitzt auf dem Platz des Richters.

Der letzte, den Lea in *Das Weib des Jephta* anklagt, ist der unbarmherzige Gott, der für „das ungeheure Unrecht der Welt"[7] verantwortlich ist. Auch der Roman „*A Mighty Man of Valour*" von Elliot Lovegood Grant Watson (1939) kritisiert Jeftas Anhänglichkeit an einen unbarmherzigen Gott, bietet jedoch die Vorstellung von einem barmherzigen, „wahren" Gott als Alternative an.

8.2 Jefta und seine Tochter

Feuchtwanger gestand: „Von der Zeit an, da ich als Knabe das Buch der Richter mühevoll aus dem Hebräischen ins Deutsche übersetzen mußte, ließ mich die merkwürdige Erzählung von Jeftas Gelübde nicht mehr los".[8] Die Vorstellung, daß ein Vater seine geliebte Tochter opfert, nicht symbolisch, nicht auf übertragene Weise, sondern tatsächlich, wird zur endgültigen Kulminierung des Vater-Tochter-Verhältnisses in Feuchtwangers letztem Roman. Das Dreieck ist aufgelöst, Vater und Machtmensch sind eins geworden.

Wenn Jeftas Opferung seiner Tochter die zentrale Attraktion für Feuchtwanger darstellte, dann erstaunt um so mehr, daß er ursprünglich davor zurückschreckte, das Opfer tatsächlich vollziehen zu lassen. Noch in dem auf den 5.5.55 datierten Entwurf sieht er einen anderen Handlungsablauf vor: Jefta stellt seine Tochter bereits vor der Schlacht als potentielles Opfer, als eine Art Geisel, zur Verfügung; der Priester, nicht Jefta, soll das Opfer vollziehen, und entscheidet sich schließlich dafür, Ja'ala leben zu lassen; Ja'ala kehrt mit ihrer Mutter in die Wildnis zurück, ihr Verhältnis zu ihrem Vater ist zerstört.

In diesem Stadium der Planung hatte Feuchtwanger für die Figurenkonstellation Jefta, Abijam und Elead (der noch den Namen Joschua trägt) eine Art intellektuelles, von Haßliebe geprägtes Dreiecksverhältnis vorgesehen, auf das er später verzichtete. Die Entscheidung, die Abijam in bezug auf Ja'ala trifft, gilt dementsprechend Jefta und nicht ihr:

„Der ungeheure Konflikt vor dem Maedchen, das nackt und gebunden als Opfer vor ihm liegt. Der wilde Trieb, nun alles das zu raechen, was Jefta ihm und dem Stamm und dem ganzen Israel angetan hat. Seine Ueberwindung. Er empfindet es als gerecht, dass Jefta ihn nach wie vor hasst."[9]

Es nimmt kaum wunder, daß Feuchtwanger wieder auf die ursprüngliche Fabel zurückgriff, denn dieser Entwurf rückt Abijam, nicht Jefta, in den Mittelpunkt des Geschehens und Interesses. Die unerbittliche Tragik entgleitet zum Melo-

---

[7] Lissauer, Ernst: Das Weib des Jephta. Oesterheld & Co. Verlag, Berlin 1928, S. 43.

[8] Feuchtwanger, Lion: Jefta und seine Tochter, Rowohlt Verlag, Hamburg 1957, S. 378.

[9] Feuchtwanger, Lion: Charakterisierung ABIJAM, 30.12.55, Feuchtwanger Memorial Library, USC, Los Angeles, S. 9.

drama, und das Hauptthema des Romans, das Ringen um den Begriff von Gott und Israel, läßt sich nur sehr gewaltsam mit Jeftas Gelübde verknüpfen, wenn der Romanheld nicht selbst die volle Verantwortung für seine Tat trägt.

Warum Feuchtwanger überhaupt eine Zeit lang auf ein mögliches „Happy-End" auswich, läßt sich mit dem Gemisch aus Faszination und Abgestoßensein erklären, welche die Vorstellung eines Tochteropfers auf ihn ausübte. „Nun folgt die dritte Geschichte, die schöne und erregende von dem Gelübde Jeftas und seiner Tochter"[10], schreibt er in seinem Nachwort, als er die vier verschiedenen Jefta-Episoden der Bibel schildert. Das Wort „erregend" trifft den Kern der Sache; Jespersen vertritt die Auffassung, das Verhältnis zwischen Jefta und Ja'ala „borders dangerously on the incestous"[11], aber das ist, wie wir gesehen haben, bei allen von Feuchtwangers Vätern und Töchtern der Fall. Bei Jefta und seiner Tochter ist das Problem (fast) auf die Spitze getrieben; und es gibt keinen Dritten mehr in dieser Beziehung. Es gibt nur die Mutter, Ketura, die jedoch schrittweise, je älter Ja'ala wird, ausgegrenzt wird.

„Er liebt Ja'ala sehr, aber gerade da sie sein einziges Kind ist, will er, dass sie ganz und gar Jahwe gehoert. [...] Er fuehlt sich von Jahwe belohnt dadurch, dass der Gott der Ja'ala dichterische Eigenschaften verliehen hat, priesterliche also. Ja'ala spricht manchmal aus, was er nur ungefaehr ahnt [...]. Seine ganze Liebe zu Ja'ala ueberstroemt ihn, wie er sie opfern soll. [...] Sie ist ihm mehr als Ketura, weil sie Ketura ist und er selber. Dass sie ihn vergoettert, ist ihm eine ungeheure Bestaetigung und eine Notwendigkeit. Seine Beziehungen zu ihr sind leise erotisch."[12]

Daß die bisherige Dualität zwischen dem intellektuellen Vater und dem Machtmenschen, die zugleich immer eine mehr oder weniger offene Rivalität war, in diesem Roman aufgehoben ist, entspricht dem in Feuchtwangers (vollendetem) Werk einzigartigen sozialhistorischem Rahmen. *Jefta und seine Tochter* spielt in einer Zeit, in der die Juden weder verfolgt noch durch eine fremde Macht beherrscht werden. Sie selbst sind die Eroberer, die sich noch nicht allzu lange in Palästina befinden und sich mit den anderen dort ansässigen Völkern bekriegen. Jefta ist Krieger, Gutsbesitzer und Gesetzgeber, nicht Künstler oder Intellektueller, er steht nicht hinter der Macht, er erringt sie sich und verkörpert sie.

Der vertauschten Opfer-Täter-Rolle entspricht auch, daß Feuchtwanger eines der beliebtesten antijüdischen mittelalterlichen Märchen - das des in einem Opferritual geschlachteten christlichen Kindes, dessen propagandistische Verwen-

---

[10] Feuchtwanger, Lion: Jefta und seine Tochter, a.a.O., S. 376.

[11] Jespersen, R.C: Jefta und seine Tochter: The Problem of Credibility, S. 258, in: Spalek, a.a.O.

[12] Feuchtwanger, Lion: Charakterisierung JEFTA, 27.12.55, Feuchtwanger Memorial Library, USC, Los Angeles, S. 4 f.

dung den Auftakt des *Rabbi von Bacharach* bildet - nun unter umgekehrten Vorzeichen, als ein Hetzmittel zum Krieg gegen die Ammoniter, verwendet:

„König Nachasch hatte das Haus selber durch ein feierliches Brandopfer eingeweiht und es der Hut dreier Priester übergeben. Kein Israeliter war bei dem Opfer zugegen gewesen, Monate waren seither verstrichen. Mit einem Male jetzt hieß es, es sei damals kein Tier geopfert worden, sondern ein Mensch, ein israelitisches Kind. Sogar den Namen wollte man wissen; es sei der Knabe Ben Chajil gewesen [...]."[13]

Damit gibt er sowohl Jefta als auch dem jüdischen Volk im allgemeinen eine völlig neue Rolle. Beide sind in der Entwicklung begriffen; es ist zwar auch eine geistige, aber keine friedliche oder zum Frieden strebende Entwicklung mehr. So, wie der geplante Roman *Ester* die Anfänge des zweiten jüdischen Staates schildern sollte, beschreibt *Jefta und seine Tochter* den Beginn des ersten jüdischen Staates. In seiner bereits zitierten Vorkriegsäußerung zum Thema Zionismus hatte Feuchtwanger davor gewarnt, die dritte Eroberung Palästinas mit den gleichen Mitteln durchzuführen wie die erste. Nun, da der dritte Staat Israel eine vollendete Tatsache war, beschrieb er die Gründung des ersten Reiches Israel mit deutlichen Bezügen zur Gegenwart.

Jefta wünscht sich „das große eine und ungeteilte Reich Israel diesseits und jenseits des Jordan"[14], Abijam argumentiert:

„Ammon bleibt ein Volk der Steppe und der Wüste. Uns hat Jahwe zusammengefügt, daß wir siedeln in diesem guten Land. Wir gehören nicht zu den Söhnen der Wüste [...]."[15]

Dieses klassisch gewordene Siedlerargument wird von Abijam an späterer Stelle noch einmal ausführlich wiederholt und mit der entsetzten Frage nach etwaigen Gebietsabgaben verbunden: „Willst du ihm [König Nachasch, d.V.] neue Stücke Gileads preisgeben?"[16] Denn Jefta ist anders als Abijam auch für die Vision einer friedlichen Koexistenz empfänglich, und sein Gespräch mit König Nachasch zeigt noch einmal die Möglichkeit einer anderen Entwicklung der Geschichte. Nachasch, der „Jeftas älterer Bruder (hätte) sein können"[17], wie Ismael der des Isaaks war, ist einer von Feuchtwangers Vernunftsträgern und damit eine Normeninstanz des Romans. Er weist zwar auf die älteren Siedlungsrechte seines Volkes hin, tut dies aber ohne Groll und seine Frage an Jefta: „Ammon, Moab, Gilead, sind wir nicht alle Hebräer? Warum also sollten wir uns totschlagen einer den andern?"[18], die Jefta bis zur Opferung seiner Tochter verfolgt, ist ein Plädoyer, das über den Kontext des Romans hinaus-

---

[13] Feuchtwanger, Jefta und seine Tochter, a.a.O., S. 243.

[14] Ebd., S. 201.

[15] Ebd., S. 200.

[16] Ebd., S. 227.

[17] Ebd., S. 186.

[18] Ebd., S. 188.

reicht. Bei Lesungen und in einer filmischen Dokumentation vom März und April 1956 trug Feuchtwanger dieses fünfte Kapitel des dritten Buches, das die Begegnung zwischen Jefta und Nachasch schildert, vor, sie war für ihn von zentraler Bedeutung. Für zeitgenössische Leser mag auch die Assoziation mit den Treffen zwischen Feisal und Weizmann in Amman und Paris 1919 mitgeschwungen haben, der zu Feuchtwangers Lebzeiten letzten von Optimismus getragenen Zusammenkunft zwischen Arabern und Juden. Feisals Formulierung in seinem Brief an Weizmann - „Wir fühlen, daß Araber und Juden verwandte Völker sind"[19], erinnert an die Frage Nachaschs, die sich Jefta mehrmals wiederholt: „Sind wir nicht alle Hebräer?" Auch der weitere Text des Briefes, „Es ist Raum genug in Syrien für uns beide. Ich glaube in der Tat, daß wir nur wirklichen Erfolg haben, wenn wir zusammengehen", findet seine Echos in Nachaschs Argumenten. Jefta geht zunächst darauf ein; durch den Waffenstillstand und der gegenseitigen Überlassung von Gebieten scheint ein Zusammenleben möglich, obwohl Jeftas Zugeständnis, den Ammonitern „die gute Stadt Jahwes"[20], Jokbecha, zu überlassen, unter der - eingehaltenen - Bedingung, daß die Anhänger Jahwes dort nicht in der Ausübung ihrer Religion behindert werden, bei Abijam und dem ganzen Stamm Gilead heftigen Protest auslöst.

Da der Roman auf den Sonderstatus von Jokbecha noch mehrfach zurückkommt, fällt die Gleichsetzung mit Jerusalem und den dort befindlichen Heiligtümern mehrerer Religionen nicht weiter schwer. Daß der Waffenstillstand zerbricht, liegt zum einen an dem religiösen Fanatismus des Volkes, was Jefta in seiner Botschaft an Nachasch so ausdrückt: „Ich weiß, du hast diesen Krieg nicht gewollt. Glaube mir, auch ich will ihn nicht. Es sind die Götter, der meine und der deine, die miteinander streiten wollen."[21] Zum anderen liegt es jedoch an Jefta selber. Auch nach der Zerstörung des ammonitischen Heiligtums durch die aufgehetzten Gileaditer ist Nachasch zum Frieden bereit, wenn Jefta ihm Ja'ala als Braut für seinen Sohn gibt, mit anderen Worten, nicht nur zu einem Nebeneinanderleben, sondern zu einer wirklichen Symbiose. Doch Jefta weigert sich.

In dem Prozeß des geschichtlichen Werdens, den Feuchtwanger schildert, nimmt Ja'ala eine Mittelrolle ein. Ihre Mutter, Ketura, symbolisiert die Wildnis, das Nomadenleben („Weil Ketura die Ungebundenheit der Steppe war, deshalb wollte Abijam ihn von ihr trennen"[22]). Es wäre sowohl von der Stofftradition als auch von Feuchtwangers eigener Grundidee her ohne weiteres möglich gewesen, Jefta Witwer sein zu lassen; im Entwurf vom 5.5.55 ver-

---

[19] Zitiert in Krupp, a.a.O., S. 75.

[20] Feuchtwanger, Jefta und seine Tochter, a.a.O., S. 194.

[21] Ebd., S. 247.

[22] Ebd., S. 70.

langt Abijam noch die Trennung von der Mutter, nicht der Ehefrau, als Prüfstein für Jeftas Loyalität gegenüber Jahwe. Aber durch Jeftas Ehefrau Ketura als zentralen Charakter gewinnt das Vater-Tochter-Verhältnis eine weitere Perspektive.

Ja'ala und Ketura werden gleichzeitig in das Geschehen eingeführt:

„Wer aber kam ihm da entgegen, unerwartet und zum glücklichen Zeichen? Sie waren es, Ketura und das Kind, groß schritten sie daher im Licht der niedergehenden Sonne. Nun sahen auch sie ihn, sie liefen, sie erreichten einander. Er küßte sie, und es war ein Kuß des Verlangens, wie er nicht statthaft war im Freien vor den Augen anderer. Und er küßte das Kind, sein Mädchen, seine Tochter Ja'ala. Sie schaute ihn an, verliebt, ehrfürchtig, glücklich, begeistert. Strich ihm über Kinn und Wangen, wo der abgeschorene Bart nachzuwachsen begann. Rieb ihr Gesicht an den Stoppeln und lachte fröhlich lautlos, da die Stoppeln ihr die Haut ritzten und kitzelten. Und dann entstand ein Streit, wen Jefta nun auf die hellfarbige Eselin heben sollte, die Frau oder das Kind; beide drängten, daß die andere sein solle, doch er entschied sich für Ketura, die Frau."[23]

Das „glückliche Zeichen" der unerwarteten Begegnung von Vater, Frau und Tochter hat seine spiegelbildliche Entsprechung, als Ja'ala ihrem Vater ein weiteres Mal unerwartet entgegenkommt und damit die Bedingungen seines Gelübdes erfüllt.

Zu Beginn des Romans ist Jefta noch „eins" mit Ketura. Sie versteht ihn instinktiv; sie ist es, die ihm den Zug in die Wildnis als Alternative vorschlägt. Die Beziehung zwischen Mutter und Tochter ist von ähnlicher instinktiver Harmonie gezeichnet:

„Das Mädchen Ja'ala spürte an der Wildnis die gleiche innige Freude wie die Mutter. [...] Mutter und Tochter fühlten sich den Geschöpfen der Wildnis verschwistert. Sie kannten die Wechsel der Tiere, die Stellen ihrer Tränke, sie belauschten äsendes Wild, sie verstanden sich auf die Sprache und Bewegungen der Tiere. Sie lachten einander lautlos glücklich an, wenn sie eine neue Entdeckung machten. [...] Ketura liebte Ja'ala; oft, wenn sie mit ihr herumstreifte, spürte sie, wie sehr sie Eins mit ihr war."[24]

Doch der Ketura zugeordnete Raum „Wildnis" und „Instinkt" bleibt begrenzt und ist eine Zivilisationsstufe, die sowohl Jefta als auch Ja'ala hinter sich lassen. Ja'alas allmähliches Hinüberwachsen von dem mütterlichen in den väterlichen Bereich beginnt dadurch, daß Ketura ihr nicht von ihren eigenen Göttern erzählen kann („da dies Jefta verdrossen hätte, störte sie Ja'ala nicht in ihrem bedingungslosen Glauben an den Gott Gileads"[25]), und daß Ja'ala den Gott des Vaters nicht nur annimmt, sondern ihn im Prinzip für eins mit dem Vater hält (beides kommt Ketura, so sehr sie Jefta liebt, nicht in den Sinn).

---

[23] Feuchtwanger, Lion: Jefta und seine Tochter, a.a.O., S. 64.
[24] Ebd., S. 99 f.
[25] Ebd., S. 100.

112

Dieser Unterschied zwischen Ketura und Ja'ala bedingt auch die erste Entfremdung zwischen Jefta und seiner Frau:

„‚[...] [W]enn der Jahwe dieses Priesters dir nicht hilft, dann kommt der Baal aus seinem Berge, dir zu helfen.'
Jefta drückte sie fester an sich. Er war bestürzt, wie wenig sie von ihm wußte. Er war der Soldat Jahwes, nicht Baals. Er wollte nicht die Hilfe des fremden Gottes."[26]

Der zweite Keil zwischen Jefta und Ketura ist Jeftas Ehrgeiz, den Ketura nicht begreift; das manifestiert sich zum ersten Mal bei dem Waffenstillstand mit den Ammonitern:

„Da stand sie und glaubte wahrhaftig, er habe sich mit so viel List und Blut das Reich in Tob und Baschan erkämpft, nur um vor seinen Brüdern zu glänzen und um Ketura zu erhöhen über Silpa! Er hörte es, fast erheitert. Dann aber fiel ihm ein: das war ja in Wahrheit sein Ziel gewesen lange Zeit hindurch. Und plötzlich erkannte er, wie sehr er sich verändert hatte. Der Jefta, der nur danach trachtete, es denen in Mizpeh zu zeigen, war nicht mehr da. Der Jefta von heute wollte ein Reich, sein Reich."[27]

Ja'ala dagegen steigert durch ihre anbetende Liebe Jeftas Ehrgeiz und Hybris. Im Anschluß an die oben zitierten Szene, in der Jefta sich der erweiternden Kluft zwischen sich und Ketura bewußt wird, schildert Feuchtwanger eine Begegnung mit seiner Tochter. Jefta könnte mit den Ammonitern, dem Volk seiner Mutter und seiner Frau, einen dauerhaften Frieden schließen, wenn er Ja'ala mit dem Sohn des Königs Nachasch vermählt. Die Überlegungen, die er während des Gespräches mit Ja'ala anstellt, zeigen indessen sehr deutlich, daß es im Grunde nicht der mögliche Religionswechsel Ja'alas bei einer solchen Ehe ist, der ihn zögern läßt:

„Wie heiß wird er sie entbehren, wenn er sie den Ammonitern überläßt. Er mißgönnt sie schon heute diesem Prinzen Mescha. [...] Ihn aber, den Vater, liebte sie. Sie wird tun, was er beschließt, sie wird nach Ammon gehen, wenn er sie hinschickt, aus Liebe zu ihm. Und wenn sie Jahwe vergißt, ihn, Jefta, wird sie nicht vergessen."[28]

Jefta hat angefangen, an Ja'ala nicht mehr wie an ein Kind, sondern wie an eine Geliebte zu denken, was sich steigert, je mehr er und Ketura sich einander entfremden. Was Ja'ala angeht, so wird sie von nun an nur noch über die Beziehung zu ihrem Vater charakterisiert. Hilscher findet Ja'ala blaß[29], und in der Tat gewinnt Ja'ala nicht viel Eigenleben; ihre Kurzcharakteristik in den Entwürfen könnte genauso gut für Naemi gelten:

---

[26] Feuchtwanger, Lion: Jefta und seine Tochter, a.a.O., S. 122.

[27] Ebd., S. 213.

[28] Ebd., S. 217 ff.

[29] „Jeftas Tochter, zwölf- und vierzehnjährig vorgestellt, wirkt allzu naiv und glaubensselig." Hilscher, Eberhard: Gottes Gegenspieler und Soldat. Lion Feuchtwangers Roman Jefta und seine Tochter, S. 270, in: Sternburg, Materialien, a.a.O., S. 263-277.

„Die Beziehungen zu ihrem Vater sind erotisch betont [...]. Sie ist dem Vater durchaus hoe-
rig, sie verbrennt vor bewundernder Liebe, und haelt es fuer selbstverstaendlich, dass Jamin
[sic] ebenso bedingungslos an ihr haengt. Sie ist durchaus wahr. Was sie sagt und wie sie
ausschaut, das ist alles durchaus Eins, sie kann mit keiner Gebaerde luegen. Sie ist arglos,
ihr fuegen sich die Menschen, jeder liebt sie. Sie kann mit den Tieren sprechen, als verstu-
enden sie sie. Der Luegner luegt nicht in ihrer Gegenwart, der Gierige schaemt sich seiner
Gier und versteckt sie, und sie weiss es nicht, sie ist immer arglos."[30]

Doch diesmal droht dieser ätherischen Tochterfigur wirklich von niemand anderem als von ihrem Vater Gefahr. Für Jeftas Gelübde bietet der Roman mehrere Gründe, vor allem den der klassischen griechischen Tragödie: Hybris.
Doch er spricht seinen verhängnisvollen Schwur auch zu einem Zeitpunkt aus,
an dem er unter immer stärkeren Druck geraten ist, Ja'ala zu verheiraten,
wenn nicht mit dem Ammoniterprinzen, dann mit einem seiner Anhänger.
Jefta, der, wie es der spinozistische Grundgedanke des Werkes will, auf Jahwe
eigene Wünsche und Eigenschaften projiziert und der sich im Grunde klar darüber ist, was er da gelobt („In seinem Innern hatte er genau gewußt, daß es die
Tochter war, die er dem Jahwe als Preis für die Errettung anbot"[31]), gebraucht
eine Bildsprache, die sich zwischen Hunger und erotischem Begehren bewegt:

„Er war lecker, der Gott. Das Kind Ja'ala war ein kostbarer Bissen. Sie spürte stärker, ihre
Augen sahen tiefer, ihre Haut und all ihr Wesen fühlte sich feiner an als das der anderen.
Darum wollte Jahwe sie für sich haben. Der allgierige Gott wollte sie schmecken."[32]

Die erotische Metaphorik verstärkt sich bei der Schilderung der Unterredung,
in der Jefta seiner Tochter ihr Schicksal eröffnet:

„Er saß neben ihr und hielt ihre Hand. Von neuem überkam sie jene wilde, rauschende
Qual, die sie umgeworfen hatte. Aber nun war der Pein Lust beigemischt, ein Erwarten, ein
der Erfüllung Entgegenströmen. Noch hatte sie nicht die Worte dafür, doch war sie sicher,
sie werde diesem Wilden, Festlich-Erhabenen Worte geben können. Dem Jefta seinesteils
ging mancherlei Gräßliches und Süßes durch den Sinn, allein ihm blieb es wolkig und ohne
Gestalt, er hätte es niemals aussagen können. [...] Jefta sah, daß er dieses Mädchen liebte
mehr und anders als je ein Weib [...]. Ihr aber gingen wilde und liebliche Gedanken durch
die Brust. Sie sah den Stein, auf dem sie liegen wird, sie sah Jahwes Messer, und ihr schau-
erte. Gleichzeitig indes spürte sie Stolz und Freude; denn dieses Schauerliche war das höchste Glück, das wahrhafte und für sie das einzig rechte. Sie spürte voraus ihre Vereinigung
mit Jahwe, ihr Vater und Jahwe wurden ihr ganz und gar Eines, sie war voll Frieden."[33]

Man braucht nicht auf das Messer als Phallussymbol zurückzugreifen, um herauszulesen, daß Vater und Tochter der Opferung als Liebes-Tod, als einer Er-
satzhandlung für den verbotenen Inzest entgegensehen. Daher ist es für Jefta

---

[30] Feuchtwanger, Lion: Charakteristik 5. JA'ALA, 31.12.55, Feuchtwanger Memorial
Library, USC, Los Angeles, S. 14.
[31] Feuchtwanger, Lion: Jefta und seine Tochter, a.a.O., S. 295 f.
[32] Ebd., S. 296.
[33] Ebd., S. 328.

unmöglich, irgend jemand anderen das Opfer vollziehen zu lassen: „Die Vorstellung, daß seine liebe Tochter gebunden den Händen dieses andern ausgeliefert sein sollte, machte ihn rasend. Eine grauenvolle Eifersucht schwoll in
ihm."[34]

Auch weist er sämtliche Möglichkeiten, sich von seinem Gelübde entbinden
zu lassen, zurück. Selbst wenn er Ja'ala eine Chance zur Flucht gibt, weiß er,
daß sie diese nicht ergreifen wird:

> „Er wartete auf Ja'ala, voll Sehnsucht und voll Angst. Immer wieder sah er vor sich das
> Furchtbare, das er tun mußte. Er sah, wie er das Messer zücken wird nach dem Hals seines
> Kindes. Er schrak davor zurück in maßlosem Schauer. Doch kam es auch vor, daß ihn,
> wenn er daran dachte, eine grauenhafte Begier packte. Entsetzt wurde er gewahr, daß er
> sich danach sehnte."[35]

Konsequenterweise bleibt in diesem Stadium kein Raum mehr für Ketura, weder als Jeftas Frau noch als Ja'alas Mutter. Für Ketura bedeutet Jeftas Entschluß das Ende ihrer Ehe („Jefta, ihr Mann, verwandelte sich [...] in den
Schlächter ihres Kindes")[36] und sie versucht, Ja'ala zu retten. Doch anders als
Lissauers starke Mutterfigur ist sie zur Passivität und zum ohnmächtigen Klagen verurteilt, denn Ja'ala weist den mütterlichen Bereich nunmehr ganz und
gar zurück: „Die Mutter tat ihr leid, doch wie ein Tier, das nicht begreift und
dem man nicht helfen kann."[37]

Der Vergleich „wie ein Tier" ist signifikant; zu Beginn des Romans hatte
Ja'ala sich noch eins mit ihrer Mutter und der Tierwelt gefühlt; nun weist sie
diese Einheit zurück. Da der Erzähler mehrmals erwähnt, daß Ketura nicht
mehr spricht, nur noch wimmert, verstärkt sich der Eindruck von Ketura als
einem streng der Wildnis zugeordnetem Geschöpf. Die Unmöglichkeit sprach-
licher Kommunikation zwischen Ja'ala und Ketura - nachdem die instinktive
Kommunikation zusammengebrochen ist - läßt sich allerdings nicht darauf ver-
einfachend interpretieren, daß Ketura für die Wildnis, Jefta für die nächste zi-
vilisatorische Stufe, die Städte steht, und daß Ja'ala das Opfer ist, das Jefta
bringen muß, um sich von der Wildnis zu lösen.

Jefta könnte sein Ziel, als Richter über ein geeintes Israel zu herrschen, auch
ohne das Opfer Ja'alas erreichen. Der Roman gibt ihm die Möglichkeit, durch
eine Ehe Ja'alas mit dem Sohn des Ammoniterkönigs eine friedliche Koexistenz zwischen Israelitern und Ammonitern zu sichern; auch nach der Schlacht
könnte er entweder zugeben, daß der Sieg auf die Hilfe des Stammes Efraim

---

[34] Feuchtwanger, Lion: Jefta und seine Tochter, a.a.O., S. 338 f.
[35] Ebd., S. 334 f.
[36] Ebd., S. 309.
[37] Ebd., S. 343.

und nicht auf sein Gelübde zurückzuführen war, oder auf Abijams Hilfsangebot eingehen und sich von seinem Gelübde entbinden lassen.

Doch jede dieser Lösungen würde Jeftas Stolz verletzen und den Verlust Ja'alas bedeuten, denn als Ehefrau, oder als vom realpolitischen Handeln ihres Vaters enttäuschte Frau wäre Ja'ala nicht mehr die ausschließlich an ihren Vater gebundene und nur an ihn glaubende Tochter. Ihr Tod dagegen verhindert, daß sie sich je verändert.

Fast das einzige Kapitel, in dem Jefta nicht präsent ist, widmet Feuchtwanger Ja'ala. Er schildert ihre Reise in den Bergen, mit ihren Freundinnen und benutzt das Kapitel, um Ja'ala als eigenständige Person zu profilieren. Er läßt sie im Zusammensein mit drei gleichaltrigen Mädchen noch einmal in den mütterlichen, zurückgewiesenen weiblichen Bereich aufgehen („sie wurde wieder zur früheren Ja'ala, zur Ja'ala der Wildnis"[38]) und gestattet ihr sogar einen kurzen Ausbruch aus dem Bewußtsein, für Jahwe und ihren Vater auserwählt zu sein:

„Der Ring der bebuschten Hügel war um Ja'ala, zu ihren Füßen die bunte, blühende Steppe, über ihr der verblassende Himmel. Sie trank in sich die ganze Schönheit des Frühlings von Gilead, und plötzlich versank ihr alles andere, und nichts blieb als der heiße Wunsch, weiterzuleben, weiterzuatmen. Das Gefühl, daß sie selber ohne Saat und Frucht vorbei sein wird, noch bevor diese Blumen und Blätter welken, packte sie so wild, daß sie sich zur Erde warf. Da lag sie ausgestreckt inmitten der rot und gelben Steppe, spürte den Hauch und die Frischte der kleinen, dichten Blumen, griff mit beiden Händen hinein, zerdrückte sie."[39]

Doch letztlich versagt der Lebenswille in Ja'ala ihrer „Hörigkeit" dem Vater gegenüber, vor der Anziehungskraft des Todes:

„In ihr auf klangen Verse [...], Verse von der Seligkeit des Opfers und des Todes. Höchste Höhe des Genusses ist es, im Genuß zu sterben. Sie hatte die Verse nie recht verstanden, auch jetzt begriff sie sie nicht ganz, aber fernher ahnte sie, was ihr Klang einhüllte."[40]

Ja'ala stirbt nicht für ihr Volk, sondern für ihren Vater. Eine weibliche Rebellion ist auf Grund dieser Konfliktsituation nicht möglich, obwohl der Stoff sich zur Gegenüberstellung von weiblichem und männlichem Prinzip geradezu anbietet. Feuchtwanger weist in seinem Nachwort selbst auf die Parallele zu Agamemnon und Iphigenie hin, doch Agamemnon und Iphigenie sind nicht ohne Klytaimnestra denkbar. Klytaimnestra übt im Atridenmythos und seinen mannigfachen literarischen Ausprägungen, angefangen bei Aischylos' *Oresteia*, die, wie Peter Stein einmal bemerkte, auch *Klytaimnestreia* heißen könnte, eine zentrale Funktion aus. Es ist erstaunlich, daß in den zahlreichen Versionen des Stoffes niemand, auch Lissauer nicht, auf die Idee kam, Jeftas Frau der Klytaimnestra anzunähern, ebenso wenig, wie Jeftas Tochter nir-

---

[38] Feuchtwanger, Lion: Jefta und seine Tochter, a.a.O., S. 324.
[39] Ebd., S. 326 f.
[40] Ebd., S. 326.

gendwo Züge von Iphigenie[41] hat. Die zornige Größe, die Frauenfiguren der griechischen Mythen zueigen sein kann, fehlt in Mutter und Tochter dieser alttestamentarischen Opfergeschichte völlig.

Allerdings tritt in Feuchtwangers Roman mit Gileads Witwe Silpa durchaus eine dominante, sich mit Wort und Tat gegen die Männer zur Wehr setzende Frau auf. Feuchtwanger hat sich Mühe gegeben, aus ihr ein wenig mehr als nur Jeftas böse Stiefmutter zu machen. In den Entwürfen charakterisiert er sie folgendermaßen:

„Sie denkt immer daran, dass die Frauen eine grosse Rolle in Israel spielten, sie hat den Ehrgeiz, die Debora des oestlichen Israel zu werden. Sie blickt hinab auf die Maenner. [...] Sie versucht, mit ihrem starken Verstand ihre Gefuehle zu beherrschen, aber es gelingt ihr nicht. [...] Dabei ist es ihr eine Genugtuung, dass eine Frau triumphiert. Die Geschichte von dem tapferen Mann mit dem kleinen Herzen ist ihr eine Bestaetigung, dass auch eine Frau zur Heldin werden kann. Man braucht keine Ungeheuer zu bekaempfen, um ein Held zu sein. Sie ist eine grosse Unglueckliche. [...] Am Schluss hat sie das ungeheure Triumphgefuehl, dass Jefta nun die einzige Tochter verliert, aber sie verspuert keinen Triumph, im Gegenteil, sie fuehlt sich einz [sic] mit dem Verlassenen."[42]

Diese protofeministische Haltung fand auch Eingang in den Roman: „Silpa hatte sich als die Mutter und Herrin des Stammes gefühlt, als eine Nachfolgerin der Frauen, die in allen Zeiten Israel geleitet hatten."[43] Und nachdem Feuchtwanger eine konventionelle weibliche Rivalität zwischen Silpa und Ketura aufgebaut hat, löst er sie, was seine weiblichen Gestalten angeht, auf noch nicht dagewesene Weise auf:

„Was dem Mädchen Ja'ala geschah, war schauerlich, aber es war auch erhaben. Sie, diese Ja'ala, hatte der Gott sich ausersehen, daß sie durch ihren Tod das Band fester knüpfe zwischen dem Stamm und dem Gott. Im Grunde war es also nicht Jefta, es war diese Ja'ala, es war eine Frau, die den Sieg am Nachal-Gad errrungen hatte. Silpa spürte einen kleinen, trauervollen Neid auf Ja'ala und ein betrachtsames Mitgefühl mit der Feindin, die furchtbar gestürzt war. Sie wollte Ketura sehen, mit ihr sprechen. [...]
Silpa beschaute sie, sehr aufmerksam, doch ohne Zorn. Sie hatte sich am Abgrund geglaubt, damals, als diese Ketura über sie triumphierte. Jetzt erst, als sie diese sah, wußte sie, was Vernichtung war. Der Anblick machte sie nicht stolz, er machte sie traurig, demütig. Sie sagte, die Frau zur Frau, die Ältere zur Jüngeren: ,Der Gott hat Jefta ein großes Opfer auferlegt für seinen Stamm und sein Land. Es tut mir leid, daß dieses Opfer auch dich

---

[41] Die Iphigenie des Euripides wehrt sich gegen ihr Schicksal; noch in Tauris empfindet sie deswegen Haß- und Rachegefühle gegenüber den Griechen, einschließlich ihres Vaters. Man könnte allerdings sagen, daß Ja'ala mit der Goetheschen Iphigenie und der Hauptmanns die Vatervergötterung gemeinsam hat.

[42] Feuchtwanger, Lion: Charakterisierung 9.SILPA. 2.1.1956, Feuchtwanger Memorial Library, USC, Los Angeles, S. 19 f.

[43] Feuchtwanger, Lion: Jefta und seine Tochter, a.a.O., S. 130.

trifft. Möge dir Kraft kommen und Sänftigung, du meine Schwester und Tochter.' Ketura begriff: die Feindin hatte Mitleid, tröstete."[44]

Doch diese positiven Eigenschaften Silpas werden im Roman von der negativen Rolle verdeckt, die sie spielt, als Jefta sein Erbe verliert; Silpas Intrigen gegen Jefta wird sehr viel mehr erzählerischer Raum gewidmet als jeder anderen ihrer Handlungen. Jefta bezeichnet sie im Gespräch mit seinem toten Vater als „deine böse Frau Silpa"[45], und so erscheint Silpa auch weniger als die „große Unglückliche", als die Feuchtwanger sie geplant hatte, denn als die eifersüchtige Ehefrau und böse Stiefmutter aus dem Märchen; als Hera, mit einem Schuß von Aschenputtels Stiefmutter.

Wie bereits gesagt wurde, war Feuchtwanger durchaus in der Lage, aktive, unabhängige Frauen zu schildern. In der Vorarbeit zu seinen Romanen konzipierte er sie als positive Charaktere, ließ sie jedoch in den vollendeten Romanen, in denen er eine Vater-Tochter-Beziehung schilderte, entweder ohnmächtig werden oder negativ bewerten. Ellinor, Leonor und Silpa sind vom Plot her unweigerlich zu ihrer antagonistischen Funktion verurteilt; Ketura wird zum Schluß selbst die Sprache genommen, die Fähigkeit, sich zu artikulieren, und ihre Gegenwart wird von Vater und Tochter in der furchtbaren Intimität des Opfers als störend empfunden.[46]

Die Mutter bleibt ausgeklammert und ist auch in der letzten von Feuchtwangers fatalen Vater-Tochter-Romanzen zum Schluß als Figur nicht mehr möglich. Angesichts der Tatsache, daß Feuchtwanger Freud nicht nur las, sondern ihn wiederholt neben Darwin und Marx als *den* großen Einfluß auf sein Denken nannte, erscheint es unwahrscheinlich, daß er sich nicht des Vater-Tochter-Inzest-Themas bewußt war, mit dem er durch drei Romane und ein Fragment kokettierte, ohne es je in voller Konsequenz durchzuarbeiten.

„In both Byron and Shelley's work, sibling incest can suggest an escape from stifling social conventions. [...] But father-daughter incest appears the reverse of the sibling sort [...]. This sort of incest is far more threatening and disturbing than the sibling kind as it suggests patriarchal oppression through both class and gender on a personal and political plane."[47]

Bei Feuchtwangers Vätern kommt durch die Abwesenheit oder Unterdrückung der Mütter noch eine weitere Komponente dazu: Sie fühlen sich, trotz intensiv ausgelebter Sexualität, keinem anderen weiblichen Wesen so eng verbunden wie ihren Töchtern. Umgekehrt gilt das gleiche für die Töchter, vor allem für Ja'ala, weil in

---

[44] Feuchtwanger, Lion: Jefta und seine Tochter, a.a.O., S. 331 f.

[45] Ebd., S. 173.

[46] „[...] Ja'ala ließ sie herankommen und sagte: ‚Geh nun nicht weiter, meine Mutter'. Sie sprach nicht laut, sie sprach nicht streng, doch so, daß Ketura gehorchte, ohne länger zu bitten, und daß selbst ihr Wimmern verstummte." Ebd., S. 334.

[47] Todd, Janet: Preface to Mary Shelley: Matilda. Penguin Classics, London 1991, S. XXII.

ihrem Fall der Rivale des Vaters, der Machtmensch, nicht mehr als handelnde Figur gegenwärtig, sondern eins mit dem Vater ist. Die Implikation ist jedoch nicht einfach Patriarchat und Unterdrückung, sondern etwas noch Beunruhigenderes. In der psychoanalytischen Literatur kann Inzest mehrere Bedeutungen haben. Für Adler war Inzest eines der Arrangements des Machtwillens, Jung sah mehr die mythische Dimension:

> „Der Inzest symbolisiert die Vereinigung mit dem eigenen Wesen, die Individuation oder Selbstwerdung, und hat, wegen der hohen vitalen Bedeutung letzterer, eine gelegentlich fast unheimliche Faszination, wenn nicht in brutaler Wirklichkeit, so doch wenigstens in dem vom Unbewußten kontrollierten psychischen Geschehen […].“[48]

Die anderen möglichen Verbindungen in den hier behandelten Romanen sind immer auch die von Juden/Jüdinnen und Nichtjuden: Süß und Magdalen Sibylle, Naemi und der Herzog (oder auch Naemi und Polycarp Schober), Ester und Darius, Rahel und Alfonso, Jefta und Ketura, Ja'ala und Meribaal oder Ja'ala und Mescha. Jede dieser Verbindungen impliziert damit auch Symbiose, Assimilation; nicht die Vereinigung mit dem eigenen Wesen, sondern mit einem Fremden. Sie scheitern aus den unterschiedlichsten Gründen (zweimal an der Gewalt des nichtjüdischen Teils), oder werden, wie bei Ester und Darius, der Verbindung mit der Vaterfigur untergeordnet. Wenn aber eine wirkliche Verbindung nur mit der eigenen Tochter - einem Teil des eigenen Selbst - möglich ist, dann negiert das gleichzeitig die Assimilation: man kann nebeneinander, aber nicht miteinander leben.

Im Fall von Ja'ala wird das besonders deutlich. Für Jefta steht fest, daß ihre Ehe mit dem ammonitischen Prinzen Mescha nicht nur Frieden mit den Ammonitern, sondern auch das Ende der Einmaligkeit des erst im Entstehen begriffenen Volkes Israel bedeuten würde:

> „Wenn er den Bund mit Ammon schließt, wird Gilead aufgehen unter den Fremden; Jahwe wird ein Gott sein unter vielen Göttern, und er, Jefta, einer der vielfältigen Hebräer des Ostjordanlandes, kein Israeliter mehr.“[49]

In der von Feuchtwanger geschilderten geschichtlichen Wirklichkeit des Romans stehen die Juden vor einem Wendepunkt, nicht nur zwischen Nomaden- und Städtevolk, sondern auch zwischen Integration und Isolation. Die Integration in andere Völker wird direkt mit einer möglichen Ehe für Ja'ala verknüpft, wie sie der König der Ammoniter vorschlägt.[50] Vor dem Dritten Reich war genau dies, das kosmopolitische Aufgehen in andere Völker, Feuchtwangers Ideal für die Ju-

---

[48] Jung, C.G.: Persönlichkeit und Übertragung. Walter Verlag, Olten und Feiburg im Breisgau 1984, S. 172.

[49] Feuchtwanger, Jefta und seine Tochter, a.a.O., S. 220.

[50] Der einzige andere Normenträger von ähnlicher Bedeutung wie Nachasch ist Elead. Bei ihm wird die Funktion gegen Ende des Romans überdeutlich, als er Jefta ein Referat über die spinozistische Gottesauffassung hält.

den; es fällt schwer, in der Schilderung von Jeftas Entscheidung für den Tochtermord und damit die nur durch Krieg und Gewalt zu erreichende Einmaligkeit des
jüdischen Volkes nicht einen resignierenden Unterton angesichts der historischen
Wirklichkeit Israels in den fünfziger Jahren herauszulesen: Assimilation wird nicht
länger erstrebt, nur noch Individuation.

Ja'alas Opfer bedingt die Einigung der israelitischen Stämme unter Jefta, unter
Ausschluß der übrigen Hebräer und bedingt den Eingottglauben, aber es bedingt
auch Jeftas Verlust seiner Menschlichkeit. Die Erkenntnis, Ja'ala nicht für Jahwe,
sondern für sich getötet zu haben, ist nur der erste Schritt; Jefta verliert die Erinnerung an Ja'ala und damit seine Seele:

„Der Mann Jefta ist nicht mehr da. Was der Priester salbt, ist nicht mehr der Mann Jefta. Der
Hauch ist verweht, das Leben ist verweht, kein Öl, Wein und Gewürz kann es neu in ihn ein-
strömen lassen. Es ist nicht der Mann Jefta, es ist der Ruhm des Jefta, der hier auf dem steinernen Stuhl sitzt."[51]

Schon die im zweiten Band der Josephus-Trilogie getroffene Entscheidung der
Rabbiner, die christliche Fraktion vom Judentum abzutrennen, um auf diese Weise
die Einheit um jeden Preis zu erhalten, wird von Feuchtwanger als zwar historisch
unvermeidlich, aber tragisch geschildert. Hier erzeugt er durch die Verbindung
von Tochtermord, Verlust der Menschlichkeit und der Entstehung der Nation einen noch zwiespältigeren Effekt. Durch den Umstand, daß in diesem Roman (und
nur in diesem) das jüdische Volk nicht verfolgt, nicht in der Opferrolle, sondern in
der des Täters vorgeführt wird, vertieft er diese Zwiespältigkeit. Der erste Staat
Israel, wie ihn Jefta formt, kann nur durch die gewaltsame Auslöschung der
Menschlichkeit, symbolisiert durch die Tochter, Ja'ala geschaffen werden.
Feuchtwanger mag bei der Arbeit an *Jefta und seine Tochter* Heines Gedicht *An
Edom* in den Sinn gekommen sein, das er selbst in seiner Dissertation über den
„Rabbi" zitierte:

„Ein Jahrtausend schon und länger
Dulden wir uns brüderlich,
Du, du duldest, daß ich atme,
Daß du rasest, dulde ich.
Manchmal nur, in dunkeln Zeiten
Ward dir wunderlich zu Mut,
Und die liebefrommen Tätzchen
Färbtest du mit meinem Blut.
Jetzt wird unsre Freundschaft fester,
Und noch täglich nimmt sie zu;
Denn ich selbst begann zu rasen
Und ich werde fast wie du."[52]

---

[51] Feuchtwanger, Jefta und seine Tochter, a.a.O., S. 371.
[52] Heine, Heinrich: An Edom, in: Werke, hrsg. von Ernst Elster, Bibliographisches Institut
Leipzig und Wien 1893, Bd. II, S. 164 f.

9. Nachwort

In den Notizen, die er sich während der Arbeit an *Jefta und seine Tochter* zum Themenkomplex Jahwe machte, schrieb Feuchtwanger unter Joschua: „[D]as Werden ist das Wichtige, die Geschichte, Jahwe offenbart sich in der Geschichte Israels."[1]

In dem Roman setzt der in Elead umbenannte Joschua diese spinozistische Ansicht - die Feuchtwanger gegenüber den amerikanischen Behörden, als sie ihn während seines nie abgeschlossenen Einbürgerungsverfahrens nach seinem Glauben fragten, als seine eigene angab - dem Jefta am Ende über ein Kapitel hinweg auseinander: Gott manifestiert sich in der Geschichte, die Geschichte, speziell die jüdische Geschichte, ist Gott. Diese Manifestation zu untersuchen, zu interpretieren und zu versuchen, mit ihr die Gegenwart zu erklären, war eines von Feuchtwangers Hauptanliegen als Autor historischer Romane. In denjenigen, die in dieser Arbeit untersucht wurden, wählte er dafür eine bestimmte Figurenkonstellation, mit deren Hilfe er seiner Interpretation symbolische und psychologische Aspekte geben konnte.

Der Roman *Jud Süß* macht die Tochter zum Opfer der Beziehung zwischen Vater und Machtmensch und gleichzeitig zur Symbolfigur für Seele und jüdische Identität des Vaters. In einer Zeit angesiedelt, in der selbst ein Bündnis mit der Macht einen höchst unzuverlässigen Schutz für die gefährdeten Juden darstellt, die sich zwischen Ghetto und Assimilation bewegen, sind die von dem Roman aufgestellten Normen spirituelle Selbstfindung und jüdische Solidarität in der Not; für beides ist die Figur Naemi der auslösende Moment. Die durch den nichtjüdischen Machtmenschen verkörperte Alternative wird als falsch verworfen; die mit ihm verbundene Gewalt tötet sowohl Tochter als auch - durch ihre Nachwirkungen - den Vater; nur durch die Lösung von ihr ist die spirituelle Selbstfindung des Vaters möglich. Dabei bleibt die Figur der Tochter strikt auf ihre symbolische Rolle beschränkt.

In den Entwürfen zu dem nie geschriebenen Roman *Ester* haben sich Konstellation und Problematik der Zeit verändert. Immer noch sind die Juden eine gefährdete Minorität, doch ihr Schicksal wird auch von ihrer alten und potentiell neuen Heimat bestimmt, einem neu zu gründenden und wieder zu errichtenden zweiten jüdischen Staat. In ihrem Verhältnis zu der Autorität des Landes, in dem die Haupthandlung spielt, stehen sie in Rivalität mit einem anderen, ebenfalls abhängigen Volk; der die Autorität verkörpernde Machtmensch hält es für unmöglich, beiden gleichzeitig gerecht zu werden, und wendet sich aufgrund diverser Einflüsse zunächst gegen die Juden, dann gegen das rivalisierende Volk.

---

[1] Notizen vom 28.5.56, rosa Papier, zwei Seiten, zum Themenkomplex Jahwe, Unterpunkt Joschua, Feuchtwanger Memorial Library, USC, Los Angeles, S. 1.

Dieser Machtmensch ist nicht mehr nur als destruktiv, sondern vor allem als konstruktiv charakterisiert; das Bündnis mit ihm hilft der Vater- wie der Tochterfigur, ihre Ziele zu erreichen. Dabei wird vor allem die Tochterfigur problematisiert; sie steht der idealisierten Tochter der ersten Konstellation geradezu diametral gegenüber. Das Ende der Erzählung, die Wiedererrichtung eines geistigen Zentrums in Judäa, entspricht dem von der Vaterfigur - innerhalb des Erzählkontexts die überlegenste Instanz - gewünschten Ziel, aber nur noch bedingt dem Ideal des Autors, da sein Ideal für die Juden - die friedliche geistige Vermittlung zwischen den Völkern - so nur teilweise erfüllt werden kann. Die Reflexion des Zeitgeschehens der vierziger Jahre in Palästina wird deutlich.

In der *Jüdin von Toledo* läßt sich der Einfluß der beiden vorhergehenden Varianten feststellen. Der Machtmensch ist wieder in erster Linie trieb- und gewaltbeherrscht, doch lernfähig, und das Bündnis mit ihm bringt Vater und Tochter an ihr Ziel, obwohl die durch den Machtmenschen ausgelöste Gewalt sie dabei tötet. Dabei bleibt das gewünschte Ziel - Frieden zwischen den drei Kulturen - in seinem vollen Ausmaß sowohl Vergangenheit (vom Zeitpunkt der Erzählung ausgesehen) als auch Utopie, es ist nur im kleinen und zeitweilig erreicht, was jedoch Hoffnung auf die Zukunft ausdrückt. Die in den ersten Fassungen des Romans noch vorhandene Bindung dieses Ziels an die Hoffnung auf einen neuen jüdischen Staat wird in der endgültigen Fassung zugunsten der höchsten Norm des Romans, Frieden, aufgegeben.

Der gemeinsame Opfertod für das jüdische Volk spiegelt die Annäherung der Instanzen von Vater und Tochter wider; beide sind Normenträger. Die Tochter bleibt zwar immer noch untergeordnet, doch wesentlich selbstständiger als ihre Vorgängerinnen. Sie vereinigt bereits zwei der drei Kulturen in sich; das erotische Band, das sie mit dem Machtmenschen verbindet, und der Unterschied der Geschlechter, welcher sowohl Annäherung als auch nicht zu überwindende Kluft bedingen, aber auch die Voraussetzung zur Reformierung des Machtmenschen bilden. Der Vater agiert sowohl uneigennütziger als in *Jud Süß* als auch weniger souverän als in *Ester;* letztendlich siegen uneigennützige über eigennützige Motive, und die von ihm vermittelten Werte bleiben bestehen.

In *Jefta und seine Tochter* haben sich Konstellation und soziokultureller Kontext entscheidend verändert. Die zeitliche Zuordnung der Handlung geht noch hinter *Ester* zurück zu den Anfängen des ersten jüdischen Staates; der Status der gefährdeten Minorität für die Juden ist aufgehoben. Gleichzeitig sind Machtmensch und Vater zu einer einzigen Figur geworden. Diese Figur bleibt immer noch empfänglich für die Vision einer friedlichen Koexistenz, wie sie ihr von einem der Normenträger des Romans geboten wird, folgt aber letztendlich dem Wunsch nach einem ausschließlich israelitischen Staat, der nur durch Gewalt erlangt werden kann.

Die Gewalt kulminiert in dem Opfer der Tochter, gleichzeitig religiös, machtpolitisch und psychologisch motiviert. Der Roman bietet zwei Möglichkeiten von geschichtlicher Entwicklung, die beide dadurch erlangt werden können, daß Vater wie Machtmensch die Tochter aufgeben. Eine, von dem Träger der Norm „Vernunft" angeboten, ist die der Symbiose mit dem anderen in Israel lebenden Volk, des Aufgehens ineinander, symbolisiert durch eine Ehe. Die andere ist die der Tötung durch den Vater, eine durch die Art der Bindung zwischen Vater und Tochter stark erotisch aufgeladene tödliche Vereinigung miteinander, die anders als der gemeinsame Tod von Vater und Tochter in der *Jüdin* weder das Überleben noch spirituelle Selbstfindung wie in *Jud Süß*, sondern die Einmaligkeit und Souveränität des jüdischen Volkes bedingt. Dabei symbolisiert die Tochter, wie in *Jud Süß*, auch Seele und Menschlichkeit ihres Vaters. Daß die nationale Einheit und die Herrschaft über das Land nur um den Preis von Krieg und gewaltsamer Aufgabe der Menschlichkeit erreicht werden kann, mag den erzählerischen Kommentar des Autors zu der historischen Wirklichkeit des dritten Staates Israel darstellen. Die Interpretation der jüdischen Geschichte in verschiedenen Epochen - sowohl erzählter Zeit als auch der Erzählzeit - durch das Dreieck von Vater, Tochter und Machtmensch durch Feuchtwanger ist damit an ihren Endpunkt gelangt.

10. Quellenanhang

10.1. Feuchtwangers Arbeitsweise

Lion Feuchtwanger benutzte für die Recherche zu seinen historischen Romanen zunächst hauptsächlich Bibliotheken - so die Bayerische Staatsbibliothek in München, als er an dem Roman *Jud Süß* arbeitete -, später ging er mehr und mehr dazu über, sich die Quellen, die er benötigte, über Buchhandel und Antiquariate zu besorgen. Dank der Notizen und Vermerke auf seinen Manuskripten läßt sich erkennen, daß er dabei häufig Lexika konsultierte, wie die *Encyclopaedia Britannica,* die *Encyclopaedia Judaica,* oder *Funk and Wagnall's New Standard Bible Dictionary.* Dazu kamen Biographien und Sachbücher zu unterschiedlichen sozialen und anthropologischen Aspekten der Zeit, in welcher der Roman, an dem er arbeitete, spielen sollte. Auch zufällige Entdeckungen fanden ihren Eingang in das Quellenmaterial; so enthalten die Arbeitsunterlagen zu *Jefta und seine Tochter* auch einen Artikel aus der Los Angeles Times, dessen Verfasser diverse afrikanische Sprichwörter aufzählt. Die von ihm unmittelbar benötigten Bücher standen während der Arbeit an einem Roman in seinem Arbeitszimmer; regelmäßig wurden sie, bis auf die Lexika, durch Quellenmaterial zu einem anderen Roman ausgetauscht.

Feuchtwanger diktierte seiner Sekretärin (für die hier relevante Zeit war das Hilde Waldo) im Vorfeld zunächst Exzerpte, Zusammenfassungen und Querverweise aus dem und auf das Quellenmaterial; dazu gehören Zusammenstellungen von biographischen Daten - etwa zu dem Leben Alfonsos VIII. in der *Jüdin von Toledo* -, Erklärungen von Namen und stichpunktartige Hinweise zu kulturellen Hintergründen.

Er diktierte währenddessen oder danach kurze zwei- bis dreiseitige Inhaltsangaben zu dem geplanten Roman; es handelt sich um im Präsens geschriebene Zusammenfassungen, die zum Teil vom späteren Inhalt der jeweiligen Romane noch erheblich abwichen. Solche kurzen Zusammenfassungen existieren auch für nie vollendete Romane und Filmprojekte. In diesem Stadium berücksichtigte Feuchtwanger, wie sich an dem Briefwechsel mit seinem amerikanischen Verleger Benjamin Huebsch ersehen läßt, bereits Überlegungen dritter, etwa zu der Opportunität eines bestimmten Romanplanes in einem bestimmten sozialpolitischem Klima und seine wirtschaftlichen Chancen. Dabei nahm er solche Ratschläge gelegentlich an - wie im Fall *Ester* - , lehnte sie aber auch ab - wie im Fall der *Brüder Lautensack.*

Es folgten detailliertere Entwürfe zu dem im Entstehen begriffenen Roman, protokollartig in einzelne Punkte gegliederten und bereits in Kapitel unterteilt. Diese sorgfältig gegliederte Zusammenfassungen enthalten bereits Dialogpassagen, entweder in indirekter oder direkter Rede. Für Feuchtwanger waren sie offenbar eine enorme Arbeitshilfe, denn er diktierte solche Zusammenfassungen auch noch, wenn der Roman bereits als Manuskript vorlag und direkt überarbeitet werden konnte, bis hin zum Endstadium des Buches. Zu diesen detaillierten Entwürfen kamen auf einzelne Blätter notierte Überlegungen zu den Figuren des jeweiligen Romans, in der Regel eine Charakteristik, die sich gelegentlich auch zu einer kleinen Inhaltsangabe der Handlung aus der Sicht dieser bestimmten Figur ausweitet. Die Blätter, auf den die Charakteristika notiert sind - mit Schreibmaschine, wie alles Arbeitsmaterial - haben wie die eigentlichen Manuskripte unterschiedliche Farben - gelb, grün oder rosa und entsprechen -, was sich, da sie häufig, aber nicht immer, datiert sind, teilweise überprüfen läßt - dem jeweiligen Überarbeitungsstand des Romans.

Durch die ausführlichen Stellungnahmen Hilde Waldos in der Sekundärliteratur und das erhaltene Material in der Feuchtwanger Memorial Library läßt sich festlegen, daß Feuchtwanger seine Romane nicht an einem Stück diktierte, sondern abschnittsweise, wobei er nach dem Diktat eines Kapitels oder Abschnitts, von dem sie zwei Kopien machte, sofort mit der Korrektur begann. Wurden zu viele Korrekturen nötig, diktierte er den niedergeschriebenen Text neu. Die verschiedenen Fassungen wichen auch durch das unterschiedlich farbige Papier voneinander ab, was für Feuchtwanger und seine Sekretärin den jeweiligen Korrekturstand auf den ersten Blick sichtbar machen sollte. Außerdem befinden sich in den farbigen Manuskripten noch Querverweise auf historische Quellen am Seitenrand, meistens mit Schreibmaschine und nur sehr selten mit Handschrift eingefügt. Erst, nachdem ein Kapitel mehrere Korrekturstadien durchlaufen hatte, wurde es von Frau Waldo in Reinschrift auf weißes Papier getippt. Aus den Manuskripten auf weißem Papier las Feuchtwanger seiner Frau und einigen Freunden um der kritischen Resonanz willen vor; gelegentlich ließ er sie auch als Privatdruck zusammenbinden, noch ehe sie vollendet waren, so im Fall der *Söhne* - ein Teilmanuskript ist unter dem Titel *Der Jude von Rom* erhalten -, bei der *Jüdin von Toledo* und dem Roman *Narrenweisheit oder Tod und Verklärung des Jean-Jacques Rousseau*. Laut Hilde Waldo handelte es sich hierbei in der Regel um die vorletzte Fassung des Romans. Die letzten Korrekturen wurden erst in Zusammenarbeit mit dem jeweiligen Verlag eingefügt.

Da Feuchtwanger nicht nur ein epischer, sondern auch ein dramatischer Schriftsteller war, durchlief seine Arbeit an einem Roman gelegentlich noch ein weiteres Stadium. Nicht nur *Jud Süß*, sondern auch *Die Brüder Lautensack* und *Die Füchse im Weinberg* sind zuerst als Theaterstück geschrieben, wobei in den letzteren beiden Fällen nie die Absicht vorlag, diese Dramen tatsächlich aufführen zu lassen. Wie Feuchtwanger sich dem Verleger Huebsch gegenüber äußerte, handelte es sich bei der dramatischen Form um eine Hilfe, um sich über

Personen und Ideen klarzuwerden, ehe er an den eigentlichen Roman ging.[1] Weder die *Jüdin von Toledo* noch *Jefta und seine Tochter* scheinen dem erhaltenen Material und der Korrespondenz nach ein solches Stadium durchlaufen zu haben.

10.2. Die Ester-Entwürfe als Texte

1. Undatierter dreiseitiger Entwurf (= S. 130-132)

Feuchtwangers erste Gestaltung des Esther-Themas ist wenig mehr als ein Memorandum; keine erzählte Geschichte, sondern eine Aneinanderreihung von Überlegungen zum historischen Hintergrund und den Hauptfiguren. Die Formulierungen sind zum Teil im Konditionalis gehalten - „Sehr wünschenswert wäre", „es ist möglich" (S.1 und 2) - und richten sich an einen Leser, den Autor selbst. Die einzelnen Absätze sind noch nicht numeriert, aber nicht nur visuell, sondern auch inhaltlich deutlich voneinander getrennt - nacheinander werden historische Einordnungen des Geschehens, sozialpolitische Hintergründe, die Charakterisierungen Ahasvers, Vasthis, Esters, des Hintergrunds von Esters Familie und Mardochais aufgelistet. Die Kenntnis des biblischen Buches *Esther* wird dabei beim potentiellen Leser vorausgesetzt. Mit der Charakterisierung Mardochais schließt der Text, ohne in eine Skizzierung der geplanten Handlung überzugehen. Feuchtwanger verwendet die Sprache seiner Gegenwart, und die sprachliche Gestaltung, welche Begriffe wie „zionistisch", „antisemitisch", „liberal", „militärisch, „ökonomisch", „assimilatorisch" einschließt, betont den [olympischen], distanzierten Blick, aus dem der Text geschrieben ist.

2. Achtseitiger, auf den 26.10. datierter Entwurf (= S. 133-140)

Auch dieser Text ist im Präsens geschrieben, allerdings fehlen auktoriale Betrachtungen; historische und sozial-politische Hintergründe sind nunmehr argumentativ in die Erzählform eingebunden. Es wird eine klar konstruierte Geschichte mit Höhepunkt und Abschluß erzählt. Visuell ist der Text durch römische und arabische Zahlen, die Kapitel und einzelne Szenen voneinander trennen, geprägt. Er beginnt in Stichpunkten, die zum Teil nicht zu Sätzen ausformuliert sind, z.B. „3.) Die grosse Feier" (S.1). Dieser protokollarische Charakter des Textes verliert sich bald; die einzelnen Abschnitte werden immer sorgfältiger ausformuliert, sind jedoch gelegentlich immer noch durch kurze Sätze ohne Verben durchsetzt: „Haman sehr geehrt." (S.4) Ein Stilmittel Feuchtwangers, zu dem er auch in seinen Romanen gerne greift, die Inversion, macht sich bemerkbar: „Mardochai, sehr tolerant, zieht Ester dem Willen der

---

[1] Vgl. Korrespondenz zwischen Feuchtwanger und Benjamin Huebsch, Feuchtwanger Memorial Library, USC, Los Angeles; der Briefwechsel wird von Professor von Hofe für die Veröffentlichung im Aufbau-Verlag vorbereitet.

Eltern gemaess persisch auf." (S.1) „Haman, blass geworden, meint, das Gesetz habe natuerlich einzelne Ausnahmen vorgesehen." (S.5)

Der Entwurf besteht in erster Linie aus knappen Hauptsätzen und indirekter Rede. In der zentralen Szene allerdings, dem Gespräch zwischen Ester, Haman und Darius, wird der erzählende Charakter des Textes durch eine direkte dramatische Anordnung durchbrochen:

„Haman: Aber Ew. Majestaet koennen dem Koenig doch nicht zumuten, dass ein von ihm erlassenes, also goettliches Gesetz zurueckgenommen wird.

Darius: Du hast die Gesamtsituation falsch beurteilt, Haman, in Syrien sowohl wie in Judaea. Du hast mir ein falsches Bild gegeben von der Loyalitaet der Griechen und der Juden. Je mehr Berichte einlaufen, so mehr sehe ich, wie falsch deine Darstellung war.

Ester: Ist es richtig, Haman, dass du dich oeffentlich geruehmt hast, der Platz fuer die Hinrichtung Mardochais sei bereits bestimmt?" (S.5)

Immer noch benutzt Feuchtwanger im historischen Kontext anachronistisch wirkende Begriffe - „Gouverneur", „assimilatorisch", die jedoch nicht unbedingt auf den Vorläufigkeitscharakter des Werkes verweisen müssen, da er in den Romanen der *Josephus*-Trilogie genau dasselbe tut. Der für Feuchtwanger so wichtige Gegenwartsbezug, der allegorische Charakter der historischen Fiktion, wird dadurch betont.

3) Achtundzwanzigseitiger, auf den 29.10. datierter Entwurf (= S. 141-168)

Zu der numerierten Unterteilung in Kapitel und Szenen kommt in diesem Text eine Gliederung in „Bücher". Das erste Buch beginnt mit der Feier des Darius und endet mit Esters Aufstieg zur ersten Nebenfrau des Königs, das zweite Buch beginnt mit Mardochais Entdeckung der Verschwörung gegen Darius und endet, wie der zweite Entwurf, mit der Einweihung des Tempels in Jerusalem. Feuchtwangers Angewohnheit, noch vor Vollendung eines Textes einzelne Teile zu korrigieren, wird hier durch die Einfügung des fünften Kapitels im zweiten Buch, „Die Wirkung auf Judäa", deutlich, ebenso die Bedeutung, die er der Verbindung des Esther-Themas mit der Frage nach einem jüdischen Staat beimißt. Die Überschriften der einzelnen Kapitel, die ihr Thema angeben, entsprechen einer protokollarischen Gliederung, während die Szenen zu Beginn des Textes nicht mehr nur stichpunktartig aufgeführt, sondern sprachlich ausgestaltet sind. Dabei kommt es wieder zu auktorialen Einwürfen wie in dem ersten Text, da sich Feuchtwanger beispielsweise nicht sicher über den Anlaß der Feier des Darius ist oder eine eher einem Theaterstück entsprechende dramaturgische Anweisung gibt, wie in der Unterredung zwischen Ester und Mardochai: „Ester muss sehr sympathisch sein, Mardochai sehr gut, sehr menschlich, sehr patriotisch." (S.19)

Erzählzeit bleibt nach wie vor das Präsens, der sprachliche Charakter ähnelt dem des achtseitigen Entwurfes, wobei sowohl direkte als auch indirekte Rede und vor allem die inneren Monologe ausführlichere Gestalt annehmen. Zu den modernen Begriffen kommen diesmal auch umgangssprachliche Wendungen; Mardochai wird „beklaefft" (S.17), Darius und Haman „besaufen sich" (S.3), die griechischen Attentäter „wollen einen ganz großen Coup machen" (S.12). Gelegentlich steht X an Stelle eines Namens, für den sich Feuchtwanger noch nicht entschieden hat. Wieder wird eine klar konstruierte Geschichte erzählt, der Text ist in sich abgeschlossen und setzt keine Hintergrundinformationen mehr voraus, da sie alle textimmanent gegeben werden.

4) Vierzehnseitiger, auf den 8.11. datierter Entwurf (= S. 169-182)

Dieser Text ist eindeutig ein Fragment; er bricht mit Esters Aufbruch zum Schloß des Darius ab, obwohl er wie der Text vom 29.10. bereits in „Bücher" unterteilt ist. Direkte Rede, in dramatischer Form gestaltet, kommt nur bei der Reaktion des Darius auf Atossas Befehlsverweigerung vor, verblose, bruchstückhafte Sätze kaum noch. Heißt es im Entwurf vom 29.10. noch: „Jerusalem. Die Kaempfe um die Wahl der Abgesandten, die nach Susa zu dem grossen Fest gehen sollen" (S.1), so beginnt hier die zweite Szene: „In Jerusalem beraet man, wen man als Abgesandten zu der grossen Feier in Susa schikken soll." (S.2) Die immer noch durch arabische Zahlen voneinander getrennten Szenen gehen sprachlich ineinander über, gelegentlich ist dieser Effekt auch Feuchtwangers süddeutschem Gebrauch von „der" vor einem Namen zu verdanken: „Er bittet also den Mardochai ins Palais. 9.) Dem Mardochai ist diese Aufforderung zu dem Besuch sehr angenehm [...]." (S.8)

Der gelegentlich umgangssprachliche Charakter des Textes kommt vor allem in der Beschreibung innerer Monologe zum Ausdruck:

„Die Juden haben da viel vermasselt. Dieser Serubabel war ein Esel, und im Grunde ist Mardochai froh, dass ihm [sic] der Satrap Tanai beseitigt hat. Aber jedenfalls haben die Juden durch ihre bloed revolutionaere Haltung waehrend des sinnlosen Aufstands [...] den Koenig arg verstimmt [...]." (S.8 f.)

Die Namen der handelnden Personen sind alle festgelegt, doch hinsichtlich des politischen Hintergrunds findet sich noch ein den erzählenden Text durchbrechender Einwurf, als es um „die Lostrennung Judaeas von Syrien (Phoenizien?)" (S.8) geht. Insgesamt könnte man den Text als Fragment einer Erzählung bezeichnen, die gelegentlich durch dramaturgisch gestaltete Stellen unterbrochen wird.

Der folgende diplomatische zeilengetreue Abdruck der Typoskripte will den spezifischen Charakter der Schreibprozesse vermitteln. Streichungen werden - soweit auf den Originalen lesbar - durch eckige Klammern kenntlich gemacht. Wiedergegeben und in den Anmerkungen verzeichnet werden auch weitere substanzielle Korrekturen. Die Korrekturen reiner Schreibfehler bleiben unberücksichtigt.

Der Abdruck erfolgt mit der freundlichen Genehmigung der University of Southern California, Los Angeles, in deren Besitz sich diese Dokumente befinden.

10.3. Die Ester-Entwürfe

10.3.1. Undatierter dreiseitiger Entwurf

I. B Ü C H E R

=================

2. E s t e r

Voraussetzung fuer die chronologischen Placierung des Stoffes ist die Notwendigkeit, dass die Anfänge des Zweiten Jüdischen Staats, also die Geschichte Esras und Nehemias zusammenfallen müssen mit den Ereignissen, von denen das Buch Ester berichtet. Sehr wünschenswert wäre, dass sich das Ganze so datieren liesse, dass die Beziehungen zwischen dem Perserreich und dem kleinem barbarischen Volk im Westen, den Griechen, eine Rolle spielen könnte.

Die Hintergründe der antisemitischen Bewegung, deren Führer der Reichskanzler Haman ist, liegen in den Geschehnissen im Lande Israel, das die neue zionlistische Politik des persischen Hofs den Juden wieder als Heimstätte zur Verfügung gestellt hat. Die reichen Juden, die in Susa leben, wollen natürlich nicht zurück nach dem Lande Israel, aber sie fördern sehr die Auswanderung der armen Juden aus Susa dorthin. Die neue Einwanderung der Juden bewirkt, dass die Grossgrundbesitzer, die sich nach dem Zusammenbruch die Jüdischen Staats des dortigen Bodens bemächtigt haben und die bisher sehr billige Arbeitskräfte haben verwenden können, jetzt durch das Eindringen der Juden ihr Einkommen aus dem Boden des Landes Israels sehr geschmälert sehen. Sie fachen also eine scharf antisemitische Bewegung an, sowohl im Lande Israel selber wie am Hofe in Susa, und Führer dieser Bewegung ist eben Haman, der selber Grossen Grundbesitz im Lande Israel hat.

Der König Ahasver ist ein liberaler Herr, modernen Ideen zugänglich. Er ist also geneigt, seinen einzelnen Satrapien,
also auch dem Lande Israel weitgehende Autonomie zuzugestehen.
Er wirft gern mit grossen ideologischen Worten um sich und
liebt es nicht, an militärische oder gar ökonomische Tatsachen
erinnert zu werden. Er ist sehr launisch, man muss ihn zu nehmen wissen.

Das versteht die Königin Vasthi durchaus nicht. Sie stammt
aus einer hochmütigen Aristokraten-Clique und findet die modernistischen Ideen des Königs unwürdig, plebejisch. Es ist nicht
Sitte, dass eine Dame bei einem Gastmahl der Männer erscheint.
Wie der König sie dazu zwingen will, kommt es zum Bruch.

Das Wesen der Ester ist klar. Sie ist durchaus weiblich,
ohne jede Grundsätze, klug, spielerisch, kokett. Sie hat eine
intuitive Hochachtung von Mardochai, den sie für den weisesten
aller Menschen hält. Sie folgt ihm also blind, wiewohl sie
natürlich auch da ab und zu Seitensprünge macht. Sie ist mutig.
Das Buch beginnt damit, dass Kinder eine grosse Spinne entdecken und davonlaufen, während Ester interessiert zuschaut,
wie die Spinne die Fliege einwickelt.

Nicht sehr einfach sind die Motive, aus denen Ester oder
der hinter ihr stehende Mardochai die Nationalität der Ester
verheimlichen. Es ist möglich, dass assimilatorische Tendenzen
dahinterstecken. Die Eltern der Ester, Mardochais Verwandte,
die in Susa eine grosse Rolle spielten, haben es wahrscheinlich
infolge der beginnenden antisemitischen Bewegung für richtig gehalten, ihr Judentum aufzugeben, und Mardochai, der die
kleine Ester liebt, folgt einer intuitiven Wallung, die ihn
heisst, diese kleine Ester weiter so assimilatorisch zu er-

ziehen, wie ihre Eltern das getan haben.

Mardochai ist reich, unabhängig, kontemplativ, verliebt in Experimente. Ihn interessiert der Wiederaufbau des jüdischen Staates, ihn interessiert die mächtige jüdisch Gemeinde in Susa, ihn interessiert der Versuch, was alles aus dem kleinen, hübschen, klugen Mädchen Ester zu machen ist. Mardochai ist ein grosser Schriftsteller, der das reiche persische Schrifttum und die grosse Literatur der Juden vollkommen beherrscht. Es schwebt ihm vor, eine neue realistische Literatur zu schaffen, aus der Verbindung persischer und jüdischer Kunstformen. (Beispiel eben Das Buch Ester)

(26.10)

E s t e r
* * * * * *

I.

1)   Darius hat die Aufstaende niedergeschlagen, das Reich
organisiert und ist jetzt in seiner Lieblingsresidenz Susa,
um sich kroenen zu lassen.

2)   Die Organisation des Reichs.

3)   Die grosse Feier.

4)   Die Bitte an die Koenigin, sich dem Volke zu zeigen.
Die Koenigin weist es in schroffer Form zurueck. Darius beschliesst, sie von seinem Hof in ihre Heimat zurueck-
zuverbannen.

II.

5)   Mardochai und Abgesandte aus Judaea. Bericht ueber die Lage in Judaea. Serubabel ist beseitigt, die Priesterpartei hat
ihn beseitigt, aber der Gouverneur von Syrien, Tannei, genannt
Haman, will sich damit nicht begnuegen. Er hat die Fortsetzung
des Tempelbaus verboten. Er macht sich zum Mundstueck jener
Grundbesitzer, die sich geschaedigt fuehlen durch die juedische
Rueckwanderung.

6)   Mardochai und Ester. Die Eltern Esters, reiche, vorsichtige
Leute, haben Ester assimilatorisch aufgezogen. Man wollte auf
sicher gehen. Mardochai ist betont juedisch, aber sein Bruder,
Esters Vater, betont unjuedisch; fuer den Fall, dass die Geschichte mit Serubabel ueble Folgen fuer alle Juden haben
sollte, will Esters Vater ein Alibi haben. Mardochai, sehr tolerant, zieht Ester dem Willen der Eltern gemaess persisch auf.
Jetzt hat ein mittlerer Perser einen Heiratsantrag gemacht.
Mardochai moechte nicht, dass Ester den Burschen heiratet, aber

er stellt ihr die Entscheidung anheim, doch in einem solchen
Ton, dass sie ablehnt.

III.

7)   Der Koenig moechte ein wenig Unterhaltung. Er sehnt sich
nach der Verstossenen. Die Frauen seines Harems sind ausgesucht
schoen, aber er moechte was Gescheiteres. Sein Vergnuegungsmini-
ster und seine Eunuchen raten zu einem Preisausschreiben. Es kann
auch nur gut sein, findet der Koenig, wenn die Rasse von unten her
aufgefrischt wird. Man mildert also die Vorschriften fuer die Le-
gitimitaet einer Vollehe, und Beamte des Koenigs machen sich
auf die Suche nach Frauen, die schoen und gescheit zu sein
haben.
8)   Ester moechte sich an dem Preisausschreiben beteiligen.
Mardochai stimmt zu. Er hat gute Beziehungen zu einem der Ober-
eunuchen, mit dem Esters Vater ein grosses Geschaeft in Wolle gemacht hat. Ester kommt in die engere Wahl.
9)   Der Koenig behandelt die Damen freundlich, aber ziemlich
zerstreut. Er hat Aerger mit den westlichen Barbaren, den
sogenannten Javanen oder Ioniern, und er hat die Gouverneure
von Syrien und Ionien herbestellt. Er moechte keinen neuen Krieg.
10)   Der Obereunuch raet zu einem letzten Versuch mit einem der
Maedchen, die noch in Reserve sind. Dem Koenig gefaellt Ester,
ihre Unbefangenheit, Ihr Gemisch von Verstand, Frechheit und Ergebenheit. Sie schimpft auch maechtig auf die Griechen und wiederholt Phrasen, die sie von Mardochai gehoert hat. Mardochai hat
ihr eingeschaerft, unter keinen Umstaenden ihre Abstammung zu
verraten. Sie weicht auch geschickt aus. Der Koenig haelt sie sogar fuer eine Griechin.

11) Der Koenig macht Ester zur ersten Frau seines Harems.

IV

12) Die Gouverneure von Syrien und Ionien treffen mit grossem Ge-
folge in der Koenigsburg von Susa ein.

13) Mardochai hat eine Unterredung mit einem der eingetroffenen
Griechen. Dieser hat Empfehlungen an ihn aus Judaea. Es erhellt (sic)
daraus, dass die Partei des Serubabel noch immer nicht still ist.
Griechen haben mit dieser Partei gezettelt, und man hat einen Ver-
schwoerungsplan ausgeheckt gegen das Leben des Koenigs. In dem
darauf folgenden Unruhen moechte man ein selbstaendiges Ionien
und ein selbstaendiges Judaea herstellen.

14) Mardochai zeigt die Griechen an.

15) Haman / Tannei hat eine grosse Audienz beim Koenig und gefaellt
dem Koenig sehr. Er ist fuer Milde den Griechen und fuer
Strenge den Juden gegenueber. Der Koenig macht ihn zu einem
Staatsrat.

16) Es kommt zu einem Zusammenstoss zwischen Haman und Mardochai (Vielleicht wegen der Ordnung des Nachlasses von Mardochais
Bruder). Haman beschliesst, allgemeine schaerfste Massnahmen gegen die Juden des ganzen Reiches zu empfehlen.

17) Haman beraet mit seiner Frau und seinen Wahrsagern, welches
der guenstigste Tag sei fuer die Terminsetzung. Man entschliesst
sich fuer einen spaeten Tag, fuer den dreizehnten Adar.

18) Verkuendung des Befehls. Schonung Syriens, Massnahmen gegen die Juden.

19) Eindurchsvolle Trauerkundgebung der Juden. Die Verbindung
zwischen Mardochai und Ester reisst ab, da man sich in Trauer im

[Palastbezirk nicht sehen lassen darf.]

Palastbezirk nicht sehen lassen darf.

20) Ester ist unruhig, da sie von Mardochai nichts mehr sieht. Sie braucht ihn. Sie braucht seinen Rat. Sie setzt sich auf schlaue Art mit ihm ins Benehmen.

21) Mardochai gluecklich, dass Esters Herkunft bisher verschwiegen worden ist. Er hat eine gefaehrliche geheime Zusammenkunft mit ihr. Es gelingt ihm, ihr Geltungsbeduerfnis so anzustacheln, dass sie zur Heldin ihres Volkes werden will. Der Koenig hat sie lange nicht mehr besucht. Mardochai fordert sie auf, ungerufen vor das Angesicht des Koenigs zu treten. Das kann sehr schlecht ausgehen. Sie nimmt es auf sich, bittet aber, dass alle Juden am Tag vorher fuer sie fasten moegen.

22) Sie betritt den Vorraum des Koenigs. Wird der Koenig das Zepter heben? Er hebt es. Sie hat eine kuehne Idee: sie spricht dem Koenig nicht von dem, um dessentwillen sie gekommen ist, sondern laedt ihn mit dem Reichskanzler zu Gast.

V

23) Haman sehr geehrt. Tief verdrossen, da Mardochai ihm nach wie vor die Ehrenbezeigung verweigert. Laesst ihn vor sich rufen. Mardochai erklaert, da man mir sowieso mein Vermoegen nimmt und wahrscheinlich mein Leben, warum soll ich da einem Mann, der mir nicht gefaellt vorher die Ehrenbezeigung machen.

24) Haman beraet mit seiner Frau und seinen Wahrsagern. Sie raten ihm, dem Mardochai schon einen Prozess anzuhaengen, er koenne ruhig bereits den Platz fuer die Hinrichtung bestimmen.

25) Der schlaflose Koenig beschaeftigt sich mit unerledigten
Akten. Dabei geraet ihm der Fall der von Mardochai angezeigten Griechen in die Haende. Er fragt, ob eigentlich Mardochai gebueh-
rend befoerdert worden sei. Da das nicht der Fall ist und er
seinen Haman ein wenig aufziehen will fragt er ihn nach seiner
Meinung ueber eine gesetzliche, aktenmaessige Regelung der Beloh/
nung besonderer, dem Koenig geleisteter Dienste. Haman, in der
Meinung, eine solche Regelung koenne nur ihm selber zugute kommen, beteiligt sich intensiv an der Regelung des Zeremoniells.
26) Er selber muss dann dem Mardochai die Ehrungen erweisen,
die dieser ihm versagt hat.

VI

27) Die Mahlzeit Esters mit dem Koenig und Haman. Ester er/
klaert, sie habe juedisches Blut. Haman, blass geworden, meint,
das Gesetz habe natuerlich einzelne Ausnahmen vorgesehen. Ester,
heftig, verlangt keine Ausnahmen fuer sich. Haman: Aber Ew.
Majestaet koennen dem Koenig doch nicht zumuten, dass ein von
ihm erlassenes, also goettliches Gesetz zurueckgenommen wird.
Darius: Du hast die Gesamtsituation falsch beurteilt, Haman, in
Syrien sowohl wie in Judaea. Du hast mir ein falsches Bild gegeben
von der Loyalitaet der Griechen und der Juden. Je mehr Berichte
Einlaufen, so mehr sehe ich, wie falsch deine Darstellung war.
Ester: Ist es richtig, Haman, dass du dich oeffentlich geruehmt
hast, der Platz fuer die Hinrichtung Mardochais sei bereits bestimmt? Jenes Mardochai, der dem Koenig das Leben gerettet hat
und uebrigens mein Onkel ist? Haman bricht umstaendlich und laermend in die Knie. Haman wird abgesetzt.

28) Sofort finden sich Anklaeger gegen Haman, die ihm Unterschleife nachweisen. Er wird zum Tod verurteilt, und Ester meint freundlich, man koenne eigentlich die Exekution dort vornehmen, wo die Exekution Mardochais geplant gewesen sei. So geschieht es.

29) Der Koenig schlaeft mit Ester. Ester fragt ihn, wie das nun eigentlich werden solle, denn das Edikt sei doch nun nicht zurueckgenommen. Der Koenig, ihre Brueste mit seinem grossen Bart kitzelnd, erklaert, da moege sie keine Sorgen haben. Es sei erstaunlich, wie schnell sich, selbst ohne Botschaft, wenn man nur eine grosse, siegreiche Armee zur Hand habe, die Wuensche des Koenigs bis in ihre kleinsten Nuancen im Lande zu verbreiten pflegen. Ester meint, wenn aber auch nur ein paar tausend Juden erschlagen wuerden, schaedige das dem Prestige der Juden. Darius: Ich werde darueber nachdenken. Ester bittet ihn sehr, ob er nicht mit ihrem Onkel darueber sprechen wolle, einem der kluegsten und gescheitesten Menschen, dem das Reich nicht weniger am Herzen liege als Judaea.

VII

[Es]

30) Es ist eine Gesandtschaft aus Judaea eingetroffen. Die natio/ nalistischen Juden dort erhalten infolge der Angst vor der Pogromstimmung im ganzen Land von ueberall her Zuwachs. Es sind viele Zehntausende von Juden nach Palestina geflohen, weil sie annehmen, sie seien dort sicherer als sonst im Reich. Die Fuehrer der Serubabel Partei bereiten sich vor, bewaffneten Widerstand zu leisten, einen Aufstand zu wagen. Im Grunde sind sie enttaeuscht, dass sich die Sietuation geaendert hat.

31) Mardochai beraet mit einflussreichen Juden aus Babylon, Jerusalem und Susa. Er ist der versoehnlichste. Er findet viel Undank. Man wirft ihm vor, er handle im persoenlichen Interesse, um sich mit dem Hof gut zu stellen. Die Edikte sind noch nicht zurueckgenommen; an sich ist das Leben jedes einzelnen noch gefaehrdet. Waehrend man beraet, kommt Nachricht aus der Burg, Mardochai wird zum Koenig befohlen. Die Stimmung ihm gegenueber schlaegt wieder um.

32) Ernsthafte Unterredung zwischen dem Koenig und Mardochai. Ester nimmt teil und will manchmal einreden, wird aber von beiden Maennern zur Ruhe gewiesen. Man kann das Edikt nicht zuruecknehmen. Wohl aber kann man in allen Provinzen die wichtigsten Judenfeinde festnehmen, einigen werden sich wohl auch Unterschleife nachweisen lassen, sodass man sie exekutieren kann. Wenn dann ausserdem Nachricht kommt, dass der Koenig den Juden Mardochai zum Minister gemacht hat, und dass Ester mit Mardochai verwandt ist, dann werden die Pogrome sehr zahm ausfallen. Ester begehrt auf. Die Hinrichtungen duerfen aber nicht zu knapp werden. Der Koenig streichelt sie, und Mardochai verspricht ihr, sein Bestes zu tun.

VIII

33) Der dreizehnte Adar. Es ist kein freundlicher Tag fuer die Judengegner. Die ganze Familie Hamans muss dran glauben, und die Juden suchen sich aus seinem Besitz allerlei Andenken aus, bevor dieser Besitz dem koeniglichen Schatze einverleibt wird.

34) Der Koenig stiftet Hamans Vermoegen fuer die Errichtung des Tempels.

35) Die Einweihung des Tempels. Die Juden laden Mardochai heftig ein, ihr Praesident zu werden. Mardochai lehnt ab. Er

haelt es fuer alle Teile fuer besser, wenn er Minister in Susa bleibt. Er wird dafuer sorgen, dass die judenfeindlichen Griechen in Schach gehalten werden, und dass Judaea von Syrien unabhaengig autonome Provinz wird.

29.10

E s t e r

E R S T E S B u c h [Nachträglich handschriftlich]

I.

Feier des Darius anlaesslich der Stabilisierung des Reichs

1)   Darius hat die Aufstaende niedergeschlagen, etwa sieben
Jahre nach dem Tod des Kambyses, er hat das Reich organisiert
und ist jetzt in seiner Lieblingsresidenz Susa, um eine symbolische grosse Feier zu veranstalten, vielleicht anlaesslich seines Geburtstags, vielleicht zum neuen Jahr, vielleicht zum Jah-
restag seiner Kroenung. Es sind Abgesandte aus allen Teilen des
Reichs entboten, aus den vierundzwanzig Provinzen. Innerer Monolog des Darius. Aussprache mit einem seiner Vertrauten. Vielleicht mit Atossa. Dann das Verhaeltnis des Koenigs
zu Atossa, Liebe, Anerkennung, aber staendige Gereiztheit erstens
weil sie sich als Tochter des Kyros fuer noetig haelt fuer
die Erhaltung seiner Herrschaft, und zweitens, weil sie ihre haeufig richtigen Ratschlaege auf eine unleidliche Art vorzubringen pflegt.
2)   Jerusalem. Die Kaempfe um die Wahl der Abgesandten, die nach
Susa zu dem grossen Fest gehen sollen. Darlegung der inneren
Situation des Reichs. Die Feindschaft des Satrapen von Syrien. Der
innere Zwiespalt zwischen der nationalistisch imperialistischen
und der theokratischen Partei. Die Imperialisten, Serubabel,
haben eine schwere Niederlage erlitten, regen sich aber gleichwohl. Die politisierenden Theokraten, die an [eine rein geistige]
die Moeglichkeit eines rein geistigen Staates nicht glauben,
sondern praktische Symbole wollen, den Tempel, Autonomie in der

Gerichtsbarkeit, sehr vernuenftige Maenner, es ist die Partei Mardochais. Ihnen gegenueber steht eine dritte Partei, die rein Geistigen, grosse Maenner, aber fuer die praktische Politik nicht recht zu brauchen, die Propheten. Dabei ist die Situation sehr gefaehrlich. Der Satrap Syriens ist maechtig, die Besitzer der grossen Gueter in Judaea, Syrer, haben ihn gekauft. Die Juden sind nicht reich genug, ihn zu kaufen, auch zu aengstlich und zu geizig, kurz, er hat den Weiterbau des Tempels verboten. Dazu kommt, dass er ein Vetter des Ministers Haman ist, der sich in Susa groessten Einflusses erfreut.

3)   Die grosse Feier. Der Koenig ist sehr vergnuegt, er kann grossartig repaesentieren, aber er zeigt sich gern auch als lustiger Kumpane. Es steht ihm gut, wenn er den Koenigsbart umnimmt, aber wenn er ihn abnimmt, dann raekelt er sich, ist laut, trinkt gern und ist zu allerlei, manchemal derben und grausamen Spaessen aufgelegt. Er ist ein grosser Mann, von gewaltigem Format, er gehoert in die Linie Karl der Grosse, Stalin; es liegt ihm mehr daran aufzubauen, als zu erobern; und er ist froh, dass er die laestigen Siege hinter sich hat. Er ist interessiert an der Errichtung von grossen Staedten, an Strassen, am Handel, die Babylonier und Aegypter haben ihm bereits den Beinamen 'Der Kraemer' gegeben. Er ist auch interessiert an Kunst, aber da ist sein Geschmack nicht ganz sicher, er ist Eklektiker und hat Freude an ungeheuer Monumentalem, an Rekord. Er ist sehr fuer Gesinnung, er laesst jedes seiner Voelker nach seiner Facon selig werden und hat auch nichts dagegen, dass jeder seinen Goettern opfert. Er selber aber glaubt unbedingt an Zaratustra an eine unsichtbare Gottheit, die verwirrende aesthetisierende Religion der Griechen liegt ihm wenig, ebenso wenig die starre, tra-

ditionsgebundene Pietaet der Aegypter.

4) Das Gelage artet aus. Darius und Haman besaufen sich.
Man spricht ueber Weiber, wieweit sie politischen Verstand haben, oder wieweit sie ueberhaupt Verstand haben. Man spricht
ueber ein schwieriges politisches Problem. Haman behauptet, keine Frau wisse genug, um dieses Problem loesen zu koennen. Der
Koenig widerspricht. Sie wetten. Sie wetten die Einkuenfte
der Provinz Kappadokien. Atossa wird gerufen.

5) Atossa hat erfahren, dass im grossen Bankettsaal allgemeine
Besoffenheit herrscht. Haman ist ihr nicht sympathisch. Noch
weniger Sympathisch ist ihr X...., der Familienminister. Sie
weigert sich, zu kommen. Der Koenig ist sehr aergerlich. Er
moechte seine Wette nicht verlieren, viele haben zugehoert, er
moechte mit der Gescheitheit der Atossa prahlen. Er schickt ihr
seinen Siegelring, das ist ein Dekret. Atossa kommt nicht. "Das
ist ein starkes Stueck," erklaert der Koenig und wird nuechtern.
Alle im Saal werden nuechtern. Ein paar besoffene Satrapen werden mit Gewalt entfernt, und werden ihre Provinzen vermutlich
verlieren. Alle warten gespannt, was der Koenig tun wird. Der
Koenig legt seinen Bart wieder an und fuehrt eine Unterredung
mit dem Familienminister. Der verbannt Atossa nach Ekbatana. Der
Familienminister hat dafuer zu sorgen, dass sie noch in diesem
Monat verschwindet. Mit der groessten Ehrfurcht; denn sie ist
die Tochter des Kyros und die Grosskoenigin. Der Familienminister fragt, wie weit er gehen koenne. Der Koenig erklaert, er
duerfe zum Beispiel der Koenigin leere goldene Teller beim Mahl
praesentieren, bis sie begreift, dass nach der Meinung des Koenigs fuer sie der Sommer und also die Zeit, nach Ekbatana zu
gehen, bereits begonnen hat.

II.
MARDOCHAI UND ESTER

6)   Mardochai und die Abgesandten aus Judaea. Die Situation der
Juden ist schlecht. Haman hat sie sehr kuehl behandelt, und waehrend der Satrap von Syrien, Tannei, bereits drei Unterredungen
mit dem Koenig hatte, besteht keine Aussicht, dass sie zum Angesicht des Darius vordringen werden. Mardochai verurteilt die
Aspirationen der politisch imperialistischen Partei, er hat Achtung (vor), ja Ehrfurcht vor dem rein Geistigen, den Propheten.
Man ueberbringt ihm die Dichtung von dem Gottesknecht, von dem Unschuldigen, der sich fuer das Volk opfert. Er liest sie mit Rueh-
rung. Aber mit diesen Dingen kann man im Palais von Susa wenig
Eindruck machen. Er ist ein entschiedener Anhaenger jener Mittelpartei, welche die Errichtung des Tempels durchsetzen moechte
und die autonome Gerichtsbarkeit fuer die Juden in Syrien, wenn
moeglich die Autonomie der Provinz Judaea oder einen juedischen
Gouverneur fuer Syrien. Die Aussichten sind truebe. Man hat viel
zu bereuen. Der Aufstand unter Kambyses war eine Eselei. Mardochai ist ein Gegner der Reue. Er kann die Aegypter nicht leiden, aber dass sie die Reue als eine der zweiundvierzig Todsuen-
den bezeichnen, ist eine grosse Tat.

7)   Innerer Monolog des Mardochai. Die [Vorwuerfe]* Vorwuerfe der
Leute aus Judaea, dass die Reichen Juden nicht nach Judaea zurueckkehren wollten, sondern es vorzogen, behaglich in Susa
oder Babylon zu leben, statt in dem armen, von Parteikaempfen
zerrissenen, heroischen Jerusalem, treffen ihn und treffen ihn
nicht. Selbst kluegere Leute als die Abgesandten aus Jerusalem
werden doch geradezu gezwungen, die Dinge falsch zu sehen. Man
laesst sich von der Tradition der Stadt, vom Tempel, notwendig
hinreissen zu Taten, die heldisch sind, aber unklug.

---

* Eine sog. Sofortkorrektur, die erkennen läßt, daß Feuchtwanger zunächst noch ein anderes
Wort im Sinn hatte.

8)   Es ist nun einmal vorbei mit den juedischen Staaten und
mit den Weltmachttraeumen. Solange noch zwei gewaltige Staatsgebilde da waren, Aegypten und Babylon, zwischen denen Judaea eine
Politik des Schaukelns halten konnte, hatten die Traeume von Welt/
macht noch einigen Sinn. Jetzt sind sie sinnlos. Statt froh
zu sein, dass Judaea jetzt die Aussicht hat, trotz seiner Kleinheit die gleiche Rolle zu spielen wie Babylon un Aegypten, werden diese Utopisten wieder alles verderben mit ihrer sinnlosen Deutung, dass die Auserwaehltheit der Juden sich aufs Politische beziehe statt aufs Geistige.

Mardochais eigene aeussere und innere Stellung. Er ist sehr
klug. Er liebt die Macht, aber er verzichtet ohne weiteres auf den
aeussern Anschein der Macht. Er hat gute Beziehungen zu X[......]Hegai* ,
dem Familienminister, er ist sehr reich. Er fuehrt jetzt allein
das Handelshaus weiter, das er urspruenglich mit seinem Bruder
gemeinsam inne gehabt hat. Er hatte den Bruder sehr geliebt, doch
der war ausgesprochen assimilantisch gewesen. Er hatte seinen
juedischen Namen abgelegt, dem Mitras geopfert und nach dem
Tod seiner ersten Frau eine persische Dame geheiratet. Seine
Tochter Ester, aus des Bruders erster Ehe, war rein persisch erzogen worden, insbesondere nachdem ihre Mutter gestorben war.
Nach dem Tod des Bruders hat sich Mardochai mit dessen persischer
Witwe guetlich auseinandergesetzt, hat aber die Bedingung gestellt,
dass die weitere Erziehung Esters ihm ueberlassen werde. In seiner klugen, kompromisslerischen Art hat er, was nach dem Tode des
Kambyses doppelt leicht war, Ester zwar ihren persischen Namen
und ihren persischen Braeuchen ueberlassen, hat sie aber vorsichtig
mit juedischen Ideen zu infiltrieren versucht. Er hat den Bruder
sehr geliebt und moechte deshalb Ester nicht geradezu als Juedin
aufziehen, andernteils haelt er es fuer besser fuer das Andenken

---

* Hegai über der Zeile

seines Bruders, wenn sie auch nicht gerade nur Perserin ist.
Aeusserlich also ist sie Ester, Tochter des Y......., eines
persischen Kaufmannes, von Religion Parsin, doch sind ihr juedische Ideen und der Inhalt der alter juedischen Schriften nicht
fremd. Sie spricht persisch und aramaeisch.

9)   Ester ist sehr reizvoll, gescheit, kuehn, kindlich, frech,
geltungssuechtig, [machtliebend,] prachtliebend* , machtgierig. Sie fuehlt
sich in ihrer etwas zweideutigen Situation sehr wohl, sie fuehlt sich
als Perserin und als Juedin zugleich. Als Perserin gehoert sie dem
Volke an, das die Welt beherrscht, als Juedin hat sie Gott fuer
sich. Man hat ihr viele Heiratsantraege gemacht, von persischer
Seite, auch von andern; Mardochai hat die Entscheidung immer
ihr ueberlassen. Jetzt hat sich einer von den juedischen Abgesandten in sie verliebt. Er gefaellt ihr gut, er erzaehlt ihr
von den juedischen Propheten und rezitiert ihr die schoenen juedischen Liebesgedichte. Aber er ist ihr zu gering, Judaea lockt sie
nicht sehr. Sie zieht die Koenigsburg von Susa dem Tempel von
Jerusalem vor.

III
ESTER WIRD DES KOENIGS ERSTE NEBENFRAU

10)   Mardochai kommt zu Hegai dem Minister fuer Familienangele-
genheiten, um ihm Teppiche anzubieten fuer den Harem. Die beiden
Herren verstehen sich ausgezeichnet und haben viele Geschaefte miteinander gemacht. Hegai hat Atossa nie leiden koennen. Er ist
froh, dass er sie los ist, aber er fuerchtet, der sehr vitale und
gleichwohl nach vernuenftigem Gespraech gierige Koenig wird sie
wieder zurueckholen. Die Frauen im Harem genuegen den koerperlichen aber nicht den geistigen Anspruechen der Majestaet. Der

---

* Über der Zeile

Koenig legt Gewicht darauf, sich hernach im Bett unterhalten zu
koennen. Mardochai meint, bei dem kuehnen Neuerungsinn des Koenigs koenne man vielleicht eine Suche oeffentliche Suche veranstalten nach Frauen, die den Anspruechen einer Schoenheitskommis-
sion genuegen und bei einer Intelligenzpruefung nicht durchfallen.
Dieser Vorschlag interessiert Hegai sehr.

11)   Der unterbreitet ihn dem Koenig. Der Koenig genehmigt die
Mittel und die Vollmachten, Maedchen zu suchen fuer den koeniglichen Harem, wobei auf das Innere ebenso viel Wert gelegt werden
solle wie auf das Aeussere. Desgleichen soll, um die Anlockung
groesser zu machen, den Maedchen, beziehungsweise ihren Angehoerigen
in Aussicht gestellt werden, dass der Koenig die Rechte der ersten Nebenfrau erweitern [und sich vor allem] werde.
12)   Die Boten werden abgesandt. Er werden strenge Regeln ausgeschrieben. Die Maedchen, die in engere Auswahl kommen, muessen
in Susa selbst von den dazu bestellten Eunuchen nachgeprueft werden.
13)   Mardochai gibt fuer den Familienminister ein Bankett und
arrangiert es kunstvoll, dass bei dieser Gelegenheit von Ester
die Rede ist. Hegai erinnert sich, dass Mardochai ein Maedchen
adoptiert hat. Mardochai erzaehlt eine etwas abenteuerliche Geschichte von der Lieblingstochter seines Bruders und Geschaefts-
freunds, die er nach dem Tod des Bruders adoptiert habe, um sie
Quaelereien der Stiefmutter zu entziehen. Hegai besichtigt das
Maedchen. Legt Mardochai nahe, sie bei der Konkuerrenz zu praesentieren. Mardochai macht Ausfluechte, laesst sich bitten. Er
moechte Ester das Peinliche einer Zurueckweisung ersparen. Hegai
meint, sie habe viele Chancen.
14)   Mardochai findet sich im Palais ein. Moechte den Fall nochmals mit Hegai besprechen. Erstens: 'Hat die Juedin Chancen?
Sie ist ja nun eigentlich keine Juedin, da der Vater sich zum

Mitrasdienst bekannt hat. Hegai meint, er koenne trotz der
Umstaendlichkeit und dem Formelkram der Schreiber durchsetzen,
dass Ester als Perserin in den Listen gefuehrt werde.

15)   Mardochai eroeffnet Ester seinen Plan. Ester wird fast ohn/
maechtig vor Glueck. Ihre Vorbereitungen. Mardochai macht sie
darauf aufmerksam, wieviel davon abhaengig, dass sie dem Hegai
gefalle. "Ich werde ihm gefallen," sagt sie zuversichtlich.

16)   Mardochai bringt Ester in den aeusseren Hof des Palais.
Sie muessen sich verabschieden, von jetzt an koennen sie einander
nicht mehr sehen. In dringlichen Faellen soll sie ihm Botschaft
durch Hegai zukommen lassen, aber nur in dringlichen Faellen. Sie
soll nicht verraten, dass sie schreiben kann; es ist klueger,
durch Mutterwitz zu glaenzen als durch Gelehrsamkeit. Ester hat
eine echte Aufwallung, wie sie sich von Mardochai trennen soll.
Aber dann, bei den Aufnahmeformalitaeten und dem Vorbereitungskurs,
nimmt sie ihre neue Aufgabe ganz hin.

17)   Die Vorbereitungen sind nicht ganz einfach. Die Damen
duerfen dem Koenig erst nach zwoelf Wochen praesentiert werden. Sie
werden einer umstaendlichen Schoenheitspflege unterzogen, Baedern,
Massage, Gymnastik, strenge Diaet. auch werden sie unterrichtet
ueber Kuenste der Liebe, falls der Koenig an ihnen gefallen finden sollte. Weiter erhalten sie Sprachunterricht und Religions-
unterricht. Vor allem auch Etikette. Hegai findet
viel Gefallen an Ester, sie versteht es, zu schmeicheln, ohne
unterwuerfig zu sein, ja, sie wird zuweilen frech. Sie wirkt
durch scharfen Witz und durch Kindlichkeit. Sie fragt haeufig
warum bei Dingen, welche die anderen ohne weiteres hinnehmen, und
sie faellt auf durch gute Beobachtungsgabe. Auch hat sie Nachahmungstalent und schauspielerische Gaben.

18) Die Insassinnen des Harems und die uebrigen Maedchen. Ester ist den andern Maedchen gegenueber nicht sehr fair, sie spielt ihnen Tricks, sie verfolgt sie durch unbarmherzigen Hohn, indem sie ihr Nachahmungstalent spielen laesst. Unter den sieben Maedchen die in engere Wahl kommen, ist eine Aegypterin, welche von Ester als ernsthafte Konkurrenz betrachtet wird, und eine Griechin. Ester hasst die beiden. Zwei persische Maedchen, von denen sie glaubt, sie werden den Koenig nicht reizen, behandelt sie freundlich. Sehr kuehl und vorsichtig ist sie der Juedin gegenueber, die sich ihr anzuschliessen sucht.

19) Die Frauen, die Hegai dem Koenig zufuehrt, gefallen ihm, aber sie sind kein Ersatz fuer Atossa. Er spricht mit Hegai mit bruta/ler Offenheit. Schliesslich ist es immer die gleiche Anatomie, ob sie gross oder klein, schwarz oder braun oder weiss sind Sie plappern, aber es kommt nichts Neues heraus. Einen fruchtbaren Gedanken, etwas, das mich anregen koennte, hab ich noch von keiner gehoert. Am Schluss bedaure ich immer, dass ich die Zeit nicht anders verwendet habe. Es sind schliesslich nurmehr drei Frauen da, neun hat der Koenig schon geprueft, nur zwei hat er in seinem Harem aufgenommen, die andern hat er zurueckgeschickt, auf sehr nette Art mit einem sehr grossen Geschenk. Hegai hat Ester mit Absicht aufgespart.

20) Ueberraschend und zu einer Zeit, wo es Hegai nicht erwartet hat, laesst sich der Koenig die drei uebrig gebliebenen Kandidatinnen gleichzeitig vorfuehren. Er isst mit ihnen zu Abend. Die Maedchen haben gelernt, wenig zu essen und wenig zu trinken, aber der Koenig trinkt reichlich, und waehrend die beiden andern sich zimperlich geben, merkt Ester instinktiv, dass es klueger ist ein bisschen zu trinken, das tut sie. Der Koenig ist muede, er

ist freundlich zu den Maedchen, aber er ist nicht uebermaessig
interessiert. Schiesslich sagt er: "Erzaehlt mir was." Darauf
sind die Maedchen dressiert. Sie sollen da naive Anekdoten er-
zaehlen, die aber eine ihnen selber nicht verstaendliche gesal-
zene Pointe haben. Natuerlich verstehen sie diese Pointe, aber
sie muessen sie fallen lassen, sie duerfen sie nicht verstehen.
Die Erste erzaehlt, der Koenig laechelt, aber er ist nicht hinge-
rissen. Ester, mit kuehnem Entschluss, erzaehlt die Geschichte
von Simson und Dalilah, aber mit persischen Namen. Den Koenig
interessiert die Geschichte. "Woher hast du das?" Ester luegt,
das habe ihr die Waerterin erzaehlt, aber nicht ganz so, das meiste habe sie sich selber ausgedacht. Dem Koenig gefaellt das Maedchen. Er selber erzaehlt eine Geschichte von der grossen Semiramis. Am entscheidenden Punkt bricht er ab und fragt, fragt (sic)
Ester: "Was haettest du an ihrer Stelle getan?" Ester verlangt,
ein Bild der Semiramis zu sehen. Dann ahmt sie sie nach, ihre
Feierlichkeit, und erklaert, nur so falle ihr was ein. Der
Koenig schickt die beiden andern weg, auf sehr nette Art, er werde sie an einem Andern Tag nochmals sehen, und bleibt mit Ester
allein. Dann fragt er nochmals, was also Ester wohl getan haette.
Da erwidert Ester: "Ich haette zu dem Fuersten der XX gesagt:
Nimm deinen Bart ab und lass mich sehen, wie du wirklich ausschaust."
Koenig: Du bist sehr frech, Ester. Ester: Ich habe gelernt,
eine grosse Tugend ist der Gehorsam, eine groessere die Wahrheit.
Der Koenig nimmt den Bart ab und lacht schallend.
21)   Der Koenig schlaeft mit Ester, aber dann hoert sie lange nichts
mehr von ihm. Sie ist vernichtet. Sie quaelt Hegai, ob eine Entscheidung gefallen sie. Hegai sagt: Noch nicht. Aber sie ist

11

verzweifelt. Ich bin verworfen. Ich bin niemand. Gib mir
Gift. Aber dann, eines Abends, wieder gaenzlich unerwartet, verlangt der Koenig nach ihr. Sie kommt, demuetig, strahlend. Der
Koenig hat einen Erfolg gehabt, er ist bester Laune. Im Bett, hernach, waehrend er sie im Arm hat, haelt er eine Art Monolog und
spricht von dem Aerger, den ihm die Griechen machen. Sie erinnert
sich einiger Sachen ueber die Griechen, die sie im Hause Mardochais gehoert hat, und wiederholt sie. Es sind freche Beschimpfun-
gen. Der Koenig muss lachen. Bevor er geht, sagt er ueber die
Schulter: "Uebrigens, du kannst in das Haus des Loewen ueber-
siedeln." Das ist das Palais der ersten Nebenfrau.

ZWEITES BUCH

I

MARDOCHAI RETTET DEM KOENIG DAS LEBEN

22)   Die meisten Deputationen, die anlaesslich der grossen Feier gekommen, sind wieder abgereist. Zurueckgeblieben sind nur
einige Juden und einige Griechen. Die groesseren Provinzen,
Aegypten, Babylonien, sind ruhig, die kleinen, Griechenland und
Judaea, sind ein Zentrum staendiger Unruhen. Die Griechen und
die Juden, an sich verfeindet, haben sich in diesem Fall [gefuegt >]gefun-
den. Die besonders radikalen Elemente der beiden Parteien, der
junge Mensch, der Ester heiraten wollte, und zwei juengere Grie/
chen zetteln miteinander. Die juengeren Griechen, berufsmaessi-
ge Tyrannenmoerder, wollen einen ganz grossen Coup machen, sie
wollen den Darius erledigen. Vorbereitet werden soll, dass dann
gleichzeitig Syrien, die Ionischen Inseln, Phoenizien und Judaea
aufstehen. Der junge Jude ist sehr gelockt, auf der andern Seite ist er auch ein wilder Griechenhasser. Jedenfalls wagt er es
nicht, vorzugehen ohne sich mit den aelteren Juden beraten zu
haben, um die man ja sowieso nicht herumkommt (Der Plan ist also
der, dass die Ermordung des Koenigs das Signal geben soll zum
Aufstand des gesamten Westens.)
23)   Von den aelteren Juden erfaehrt Mardochai von der Sache. Die
aelteren Juden sind sehr aengstlich. Sie wollen von der ganzen
Geschichte nichts wissen, sie sagen Psst, pst, sie wollen nichts
damit zu tun haben; auf der andern Seite haben sie grosse Angst,
dass die Griechen, wenn der Streich missgluecken sollte, ohne

weiteres erklaeren werden, dass die Juden um den Anschlag wussten.
24)   Mardochai ueberlegt allein. Der Anschlag muss unter allen
Umstaenden vereitelt werden. Es waere ein ungeheueres Unglueck,
wenn er gelaenge, es wuerde dann eben ein anderer, viel schlechterer Diktator als Darius den Westen niederwerfen, und mit den Hoff/
nungen Judaeas waere es fuer immer zu Ende. Ganz abgesehen von
seinen eigenen persoenlichen Hoffnungen. Es kommt ihm eine Idee.
Er ist Hegai ohnedies zu Dank verpflichtet, und es kann nichts
schaden, wenn er sich Hegai noch mehr verpflichtet. Er selber,
Mardochai, moechte wirklichen Einfluss, wirkliche Macht, an
aeusseren Ehrungen liegt ihm nicht viel. Er teilt also Hegai
mit, dass er erfahren habe, die jungen Griechen planten am so-
undsovielten einen Anschlag auf das Leben des Koenigs. Hegai
teilt das dem Koenig und den Augen und Ohren des Koenigs mit,
die Griechen werden mit der Waffe in der Hand gefasst und hingerichtet, der Koenig erweist Hegai grosse Ehrungen.

II

[UNTER DEN SIEBEN HERREN SEINES ENGEREN KABINETTS IST DEM GROSS-
KOENIG HAMAN DER LIEBSTE]
HAMANS ANSCHLAEGE GEGEN DIE JUDEN*

25)   Unter den sieben Herren seines engeren Kabinetts ist dem
Grosskoenig Haman der liebste. Darius selber, wiewohl noch
jung, hat etwas Bedaechtiges, er ist unnervoes, konstruktiv. Der
juengere Haman hat eine heftige, nervoese Intensitaet, die dem
Koenig gefaellt. Haman will lieber etwas Falsches tun als
gar nichts; dabei ist er, wie Darius wohl durchschaut, durchaus
abhaengig von seinen Trieben, versteht es aber ausserordentlich
geschickt, diese seine Triebe vor sich selber mit Argumenten der
Vernunft zu verschminken. Der Koenig unterhaelt sich auch

---

* Über der Zeile

gern mit ihm ueber Frauen. Haman ist ein guter Trinkkumpan. Er
ist servil, aber nicht zu sehr, er hat eigene Meinungen und
zeigt, dass er sie hat. Wie der Erste seiner Raete stirbt,
macht der Koenig den Haman zum Ministerpraesidenten.
26)   Mardochai wird von andern Juden, vor allem von den juengeren
bezichtigt, zu komprommisslerisch und zu assimilatorisch zu sein.
Haman nun, um die Autoritaet der Krone zu staerken, erlaesst ein
Edikt, dem zufolge ihm als dem Kanzler des Koenigs, wenn er in
amtlicher Eigenschaft auftritt, die gleiche Ehrenbezeigung zu
erweisen sei wie dem Koenig. (Haman selber hat eine ungeheure Freude an der Macht) Nun war gemaess einem Edikt des Kyros den Juden
die Ehrenbezeigung erlassen worden ausser vor den Koenig selber.
Mardochai wagt in diesem Fall die Kraftprobe und verweigert
Haman die Ehrenbezeigung. Haman ist ausserdem der staerkste Wider-
sacher des [Judai] Hegai* und Mardochai weiss sich des Schutzes des Hegai
sicher.
27)   Die Sache wird protokolliert; der Koenig will sie erst zusammen mit der gesamten Judenfrage entscheiden. Alle Juden ver-
weigern vorlaeufig die Ehrenbezeigung. Haman ist sehr ergrimmt.
28)   Kabinettssitzung ueber die Entscheidungen der Griechen-
und der Judenfrage. Der Koenig ist gewillt, im Ganzen Milde zu
zeigen, aber sie darf nicht wie Schwaeche wirken. Wenn man
dem einem Volk Milde bezeigt, ist es vielleicht angebracht, auf
der andern Seite streng vorzugehen. Die Griechen sind die Staer-
keren; es ist einfacher, den Juden gegenueber die starke Hand zu
zeigen und auf diese Art die Griechen zu warnen. Das ist die
Meinung, die er sich privat gebildet hat vor der Kabinettssitzung
eine Meinung, von der die Minister noch nichts wissen,

---

* Hegai über der Zeile

29) Kabinettsitzung. Er erhellt klar, dass die gefaehrlichsten
Provinzen Judaea und das griechische Kleinasien sind. Syrien
und Judaea grenzen aneinander, es war von jeher gutes Prinzip,
das eine Land gegen das andere auszuspielen. Soll man Griechen/
land beguenstigen oder Judaea. Die Juden sich noch hochmuetiger
als die Griechen, sie sind das eingebildetste Volk der Welt.
Wiewohl sie doch politisch vernichtet sind, halten sie sich noch
immer fuer auserwaehlt. Andere bringen viele Einwaende gegen
die Griechen vor, sie seien verspielt, unzuverlaessig, verlogen,
ohne Respekt, selbst vor ihren Goettern. Darius hoert sich al/
les an und sagt nichts.
30) Hernach trinkt er mit Haman. Haman bringt alle seine Argu/
mente gegen die Juden vor. Sie seien zerstreut ueber das ganze
Reich und hielten doch zusammen wie die Kletten, sie stellten
ihre Interessen ueber die des Koenigs. Sie seien anders als alle
andern Menschen und immer widersetzlich, das sie die einzigen sind,
die ihre sogenannten goettlichen Gesetze ueber die der Regierung
stellten. Sie spionierten, sie seien ein einziges, riesiges
Spionennetz ueber das ganze Reich. Sie seien in einem gewissen
Sinn verrueckt, wiewohl sie einen unsichtbaren Gott anbeten, der
angeblich ueberall in der Welt sei, wollen sie fuer diesen Gott
ein Haus bauen, offenbar lediglich um ein Zentrum des Widerstands
zu machen. Er, Haman, moege die Griechen nicht, aber die Griechen seien leicht durch ihre Uneinigkeit untereinander niederzu-
halten, waehrend die Juden durch einheitliche Gebraeuche und einen
einheitlichen Gott zusammengehalten wurden. Ausserdem saugten die
Juden das Land aus. Waehrend die leichtsinnigen Griechen die Ver/

moegen, die sie verdienten, immer wieder zerstreuten, sammelten
die Juden ihre Schaetze und verwendeten sie fuer religioese und
politische Zwecke. Die Juden mit harter Hand zu treffen, sei mi/
litaerisch ungefaehrlich, politisch ratsam, oekonomisch eintraeg/
lich. Der Koenig haenselt den Haman ein wenig, er findet, Haman
habe persoenliche Gruende. Haman gibt dies zu, aber er findet,
seine politischen Argumenten verloeren dadurch nicht an Durch-
schlagskraft. Der Koenig gibt ihm Auftrag, ein Edikt vorzubereiten.

31)   Haman setzt mit seiner Frau, mit seinen Wahrsagern das Edikt
auf. Man lost und fragt die Sterne, welcher Tag der guenstigste
sei fuer die Inkraftsetzung des Edikts. Es ergibt sich der dreizehnte Adar.

32)   [Der Koenig legt] Haman legt dem Koenig das Edikt vor.
Das Gesetz verordnet eine sofortige Zaehlung aller Juden. Die
Juden haben sich zu einem vorgeschriebenen Datum zu melden und duerfen ihre Wohnstaetten nicht mehr verlassen. Es ergehen ausserdem
Geheimerlasse an alle Satrapen. Es sei am dreizehnten Adar das Vermoegen aller Juden zu beschlagnahmen, alle Juden, die sich einer
Widersetzlichkeit irgendwelcher Art schuldig gemacht haetten, sei-
en aufs Strengste zu bestrafen, die uebrigen Juden seien als Leibeigene des Koenigs zu erklaeren. Das Gesetz bezieht sich nicht
auf Judaea. Die Provinz Judaea bleibt unangetastet. Eine Einwanderung nach Judaea wird aber praktisch mit sofortiger Wirkung
untersagt. Haman moechte bei dieser Gelegenheit auch die Verord-
nung, wonach ihm die Juden Ehrbezeigungen zu erweisen haetten,
durchzusetzen. Dagegen aber straeubt sich der Koenig. Dann haelt
der Koenig mit Haman ein gewaltiges Trinkgelage und schlaeft mit

seiner griechischen Nebenfrau.

III

GEGENMASSNAHMEN DER JUDEN

33)   Der Erlass wird bekannt. Schreckliches Geschrei und Gejammer unter den Juden. Die Reichen verfluchen sich und die andern, dass sie nicht rechtzeitig nach Judaea gegangen sind. Die Konkurrenten der Juden schmunzeln, die Preise der Juden werden gedrueckt, man wird ja bald alles umsonst haben koennen. Alte Feinde der Juden freuen sich, ihre Konkurrenten bald als Leibeigene kaufen und schikanieren zu koennen.

34)   Die Wirkung in Judaea. Die Radikalen erklaeren, das saehe man, wie weit man mit der Kompromisspolitik gekommen sei. Der Gouverneur von Syrien schikaniert heftiger. An die Fortsetzung des Tempelbaus ist nicht zu denken. Starker Groll gegen jene Juden, die im Ausland geblieben sind, statt ihre Macht und ihr Geld fuer die Aufrichtung eines maechtigeren Judaea zu verwenden. Die Propheten sehen darin eine Mahnung Gottes, sich von Aeussern ab und dem Innern zuzukehren. Auch der Tempel ist nur ein aeusseres Symbol, der wahre Tempel ist das Herz.

35)   Die allgemeine Wut aller Juden, derer in Judaea und derer im Reich, kehrt sich gegen Mardochai. Der ist an allem schuld. Er ist der Vertreter jener Politik, die von Susa aus die Geschicke der Juden lenken will. Er hat dadurch, dass er sich versteift hat, die Ehrbezeigung nicht zu erweisen, die Massnahmen verursacht. Er wird von allen Seiten beklaefft.

36)   Mardochai, ein weiser Mann, hat das nicht anders erwartet. Er weiss natuerlich, dass seine Politik die richtige war,

und dass, wenn man Judaea maechtiger gemacht haette, jetzt eben
der Statt Judaea zerschlagen wuerde. Dabei weiss er, dass jetzt
allein von rein persoenlichen Dingen das Schicksal der Juden ab-
haengt, naemlich von der Wirksamkeit Esters. Er ist gluecklich,
dass er Ester damals so kluge Ratschlaege gegeben hat. Er weiss,
dass vom politischen Standpunkt aus die Regierung ebenso gut
die Griechen haette treffen koennen wie die Juden, und dass letzten Endes persoenliche Antipathien den Ausschlag gegeben haben.
Wie weit es seine Schuld war, indem er den Haman gereizt hat, das
laesst sich schwer feststellen. Andernteils war es zweifellos
richtig, sich nicht zu servil zu zeigen; sonst waere Judaea sicherlich von seinen Nachbarn verschluckt worden. Er sagt natuerlich niemand, dass er seinen besten Wuerfel, Ester, noch im Sack
hat. Andernteils haelt er es fuer richtig, sehr oeffentlich zu
zeigen, fuer wie ungerecht er die Massnahme der Regierung haelt,
und oeffentlich maechtig zu jammern. Er fuehrt eine grosse
Trauerdemonstration der Juden an, in Sack und Asche, mit Heulen
und Geschrei.

37)   Hegai hat in diesen schweren Tagen nichts von sich hoeren
lassen. Mardochai begreift das, er hat aber ein gewisses Zu-
traun zu Hegai. Er nimmt an, dass Ester von der Trauerkundgebung
erfaehrt, und er ist sicher, dass sie sich melden wird.

39)   So geschieht es auch. Hegai setzt sich mit ihm ins Benehmen.
Sie fragt ihn auf dem Umweg ueber Hegai um Rat.

39)   Der sehr kluge Mardochai mahnt Hegai nicht an die Dankeschuld.
Statt dessen bespricht er ihm offen seinen Plan. Besteht die
Moeglichkeit, dass Ester den Koenig zugunsten der Juden beein-
flussen kann? Hegai zweifelt. Der Koenig ist beschaeftigt, er

hat Ester lange nicht besucht, andernteils hat er Atossa noch
immer noch nicht zurueckgerufen. Auch Hegai ist der Meinung,
dass dem Koenig die Juden eher sympathischer sind als die Griechen, und dass die Entscheidung an einem Haar, dass sie an winzigen
persoenlichen Sympathien und Antipathien haenge. Mardochai meint,
Ester solle dem Koenig ungerufen nahen. Das ist ein Majestaetsver-
brechen, es wird mit dem Tod bestraft. Und wird Ester es wagen?
Ester wird. Kannst du mir eine Zusammenkunft mit ihr verschaffen?
Hegai zweifelt. Wird es nuetzen? Mardochai: Wenn es mir nicht
glueckt, Ester dahin zu bringen, dass sie ihr Leben wagt, dann
werde ich nicht den kleinsten Dienst mehr von ihr verlangen.
40)   Mardochai kommt mit Ester zusammen. Es gelingt ihm, ihr Geltungsbeduerfnis so anzustacheln, dass sie sich entschliesst, zur
Heldin zu werden. Ester muss sehr sympathisch sein, Mardochai
sehr gut, sehr menschlich, sehr patriotisch. Sie nimmt es schliess/
lich auf sich, zum Koenig zu gehen, bittet aber, dass alle Juden
fuer sie fasten moegen.
41)   Ein Geruecht geht um, Mardochai einen Plan ausgedacht
habe, Rettung zu bringen, dass es ein sehr kuehner Plan
sei, und dass man sehr viel Glueck brauche. Man muesse Gott anru-
fen, und wie das grosse Fasten ausgeschrieben wird, hat sich das
Geruecht schon weit ueber Susa hinaus verbreitet, und die Juden
fasten in sehr vielen Staedten ausserhalb Susas.
42)   Ester inzwischen schmueckt sich, Hegai tut, was er kann,
den rechten Zeitpunkt auszukunden. Dann macht sich Ester auf
und betritt den verbotenen Teil des Palastes. Der Koenig haelt
Gericht und unterschreibt Edikte, rein repraesentative, formale
Handlungen, die ihn langweilen. Wie er Ester erblickt,

ist er einesteils veraergert ueber ihre Frechheit. Andernteils
hat es ihn die ganze Zeit ueber geluestet, sich mit einer Frau
ueber die politischen Geschaefte zu unterhalten. Die Unterhaltungen sind im allgemeinen Monologe gewesen, aber es hat ihm
wohlgetan, sich in der Intimitaet des Bettes offen auszusprechen.
Wenn ein halbwegs vernuenftiges Echo kam, dann umso besser. Er
wundert sich, dass er die ganze Zeit ueber sich nach Atossa gesehnt hat. Warum ist er eigentlich nicht zu dieser kleinen, gar
nicht uebeln Ester gegangen. Er neigt ihr also das Zepter zu
und fragt sie, was sie wolle, dass sie diese Kuehnheit wage.
Aber er fragt, wiewohl seine Stimme streng klingt, mit einem ganz
kleinen Laecheln, Ester denkt an den Mund unter dem Bart, sie denkt
an den Koenig im Bett, und sie laesst sich durch seinen ernsten
Ton nicht schrecken. Im Gegenteil, sie aendert ihren Plan. Urspruenglich hat sie heiss und leidenschaftlich und pathetisch klagen wollen ueber ihr und ihres Volkes Schicksal. Jetzt, statt
dessen, erklaert sie einfach, sie habe eine zu so unbezwingliche
Sehnsucht nach dem Koenig gehabt, und sie bitte ihn und den Kanzler, bei ihr zu Abend zu essen. Der Koenig freut sich, dass
Ester die Kuehnheit hat, die Sitte zu durchbrechen, um mit ihm zu
schlafen, und sagt Ja.

IV
DIE GUENSTIGE WENDUNG

43)   Haman ist sehr vergnuegt, dass ihm die Koenigin einlaedt.
Er deutet es so, dass Ester, von der er annahm, dass sie ihn nie
hat leiden koennen, gemerkt hat, dass Hegai im Abmarsch sei, er,
Haman, aber im Aufstieg. Umso mehr verdriesst es ihn, wie er den
frechen Mardochai sieht im Vorhof des Palais, und wie der ihm ins

Gesicht starrt und ihm die Ehrenbezeigung verweigert. Es kommt
[44] zu einem scharfen Zusammenstoss zwischen Mardochai und Haman.
Mardochai meint, er wolle es wenigstens geniessen, so lange er noch
ein freier Mann sei. Im uebrigen werfen sich die beiden ihre
unsichtbaren Goetter an den Kopf. Haman stoesst besonders heftige Drohungen aus, und Mardochai meint dunkel, es sei noch nicht
aller Tage Abend, und wer zuletzt lacht, lacht am besten.

[22]
44)   Haman laesst sich vor seiner Frau und seinen Freunden aus ueber
seinen Glanz und die Einladung zu Ester und ueber seinen Aerger
ueber Mardochai auf der andern Seite. Es verdriesst ihn, dass die Wahrsager einen so spaeten Termin fuer die Vernichtung der Juden
ermittelt haben. Er moechte den Mardochai, diesen Pfahl in seinem
Fleisch, frueher los sein.
Haman plant dem Mardochai die Haut abziehen zu lassen als Ueberzug
fuer ein Sessel.* Man meint, es koenne nicht schwer sein ,*
sein dem Mann als eine Juden einen Prozess anzuhaengen, dann koenne
ihn (Mardochai) Haman vorher pfaehlen lassen. Haman
wird sich den Spass machen, den Mann in einem Hof seines eigenen
Palais hinrichten zu lassen, an einem besonders starken
und hohen Pfahl, alle freuen sich jetzt schon darauf.
45)   Hegai ist erfreut, dass sein Schuetzling Ester bei dem Koenig Erfolg gehabt hat. Er hat Respekt vor Mardochai und seinem
Gott und beschliesst, ihm weiterzuhelfen. Wie der Koenig ihn
einmal des Nachts rufen laesst, um mit ihm zu beraten, mit welcher
seiner Frauen er heute nacht schlafen soll, erzaehlt er dem gut ge-
launten Koenig, wem er die Nachricht ueber den Verrat jener beiden
Griechen zu verdanken gehabt hatte, naemlich dem Mardochai. Der
Koenig hat den Namen schon einmal gehoert. Ist das nicht einer der
Juden. Hegai: Ja. Koenig: Warum hast du mir das nicht frueher
gesagt. Ich hatte Angst vor Haman, er ist ein solcher Judenfresser;

---

* Nachträglich am Rand mit Einfügungszeichen

Der Koenig beschliesst, sich mit Haman einen Spass zu machen.
46)   Er laesst Haman holen, mitten in der Nacht und erklaert ihm, er moechte das Zeremoniell steigern fuer die Ehrungen des Koenigs um besonderer Verdienste willen. Was Haman vor-
schlage. Haman nimmt an, er sei es, den der Koenig ehren wolle,
und schlaegt also ein umstaendliches, prunkvolles Zeremoniell vor.
Der Koenig findet alles ausgezeichnet und beauftragt ihn also,
diese Ehrung dem Mardochai zu erweisen.
47)   Haman fuehrt die Befehle des Koenigs aus. Er hat ein uebles
Vorgefuehl. Die ganze Geschichte mit den Juden kann nicht gut
ausgehen. Er verpruegelt seine Wahrsager.

V siehe S.24. Die Wirkung auf Judäa
[als handschriftlicher Vermerk in Kurzschrift]

VI

HAMANS FALL

[48] 52*   Die Mahlzeit Esters mit dem Koenig und Haman. Ester gibt
sich strahlend und besonders liebenswuerdig, beide Maenner sind
sehr gut aufgelegt. Auch Haman zeigt sich von seiner besten
Seite, er ist witzig, und es herrscht ausgezeichnete Stimmung.
Auf einmal meint Ester: Wie merkwuerdig, dass ein so ge-
scheiter und charmanter Mann ein so abgruendiger Luegner und Boe-
sewicht ist. Die beiden andern glauben zunaechst, sie scherze.
Haman bittet laechelnd um eine Erklaerung. Ester: Es ist doch
Bosheit und Niedertracht, dass du mich von dem Koenig trennen
und mich als Leibeigene verkaufen lassen moechtest. Man ver/
steht nicht. Da erklaert Ester: Ich falle unter das Edikt
vom 13. Adar. Ich bin Juedin. Beide Maenner tief ueberrascht.
Der Koenig: Warum hast du das nie gesagt. Ester: Ich bin persisch erzogen, damals als die grosse Brautschau stattfand,

---

* Handschriftlich darüber

hatten die Verleumdungen und die Hetze gegen die Juden bereits begonnen. Ich fuerchtete, ich wuerde nie vor dein Angesicht kommen. Haman: Das Edikt laesst natuerlich Ausnahmen zu. Es sind Ausnahmen vorgesehen. Aber die Gruende, die fuer jene Massnahme sprachen, waren stichhaltig. Der Koenig: Ich beginne zu zweifeln. Die einlaufenden Berichte zeigen immer deutlicher, dass jene Anklagen uebertrieben waren. Du hast dich sehr von persoenlichen Antipathien leiten lassen, Haman, mein Liebling. Ester: Ist es richtig, Haman, dass du dich oeffentlich geruehmt hast, der Pfahl fuer die Hinrichtung des Juden Mardochai sei bereits aufgestellt in deinem Hause, ein besonders grosser Pfahl? Fuer die Hinrichtung jenes Mardochai, der dem Koenig das Leben gerettet hat, und der uebrigens mein Onkel ist? Haman: Du willst mich verderben, Koenigin. Er bricht in die Knie und bittet Darius um Gnade. Ester: Ja, ich will dich verderben. Nicht nur weil du mich verderben wolltest. Ich glaube, es ist gut fuer das Reich wenn du verdirbst. Koenig: Ich weiss nicht, ob sie unrecht hat. Er gibt Befehl, dass man Haman nach Hause fuehre, verhuellten Hauptes, das ist das Zeichen der Ungnade, und geht mit Ester schlafen.

[49] 53)* Hegai verbreitet sofort die Nachricht vom Sturz Hamans, und es finden sich sogleich Leute, die ihn anklagen, er habe Unterschleife begangen und dergleichen. Er wird zu Tod verurteilt. Ester meint suess: man koennte eigentlich die Exekution vornehmen an jenem Pfahl, den der veraeterische Kanzler habe aufrichten lassen zur Exekution des verdienten Mardochai.

---

* Handschriftlich darüber

V

DIE WIRKUNG AUF JUDAEA

48) Auf die Juden in Judaea selber ist die Wirkung sehr
zwiespaeltig. Einesteil ist es eine bittere Genugtuung, dass
man recht gehabt hat, dass diejenigen, die nicht rechtzeitig
nach Judaea gegangen sind, jetzt daran glauben muessen. Andernteils fuehlt man sich als Ein Volk und ist niedergedrueckt
und empoert.

49) Es gelingt sehr vielen mit List und mit Bestechung,
nach Judaea hereinzukommen, wo sie gerettet sind. Sie finden
bei den Einwohnern von Judaea eine Art veraechtliches Mitleid.
Aber die Erzaehlungen der ungeheuern Bestuerzung im Lande, der
Selbstmorde, der Demuetigung und der Verzweiflung erregt die Provinz aufs Aeusserste.

50) Die Politisch-Nationalen beginnen von Neuem, zu wuehlen, Sie
sehen die Gelegenheit zu einem grossen Aufstand gekommen. Die
Propheten und die Vernuenftigen warnen. Die gemaessigte Partei
setzt durch, dass man eine Gesandtschaft nach Susa schickt und,
um beim Koenig vorstellig zu werden und um sich mit den Fuehrern
der Persischen Juden, mit Mardochai vor allem ins Benehmen zu
setzen. Dies ist ein kuehnes Wagnis; es setzt nicht nur die Deputation selber der groessten Gefahr aus, es kann auch zu Folge
haben, dass der Koenig die Massnahme auf Judaea selber ausdehnt.

51) Bei der Zusammenstellung der Deputation zeigt sich viel He-
roismus. Sehr viele, von denen man es nicht geglaubt hat, erbie-
ten sich, an der Gesandtschaft teilzunehmen trotz der damit verbun-
denen Gefahr, auch Maechtige und Propheten. (Hier anschlies-
send VI HAMANS FALL, S. 22)

So geschieht es.

VII
DIE ERHOEHUNG MARDOCHAIS

54)* Ester hat auf den Koenig starken Eindruck gemacht. Die ver-
bannte Atossa hat sehr wenig Aussichten. Ester benutzt ihren
Einfluss, um auf die Griechen zu hetzen.

55) Bleibt aber immer noch die Frage, was mit den Juden werden
soll. Ein koenigliches Edikt kann nicht zurueckgenommen werden.
Man muss irgendeine Methode finden, um das Edikt formal zu vollziehen, ohne doch das Prestige der Juden zu sehr zu schaedigen.
Ester bittet den Koenig, Mardochai vorzulassem, den weisesten Mann,
den sie kennt, nach dem Koenig. Der Koenig, etwas eifersuechtig,
fragt, wie alt Mardochai ist. [Er] > Wie** er hoert dass er Anfangs der
Sechzig ist, ist alles gut.

56) Die juedische Gesandtschaft beraet mit Mardochai und andern
einflussreichen Juden aus Babylon und Susa. Ein tiefes Aufatmen
ging durch die Judenheit, als Haman in Ungnade fiel, aber man
weiss noch nicht recht, wie es nun weiter werden wird. Die
Edikte sind noch nicht zurueckgenommen, sie schweben noch
immer ueber dem Haupt jedes einzelnen Juden. Mardochai weist
darauf hin, dass er bis jetzt richtig geraten habe. Man
moege sich still halten, man moege keine Betriebsamkeit entfal-
ten, es werde alles gut gehen. Man bestuermt ihn, er, der vom
Koenig unlaengst so Geehrte, moege seinen Stellung benutzen, um
beim Koenig die Ruecknahme des Edikts zu erwirken. Er weigert
sich. Er findet Undank, seine Motive werden angezweifelt. Es
heisst, er wolle sich mit dem Hof gut stellen. Er laechelt nur.
Das erbittert die andern noch mehr. Waehrend man aber beraet,
kommt ein koeniglicher Kurier und beruft ins Palais. Die

---

* Darüber neue, aber wieder gestrichene Numerierung (50)
** Darüber: Wie

Stimmung schlaegt sofort wieder um.

57)   Der Koenig beraet mit Mardochai in Gegenwart Esters. Mardochai gefaellt dem Koenig sehr. Er denkt gar nicht daran, den Koenig zu bitten, das Edikt zurueckzunehmen. Es soll vollzogen werden. Die Juden sollen als Leibeigene verkauft werden. Aber wer die kauft, das ist die Kasse des Koenigs, und wer ihr Vermoegen beschlagnahmt, das ist der Koenig, sodass sich praktisch nichts aendert, im Gegenteil. Da die Juden den Koenig von jeher ihre Ergebenheit in besonderm Mass bezeigt haben, anerkennt die Krone diese Ergebenheit, indem sie die Juden gewissermassen zu den besonders intimen Dienern der Krone ernennt, zur Leibgarde also. Das Edikt besiegelt also gewissermassen nur den bereits bestehenden Status. Es wird ergaenzt nur insofern, als die Satrapen Weisung erhalten, dass der Verkauf der Juden als Leibeigene nur an die Krone stattfinden darf, und dass die Bezeichnung 'Kammerknecht des Koenigs' eine Ehrenbezeichnung ist vorbehalten nur den Juden und jenen, die sich um den Koenig besonders verdient gemacht haben. Der Koenig findet diese Loesung ausgezeichnet.

58)   Im uebrigen waere es gut, [wenn] meint er selber, dem Antisemitismus, der unter seinen Vorgaengern eingerissen sei und der in Haman eine ueble Bluete gezeitigt habe, ein fuer allemal auszurotten. Die Juden moechten eine Liste aufstellen von solchen, die sie als Fuehrer der antisemitischen Bewegung im Reich ansaehen. Mardochai sagt mit Freuden zu, dass diese Liste angefertigt wird; er meint, es werde sich sicherlich herausstellen, dass diese Antisemiten fast durch die Bank Verbrecher und im Grunde staatsfeindliche Elemente seien. Wenn der Koenig erlaube, dann wuerden sich die Juden angelegen sein lassen, das in einzelnen

Faellen zu beweisen. Der Koenig, etwas zoegernd, stimmt zu,
befiehlt aber, dass die Liste ihm direkt vorgelegt werde. Wenn
meine Richter erfahren, erklaert er, dass ich dich, Mardochai,
anstelle des verflossenen Haman in meinen Rat der Sieben aufgenommen habe, dann werden sie es sich bestimmt angelegen sein lassen,
sich die Liste sehr genau anzuschauen und entsprechend strenge
Urteile zu faellen.
59)   Wie gross, meinst du, soll die Liste sein? fragt der Koenig.
Mardochai meint: So etwa fuenf bis sechshundert, werden wir herausfischen. Da aber, zum ersten Mal, mischt sich Ester ein, und
zwar heftig. Fuenf- bis sechshundert, begehrt sie auf. Uns
wollten sie allesamt vier oder fuenf Millionen erschlagen, und ihr
wollt euch mit fuenf- bis sechshundert begnuegen? Siebentausend
verlangt sie, das ist das mindeste. Und die Soehne des Haman
an der Spitze. Der Koenig streichelt sie und verspricht ihr, es
wuerden ein paar hundert mehr werden.

VIII

ERHOEHUNG UND GLUECK DER JUDEN

60)   Der 13. Adar bricht an, und die Judengegner, die glaubten,
[die] an diesem Tag ihre Feinde zu vernichten, erleiden eine ungeheure Niederlage. Die Liste ist nicht so dick ausgefallen,
wie Ester wuenschte, aber die Proskriptionen sind immer noch
zahlreich genug.
61)   Die Juden beschliessen diesen 13. Adar fuer alle Zeiten als
Festtag zu feiern, und sie tragen Mardochai an, er solle doch
ihre Fuehrung uebernehmen und sich zum Stadthalter in Judaea er-
nennen lassen. Aber Mardochai lehnt sacht ab und erklaert, er
halte es fuer besser, er fuehre hier in Susa die Geschaefte.

Hingegen will er erwirken, dass der noch immer strittige Weiterbau des Tempels endgueltig genehmigt, und dass die Verwaltung [der Provinz] Judaeas dem Satrapen von Syrien weggenommen wird. Judaea soll entweder selbststaendige Provinz oder zumindest soll Phoenizien selbststaendige Provinz und von Juden verwaltet werden.
62)   Der Koenig stimmt zu. Phoenizien mit Judaea werden von Syrien unabhaengig gemacht, der Weiterbau des Tempels wird genehmigt; ja, Darius gibt Weisung, das konfiszierte Vermoegen Hamans zum Weiterbau des Tempels zu verwenden.
[64]
63)   Die Einweihung des Tempels. Mardochai nimmt teil. Die Propheten Secharja und Malechi. Die Juden haben wieder ein Zentrum.

8.11

E S T E R
****

<u>Erstes Buch</u>

I.

GROSSES FEST DES DARIUS IN SUSA

1) Es ist das Jahr 519 . Darius hat den Aufstand des Falschen
    Smerdis niedergeschlagen und hat mit Hilfe seines Freundes
Zopyras auch Babylon erobert. Er feiert aus diesem Anlass ein
großes Fest in seiner Lieblingsresidenz Susa, um die Treuen zu
belohnen und die Rebellen zu bestrafen. Anwesend ist auch sein
Vater Hystaspes. [Die Juden nennen unverstaendigerweise den Darius
immer Ahasver] Der Koenig heisst Darajawaus, den die Aramaeer
Hasiars, die Juden Ahasveros, die Griechen Darius. Innerer Monolog des Darius. Er ist des ewigen Eroberns muede, er ist ein
konstruktiver Geist, er moechte des Reich ordnen. Aussprache mit
seinem Vater, mit seinem Freunde Zopyras. Der Koenig braucht einen
Freund, und Zopyras hat sich in seinem Dienst aufgerieben, er hat
sich eine schwere Verwundung beigezogen. Er wird bald sterben.
Aussprache mit Atossa . Sie hat ihm grosse Dienste geleistet, aber
er ist gereizt gegen sie, weil sie sich und ihr Prestige fuer notwendig haelt fuer die Erhaltung seiner Herrschaft, sie ist die Tochter des Kyros. Sie bringt ihre haeufig richtigen Ratschlaege auf
eine unleidliche Art vor. Der Koenig, gegen vierzig Jahre alt,
ist alles in allem unbefriedigt von seinen Naechsten, wiewohl er

ihre Verdienste anerkennt.

2)　In Jerusalem beraet man, wen man als Abgesandten zu der grossen Feier in Susa schicken soll. Es sind da die Propheten Haggai und Zacharia, Statthalter ist Serubabel. der Enkel des Koenigs Jojakin, [und der Priester] (Sesbazar - Dubnow 355 Anmerkung -) Oberpriester ist Josua. Die Situation ist sehr schwierig. Serubabel hat bedenklich mit den aufstaendischen Sy/ rern gezettelt. Er ist das Oberhaupt der Imperialisten. Diese haben dadurch, das sich Darius durchgesetzt hat, eine schwere Niederlage erlitten. Gerechtfertigt scheinen die politisierenden Buerokraten, die Autonomie in allen kulturellen Dingen wollen, die sich aber vernuenftig bescheiden mit der Stellung Judaeas als einer persischen Provinz. Ihnen wieder gegenueber stehen die Vertreter eines rein geistigen Staates, grosse Maenner, die aber fuer praktische Politik nicht recht zu brauchen sind. Der Vertreter der Mittelpartei, der gemaessigten in Susa, ist Mardochai. Die Situation Judaeas ist gar nicht einfach. Waehrend man sich die meiste Zeit unter Kambyses ruhig gehalten hat, hat man durch die Umtriebe Serubabels diesen Kredit wiederum verspielt. Dazu hat man zwar den koeniglichen Kanzler in Syrien gekauft, aber der Satrap Tanai haelt zu den Besitzern der grossen Gueter in Judaea und feindet die Juden an. Er hat den Weiterbau des Tempels verboten. Er ist sehr maechtig auch in Susa. Die Abgesandtschaft besteht schliesslich aus sieben Maennern, drei Gemaessigten, zwei jungen Anhaengern Serubabels und zwei Vertretern der reinen Ideologie.

3)

3)   Die Grosse Feier. Der Koenig ist sehr vergnuegt. Er kann
gut repraesentieren , aber er zeigt sich auch gern als lustiger
Kumpan. Es steht ihm gut, wenn er die falschen Bartlocken abnimmt,
Er ist dann auf angenehme Art natuerlich. raekelt sich, ist laermend, säuft und ist aufgelegt zu derben Spaessen, die manchmal
recht grausam sind, sentimental ist er nicht. Er ist ein Mann
grossen Formats, er gehoert in die Linie Karl der Grosse, Stalin.
Er ist mehr daran interessiert, das Gewonnene zu [erhalten] konsolidieren , als Neues dazu zu erobern. Er sieht genau die inneren Schwierigkeiten. Seine Adeligen sind eine Kriegerkaste,
die es ihm veruebeln, wenn er anders tut als Soldat spielen. Man
hat ihm bereits tueckisch den Beinamen 'Der Kraemer' gegeben.
Er ist interessiert an der Errichtung von grossen Staedten, an
Strassen, an Handel, am Ausbau seiner Verwaltung, an der Post. Vor
allen aber an Bauten und an Kunst; Wiewohl er Babel und Assur besiegt hat, schwebt ihm Nebukadnezar als grosses Vorbild vor, die
Bauten dieses Koenigs haben seine Phantasie ungeheuer angeregt.
Er ist auch interessiert an Kunst, aber da ist sein Geschmack
nicht ganz sicher, er ist Eklektiker . Er zieht griechische und
syrische Kuenstler heran. Aber er hat Freude am Monumentalem, am
Re..d. [?] Seine Bauten sollen die der Aegypter und die der Babylonier schlagen. Er hurt gern herum, er nimmt Frauensachen nicht
sehr ernst, er ist gutmuetig zu seinen Frauen, ein grosser Baer.
Respekt hat er vor Atossa, aber sie ist ihm zu herrschsuechtig ,
sie ist unbequem, und sie ist sehr hartnaeckig, auch wenn sie unrecht hat. Er hat aber zu viel zu tun, um sie immer von neuem
zu ueberzeugen. Er liebt es, neben einer Frau im Bett zu liegen
und mit ihr vertraut von seinen Dingen zu schwatzen, sich gehen zu
lassen, mehr als ers vor seinen Raeten kann,. Das regt ihn an.

Er selber ist religioes und hat eine bestimmte Gottesvorstellung.
Er glaubt an Zaratustra , an eine unsichtbare Gottheit. Aber er
ist sehr tolerant, er hat nichts dagegen, dass jedes seiner Voelker seine Goettern opfere, und wiewohl ihm die verwirrende, aesthetisierende Religion der Griechen nicht liegt, ebenso wenig wie die
starre, traditionsgebundene Pietaet der Aegypter, laesst er beide
gewaehren. Am naechsten steht ihm eigentlich die Religion der Juden, und er hoert sich gern ihre Sagen an. Aber sie sind hartnaeckig und verrueckt, und er hat keine Zeit, mit ihnen zu dis-
putieren. Schliesslich darf man seine Gutmuetigkeit nicht miss-
brauchen.

4)   Das Gelage artet aus. Es ist immer so mit den Persern und
mit Darius im Besondern. Er kann nie genug kriegen. Die Welt ist
so reich und das Leben ist so kurz, es ist ein Jammer. Es sind vor
allem vier Maenner, die mit denen der Koenig tafelt. Er legt
seine falschen Locken ab, dann darf er von seiner Sondertafel weg
und zu den andern gehen. Da sitzt er zusammen mit Zopyras, seinem
besten Freund, von dem alle wissen, dass er bald sterben muss und
der nicht mehr recht trinken kann, mit dem juengeren Bruder Haman, und mit dem Familienminister Hegai Charbona. Man saeuft
und man redet. Man redet darueber, wieweit Voelker ohne staendigen Krieg, durch Propaganda und kluge Verwaltung in Schach gehalten werden koennen, wieweit sie immer von neuem bedroht werden muessen. Charbona meint, Atossa habe ihm juengst gesagt, sie glaube,
dass man Phoenizier, Babylonier und Aegypter durch kluge Verwaltung auf ein Menschenalter in Ruhe halten koenne. Zopyras, vielleicht infolge seiner Impotenz weiberfeindlich, spricht veraecht-

lich ueber den Verstand der Frauen. Darius nimmt fuer Atossa
Partei. Zopyras beharrt. Man wettet schliesslich. Man wettet die
Einkuenfte der Provinz .... Zopyras erklaert, was soll ich da-
mit anfangen? Bis die Einkuenfte kommen bin ich tot und von den
Geiern und Hunden gefressen. Darius, unsentimental, meint, dann be-
kommt das Geld eben dein Bruder. Wetten wir, fordert er ihn auf.
"Ich mag nicht," sagt der Kriegskrueppel. Darius: Nur weil du mir
eine so gescheite Frau wie Atossa nicht goennst. Zopyras lacht.
Darius gibt Auftrag, Atossa zu rufen, damit sie ihren Witz und
Verstand vor den andern produziere.

5) Atossa hat erfahren, dass im grossen Banquettsaal allgemeine
Besoffenheit herrscht. Zopyras ist ihr nicht sympathisch ihm
ist die Einnahme Babylons zu verdanken, sie liebt es nicht, jemand
verpflichtet zu sein. Noch weniger sympathisch ist ihr des Zopyras Bruder Haman, der sehr ehrgeizig ist, und den der Koenig gern
hat, schon wegen des Zopyras. Auch gefaellt ihr die Art nicht,
wie der Familienminister sie zum Koenig ruft. Kurz , sie erklaert, sie habe
selber Gesellschaft und sie kommt nicht. Der Koenig ist
sehr aergerlich. Er moechte seine Wette nicht verlieren, viele
haben zugehoert, er moechte mit der Gescheitheit der Atossa prahlen. Er schickt ihr seinen Siegelring durch Charbona. Charbona
praesentiert grinsend den Siegelring. Atossa, die Tochter des
Kyros, kommt nicht. Der Koenig hat mittlerweile ein paar besoffene Satrapen aus dem Saal entfernen lassen, um die Gesellschaft
wuerdiger zu machen fuer den Empfang der Atossa. Die Herren sind
in Ungnade und werden ihre Provinzen vermutlich verlieren. Umso-
mehr entruestet ist er, dass Atossa nicht kommt. "Das ist ein starkes Stueck," sagt er und wird nuechtern. Er legt die falschen Locken

wieder an und entfernt sich von den andern an seinen separaten Tisch/
Der Held und Kriegskrueppel Zopyras grinst und sagt in eine grosse
Stille hinein: "Ja, ja." Darius aergert sich sehr. Er hat Atos-
sa gern aber sie zwingt ihn dazu, es ihr zu zeigen. Man ist im
Winter, den Winter verbringt der Koenig in Susa, den Sommer in
Ekbatana. Der Koenig beauftragt den Familienminister Charbona,
Atossa (welche die Juden Vasti nennen) klar zu machen, dass fuer
sie der Sommer bereits begonnen habe. Zopyras erklaert, Darius sei
in Wahrheit ein Held. Dem Charbona ist etwas bang vor seiner Aufgabe. Was soll ich tun, wenn die Koenigin behauptet, es sei Winter?
Darius: Du hast ihr mit der groessten Ehrfurcht, aber unmiss-
verstaendlich klarzumachen, dass fuer sie der Sommer begonnen hat.
Charbona: Wie weit darf ich gehen? Darius: Du kannst zum Beispiel der Koenigin bei ihren Mahlzeiten leere Teller servieren lassen, bis sie begreift. Aber es muessen natuerlich goldene Teller -
sein. Zopyras: Du bist nicht nur ein Held, du bist auch voll von
persischer List. Es dauert eine ganze Woche, bis die Koenigin
Atossa begreift, dass der Sommer begonnen hat.

II

ESTER BEZIEHT DAS PALAIS DER ATOSSA

6) Zopyras stirbt. Der Koenig in seiner Trauer besaeuft sich
stark. Er behandelt Haman schlecht. Er behandelt auch den Charbona schlecht. Charbona wittert die Gefahr, dass sich der Koenig
wieder nach Atossa sehne. Er macht den Vorschlag einer grossen
Orgie. Sie findet statt, aber der Koenig ist sehr enttaeuscht.

Er braucht Frauen, die etwas Intelligenz haben. Aber die Gescheiten sind haesslich, und die Schoenen sind dumm. Es liegt wohl an unserer Erziehung der Frauen. Man muss da reformieren. Wenn sich erst die Grundsaetze Zeroasters durchgesetzt haben, wird das besser werden.

7)   Charbona zerbricht sich den Kopf. Er findet schliesslich eine Loesung. Es gibt immerhin eine ganze Menge Frauen, die bereits halbwegs emanzipiert erzogen worden sind. Da steht Atossa nicht allein. Ganz abgesehen davon, dass unter den Voelkern des Koenigs manche sind, bei denen Frauen sehr freiheitlich erzogen werden, zum Beispiel die Griechen. Die Maenner sind unleidlich, zanksuechtige Philosophen*, rechthaberisch, genau wie die Juden zanksuechtige Theologen und rechthaberisch sind. Aber waehrend die Frauen der Juden eng und seelenlos gehalten werden, erziehen die Griechen ihre Frauen so, dass ein anstaendiger Perser auch mit geistigem Vergnuegen mit ihnen schlafen kann. Wie waere es nun, wenn der Koenig ein Edikt erliesse, das dem Familienminister das Recht gibt, Agenten auszuschicken, welche Frauen, die einen Hohen geistigen und koerperlichen Standard erreicht haben, ins Palais senden, sodass sie dort einer scharfen Siebung unterzogen werden, nicht nur auf ihre koerperlichen Qualitaeten wie bisher, sondern auch auf ihre geistigen. Nach einigem Training koennten dann die zur engeren Wahl zugelassenen dem Koenig vorgefuehrt werden. Darius stimmt zu und gibt Auftrag, ein neues Palais zu bauen fuer die Erwaehlte, das Palais des Tigers.

8)   Charbona wendet sich wegen der Innenausstattung des Palais an den Teppichhaendler Mardochai, den Ersten in seinem Fach. Der Familienminister hat eine Schwäche fuer den alten Juden; nicht nur

---

* Philosophen gestrichen, darüber: Theologen, wieder gestrichen und links daneben: Philosophen

ist der sehr grosszuegig in Bezug auf Provisionen, es ist auch
angenehm, sich mit ihm zu unterhalten, er ist ein kluger Mann,
der die Dinge unter vielen neuen Gesichtswinkeln sieht. Er bittet also den Mardochai ins Palais.

9) Dem Mardochai ist diese Aufforderung zu dem Besuch sehr
angenehm, sie bedeutet eine willkommene Abwechslung. Der alte
Herr hat sich mit mancherlei Problemen herumzuschlagen, mit politischen, mit religioesen, mit privaten. Mardochai ist das Zentrum
der Juden von Susa. Nicht nur wegen seines Reichtums, sondern auch
wegen seiner Persoenlichkeit. Bei ihm hat auch die juedische Deputation gewohnt, von der jetzt die meisten Mitglieder, leider
unverrichteter Ding, wieder abgezogen sind. Mardochai ist infolgedessen aus allererster Quelle aufs Genaueste unterrichtet
ueber die Situation der Juden in Judaea, und infolgedessen macht
er sich auch keine Illusionen ueber das, was man auf juedischer
Seite in Susa zu erwarten hat. Von den drei Strophen des Judentums lehnt Mardochai zwei von vornherein ab, die imperialisti-
sche, die von der Berufung Judaeas zur Weltherrschaft traeumt, und
jene messianische, die von der Mission der Juden zur Weltherrschaft
im Geistigen und zur Versoehnung aller Voelker dichtet. Ihm
scheint ein juedisches Zentrum in Judaea ueberaus wuenschenswert,
aber es ist ihm recht, wenn der Tempel, das Haus Gottes, dieses
Zentrum ist, und nicht das Palais des juedischen Gouverneurs. Er
ist dafuer, dass man sich Erreichbares als Ziel steckt, juedische
Autonomie im Justizwesen und wenn moeglich die Lostrennung Judaeas
von Syrien (Phoenizien?), das heisst die Errichtung einer selbst-
staendigen Provinz Judaea unter einem eigenen juedischen Satrapen.
Die Juden haben da viel vermasselt. Dieser Serubabel war ein Esel,

und im Grund ist Mardochai froh, dass ihm der Satrap Tanai beseitigt hat. Aber jedenfalls haben die Juden durch ihre bloed revolutionaere Haltung waehrend des sinnlosen Aufstands den an sich sehr toleranten Koenig arg verstimmt, sie haben nichts Rechtes erreicht, waehrend ihrer Anwesenheit in Susa, und es besteht die Gefahr, dass Tanai und sein Vetter Haman und die ganze kriegerische Partei, sie sonst beim Koenig wenig Gehoer finden, gerade in der Sache der Juden bei ihm durchdringen. Die politische Linie, welcher die Juden zu folgen haben, scheint dem Mardochai gegeben zu sein. So lange noch zwei gewaltige Staatsgebilde da waren, Aegypten und Babylon, war Judaea das Zuenglein an der Waage, und die Traeume von der Weltmacht hatten noch Sinn. Jetzt sind sie sinnlos. Das Einzige, worauf man jetzt zielen kann, ist, dass Judaea trotz seiner Kleinheit als Provinz die gleiche Rolle spielen kann wie Babylon und Aegypten. Leider hat da auch der [uebereifrige] religioese Zelotismus die Juden verdaechtig gemacht. Die Auserwaeltheit, ob sie nun geistig gedeutet wird oder politisch, kann von der Regierung nicht geduldet werden, und so sehr es reizen mag, diese Lehre zu verkuenden, es waere besser, wenn die Propheten nicht so laut schrien. Dabei kann sich Mardochai nicht helfen, die Dichtungen, die gerade unter den Juden des Exils entstanden sind, die messianischen Traeume, wie sie in den Werken des Jesajahs und seiner grossen Schueler in Babylon zum Ausdruck kommen, machen ihm starken Eindruck. Da ist dieses verwirrende Gedicht vom 'Minister Gottes', der sich fuer alle opfert, das ihm jetzt die Juden aus Babylon mitgebracht haben. Das ist dunkel, nicht ohne weiteres verstaendlich, aber der Koennig, der manchmal verwirrend rasch und genial begreift, koennte es gleichwohl durchschauen. Es ist der ungeheure Hochmut, der geistige,

wie der physische, der den Juden gefaehrlich wird. Aber wenn man
die grosse Geschichte der Juden liest und wenn man sich vertieft in
ihre Dichtung, was bleibt einem da uebrig, als hochmuetig zu werden. Mardochai ist ein sehr vernuenftiger Mann und jeder religioesen Schwaermerei tief abhold. Die Zeiten der Propheten sind vorbei, genau wie die Zeiten der Weltreichtraeume. Das Weltreich ist
da, aber es ist nicht juedisch, es ist persisch, und wir muessen
uns darin einrichten, so gut es eben geht. Er denkt auch gar
nicht daran, etwa selber nach Judaea zurueckzukehren. Judaea
ist mehr ein Symbol, etwas Sichtbares, weil man mit dem Unsichtbaren allein nicht auskommen kann. Aber er zuckt nur die Achseln,
wenn man ihm vorhaelt, dass er wie die meisten andern reichen Juden im Exil bleibt und nicht in die Heimstaette zurueckkehrt.
Es ist nicht nur, weil es viel behaglicher ist, in Susa oder in
Babylon zu leben statt in dem armen, von Parteikaempfen zerrissenen, heroischen Jerusalem. Es ist auch, weil man dort geradezu gezwungen wird, die Dinge falsch zu sehen. Man laesst sich von
der Tradition der Staaten, vom Tempel notwendig hinreissen zu
Taten, die heidisch sind, aber unklug.
10)   Mardochai hat auch seine persoenlichen Sorgen. Einer von den
Abgesandten aus Jerusalem, ein juengerer Mann, ein nationalistischer
Redner, ein Prophet, gut anzuschauen, moechte Ester heiraten. Er
sieht sehr gut aus, aber dem Mardochai ist er zu romantisch. Dabei
ist Ester selber alles eher als juedisch nationalistisch. Sie
ist die Tochter seines Bruders, eines sehr jungen Bruders, den er
sehr geliebt hat, wiewohl er den masslosen Ehrgeiz dieses Bruders
missbilligt hat. Der Ehrgeiz hat den Bruder ausgesprochen assimilantisch gemacht. Der Bruder hat seinen juedischen Namen abgelegt, hat dem Mitras geopfert und einen persischen Namen ange-

nommen. Nach dem Tod seiner ersten Frau, einer Juedin, hat der
Bruder eine persische Dame geheiratet. Die Tochter Ester, aus des
Bruders erster Ehe, ist rein persisch erzogen, insbesondere, nachdem ihre Mutter gestorben ist. Nach dem Tod des Bruders hat sich
Mardochai mit dessen persischer Witwe, die jetzt also Geschaefts-
teilhaberin war, guetlich auseinandergesetzt, hat aber die Bedingung gestellt, dass die weitere Erziehung Esters ihm ueberlassen
bleibe. In seiner klugen, kompromisslerischen Art hat er Ester
ihren Persischen Namen und ihre persischen Braeuche ueberlassen,
hat sie aber vorsichtig mit juedischen Idee zu infiltrieren versucht. Er moechte im Andenken an den Bruder und dessen Wunsch
Ester nicht geradezu als Juedin aufziehen, glaubt aber andernteils,
es sei fuer die Seele seines Bruders nicht gut, wenn dessen Tochter geradezu eine Perserin, also schliesslich eine sublimierte
Heidin ist. Aeusserlich also ist das Maedchen Ester Tochter des
Aryandes, eines persischen Kaufmanns und vertraut mit den Gebrauchen der Religion des Zarathustra; doch sind ihr juedische Ideen
und der Inhalt der alten juedischen Schriften nicht fremd. Sie
spricht persisch sowohl wie aramaeisch.
11)   Mardochai ueberlaesst Ester die Entscheidung, ob sie den
jungen Juden heiraten will. Es ist nicht der erste Heiratsantrag,
der ihr gemacht wird. Ester ist gescheit, kuehn, kindlich, frech,
geltungsuechtig, sie liebt Reichtum, Pracht, Komfort, auch ist sie
machtgierig. Sie ist nicht strahlend schoen, aber sie ist sehr
reizvoll. Ihr Gesicht ist lebendig und ausdrucksvoll. Sie
fuehlt sich als etwas Besonderes, gerade durch ihre zweideutige
Stellung. Sie ist Perserin und Juedin zugleich. Als Perserin
gehoert sie jenem Volke an, das die Welt beherrscht, als Juedin

hat sie Gott fuer sich. Wie ihr Mardochai von dem Heiratsantrag
des juedischen Abgesandten spricht, tut es ihr eigentlich leid. Der
junge Mann hat ihr gut gefallen, er hat so eine angenehme,
liebe Stimme; es tat ihr wohl, zuzuhoeren, wenn er von den juedischen Propheten erzaehlt und ihr die schoenen juedischen Liebes/
gedichte rezitiert hat. Aber zum Heiraten taugt er selbstverstaendlich nicht. Dazu ist er ihr vielzu gering. Jerusalem lockt
sie gar nicht. Sie zieht die moderne, grossartige Stadt Susa mit
ihrer Koenigsburg dem aermlichen Jerusalem und seinem kleinen,
steckengebliebenen Tempel weit vor.
12) Dies also ist die Situation, in welcher sich Mardochai be-
findet, als ihn der Obereunuch Charbona in Palais bestellt.
Die beiden Maenner werden ueber das Geschaeftliche rasch einig.
Dann sprechen sie ueber Politik. Charbona erzaehlt dem Mardochai,
von dem Projekt, gescheitere Frauen fuer den Koenig aufzutreiben.
Er betont, wie sehr der Koenig darauf Gewicht legt, sich hernach im Bett unterhalten zu koennen. Der Koenig ist ein moderner
Mensch. Diese ganzen Achaemeniden, die ganze Dynastie, sind kuehne Neuerer, als Politiker sowohl wie als Militaers wie in ihrem
Privatleben. Dieser Koenig haelt seine Frauen wirklich nicht nur
als Gebaermaschinen oder Lustmittel, sondern er unterhaelt sich mit
ihnen wie Menschen. Es wird nicht ganz leicht sein, eine Auswahl
zurechtzumachen, die den Koenig befriedigt. Er ist schon so ver-
dammt heikel in Teppichen. Wenn du mir da etwas an die Hand gehen
koenntest als alter Freund. Mardochai denkt natuerlich sogleich an
Ester. Es waere von unerhoertem Vorteil, wenn man das Maedchen
ins Palais schmuggeln koennte an einen Platz, wo sie dem Koenig
in aufgelockerter Stimmung dies oder jenes suggerieren koennte.

Man muesste schlau sein. Man duerfte nicht erwaehnen, dass
einem das Maedchen nahe steht. Mardochai verspricht, er werde
sich die Sache durch den Kopf gehen lassen.

13) Mardochai erwaegt, das Ganze sei vielleicht ein Fingerzeig.
Manche von den Maennern, die sich um Ester bewarben, waren sehr er-
waegenswert gewesen, aber Mardochai hat einen sichern Instinkt
gehabt, er duerfe Ester nicht so leicht weggeben. Wenn er sie
jetzt dem Charbona empfiehlt als ein Maedchen von besonders eigen-
artiger Intelligenz, hat sie zweifellos Chancen, ganz abgesehen
davon, das sie wirklich ungewoehnlich reizvoll ist. Soll er
dem Charbona reinen Wein einschenken? Er beschliesst, sich ihm an-
zuvertrauen. Er bittet ihn zu einem Mahle, sagt ihm, dass er
ihm ein Maedchen vorfuehren werde, das aber viel Vorbereitung brauche, und zeigt ihm Ester. Ester gefaellt dem Minister ungeheuer.
Mardochai putzt ihre Geschichte noch ein wenig auf, erzaehlt von
der boesen Stiefmutter, vor der er das Maedchen in seine Obhut genommen habe. Beide Maenner kommen ueberein, dass es klueger sei,
von Esters juedischer Abkunft nicht zu reden, sie ist die Tochter
des Kaufmannes Aryandes, der persische Name genuegt. Trotz der
Umstaendlichkeit der Sekretaere wird Charbona durchdruecken koennen, dass man nicht lang und breit nach der Herkunft des Maed-
chens forschen, sondern sie einfach als Perserin in den Listen
fuehren wird.

14) Mardochai weiss, dass Ester keinerlei Chancen hat, wenn sie
nicht selber Feuer und Flamme ist. Auf der andern Seite moechte er
ihr die Demuetigung einer Zurueckweisung ersparen. Er spricht mit
ihr behutsam. Sie wird fast ohnmaechtig vor Glueck. Dann macht
Mardochai sie darauf aufmerksam, dass er sie, wenn sich einmal
die Tore des Palais hinter ihr geschlossen haben, nicht mehr wer-

de sehen koennen. Ester ist tief bestuerzt, geradezu verzweifelt.
Was soll sie anfangen ohne den Rat Mardochais? Wie soll sie leben
ohne sein Lob und ohne seinen Tadel. Sie ist stuermisch verzweifelt, sie will von dem ganzen Projekt nichts mehr wissen, Mardochai,
tief betruebt, laechelt in seinem Innern; er weiss ganz genau, wie
sehr sie darauf wartet, sich von ihm ueberzeugen zu lassen. Er
ueberzeugt sie also, spricht ihr davon, welchen Einfluss sie im Palais haben koenne, was alles sie erlangen koenne, wenn sie nur klug
sei, nicht nur fuer sich selber und fuer ihn, sondern fuer alle
Juden. Dann wird noch vereinbart, dass niemand wissen duerfe von
den Beziehungen Esters zu Mardochai, kein Sterbenswoertchen von
ihrer juedischen Abstammung. In allerdringlichsten Faellen, aber
nur dann, kann sie durch Charbona mit ihm Verbindung kommen, Dann
Bringt Mardochai Ester in den aeussern Hof des Palais. Um ueber
Trennung und Abschied wegzukommen, schaerft er ihr noch einmal
alles ein, dass sie unter allen Umstaenden dem Charbona gefallen
muesse, dass sie nicht verraten duerfe, dass sie schreiben kann,
dass es klueger ist, durch Mutterwitz zu glaenzen als durch Gelehrsamkeit. Ester, wie sie sich von Mardochai trennt, hat eine
echte Aufwallung. Aber dann, bei den Aufnahmeformalitaeten und dem
Vorbereitungskurs, nimmt sie ihre neue Aufgabe ganz hin.

11. Bibliographie

11.1 Primärliteratur

11.1.1 Unveröffentlichte Manuskripte aus der Feuchtwanger Memorial Library, University of Southern California, Los Angeles.

a) Romanentwürfe

Katalogisierung des *Ester*-Materials

1) Dreiseitiger, auf grünem (türkisfarbenen?) Durchschlagpapier geschriebener Entwurf, undatiert.
2) Achtseitiger Entwurf auf rosa Durchschlagpapier, datiert 26.10.?, umfaßt die vollständige Handlung, endet mit „...dass Judaea von Syrien unabhaengig autonome Provinz wird".
3) Achtundzwanzigseitiger Entwurf auf grünem Durchschlagpapier, datiert 29.10.?, umfaßt die vollständige Handlung, endet mit „Die Juden haben wieder ein Zentrum".
4) Vierzehnseitiger, auf gelbem Durchschlagpapier geschriebener Entwurf, datiert 8.11.?, endet mit „nimmt sie ihre neue Aufgabe ganz hin".
5) Undatiertes einzelnes Blatt (gelbes Papier): „Artikel Ester: Dubnow/ Meyers Lexikon/ Encyclopedie/ Gunkel/ Juedisches Lexikon/ Jewish Encyclopedia/ Darius: Klassische Real-Encyclopedie/ Beide Lexika/ Jewish Encyclopedia/ Persische Geschichtswerke: Maspero/ Berl/ Ullstein/ Allgemeine Weltgeschichte/ Artikel Persien in den Encyclopedien".

Jeder der Entwürfe ist in einzelne Punkte gegliedert, die für Szenen, nicht Kapitel stehen; die Kapitel sind durch Überschriften gekennzeichnet.

Katalogisierung des für diese Arbeit benutzten Materials zur *Jüdin von Toledo*

1) Charakterisierung Alfonso, gelbes Papier, datiert 25.2.53, numerierte Seiten 12-20.
2) Charakterisierung Jehuda, gelbes Papier, datiert 24.3.53, numerierte Seiten 1-3.
3) Charakterisierung Dona Leonor, gelbes Papier, datiert 25.3.53, numerierte Seiten 23-26.
4) Charakterisierung Raquel, gelbes Papier, datiert 25.3.53, numerierte Seiten 4-7.
5) Entwurf für Kapitel 1-4 des zweiten Teils, nach Punkten untergliedert, grünes Papier, fünf Seiten, datiert 26.3.53.

6) Entwurf für Kapitel 1-3 des zweiten Teils, rosa Papier, 28 Seiten, datiert 27.3.53 und 28.3.53.
7) Auf den 4.4.53 und 8.4.53 datierte dreizehnseitige Fassung von Kapitel 1 des ersten Teils auf gelbem Papier; mehrere handschriftliche Streichungen und Korrekturen.
8) Charakterisierung Raquel, beiges Papier, datiert 19.4.54, numerierte Seiten 4-6.
9) Charakterisierung Jehuda, beiges Papier, datiert 19.4.54, numerierte Seiten 1-3.
10) Charakterisierung Dona Leonor, beiges Papier, datiert 19.4.54 und 20.4.54, numerierte Seiten 12-14.

Katalogisierung des für diese Arbeit benutzten Materials zu: *Jefta und seine Tochter*

1) Entwurf „Jephtas Tochter", datiert 5.5.55, gelbes Papier, fünf Seiten; komplette Handlungsskizze mit teilweise starken Abweichungen vom späteren Roman: Abijam verlangt von Jefta vor der Schlacht, seine Tochter für den Fall des Sieges als Opfer zu bringen, um seine Treue gegenüber Jahwe zu erproben; Abijam, nicht Jefta, soll das tatsächliche Opfer vollziehen; Abijam entscheidet sich, Jeftas Tochter leben zu lassen.
2) Charakterisierung JEFTA, orangenes Papier, datiert 27.12.55, numerierte Seiten 1-6.
3) Charakterisierung ABIJAM, orangenes Papier, datiert 30.12.55, numerierte Seiten 7-9.
4) Charakterisierung JOSCHUA, orangenes Papier, datiert 31.12.55, numerierte Seiten 10-12.
5) Charakterisierung JA'ALA, orangenes Papier, datiert, 31.12.55, numerierte Seiten 14-15; diese Charakterisierung geht ebenso wie die Abijams noch davon aus, daß Ja'ala von Abijam geopfert werden soll und verschont wird.
6) Charakterisierung SILPA, orangenes Papier, datiert 2.1.1956, numerierte Seiten 19-20.
7) Notizen zum Themenkomplex Jahwe, 28.5.56, rosa Papier, zwei Seiten; hier wird der Standpunk der Charaktere Jefta, Abijam, Par und Joschua (im Roman Elead) festgehalten; die Notizen enden mit Joschuas Standpunkt: „... Jahwe offenbart sich in der Geschichte Israels."

b) Artikel und Reden

(Teilweise anderswo - vollständig oder in Auszügen - veröffentlicht.)

Gespräche mit dem Ewigen Juden. ?.?.1920, 25 Seiten

Der historische Prozeß der Juden, undatiert, drei Seiten, erschienen in englischer Übersetzung als „The Trend of the Jews" in der New York Herald Tribune, 14.9.1930

Was heisst Judentum? Undatiert, vier Seiten; erschien in englischer Sprache unter dem Titel „The Jews" im Sunday Dispatch, 4.6.1933, S.4

Glück und Ende der deutschen Juden. Rede gehalten in London, datiert Dezember 1933, zehn Seiten.

German Jews: 12 Seiten, Rede gehalten am 21. Dezember 1933 im Savoy Hotel, London.

Bin ich deutscher oder jüdischer Schriftsteller? ?.?.1933, vier Seiten

Palaestina. Rede im Pälästina-Pavillon auf der Weltausstellung, New York 22.10.1940, zwei Seiten

Die Juden in der Literatur. Unvollendetes Manuskript vom ?.?.1945, vier Seiten

Aus meinem Leben. 14.4.1954, 15 Seiten

11.1.2 Korrespondenz

Hofe, Harold von. u. Washburn, Sigrid (Hrsg.): LF*, Briefwechsel mit Freunden 1933-1958. Aufbau-Verlag, Berlin 1991

Hofe, Harold von (Hrsg): LF/Arnold Zweig. Briefwechsel 1933-1958. Fischer Verlag, Frankfurt am Main 1986.

Lion Feuchtwanger-Benjamin Huebsch. Noch unveröffentlichte Korrespondenz, Feuchtwanger Memorial Library, USC, Los Angeles. (Wird zur Veröffentlichung im Aufbau-Verlag von Harold von Hofe vorbereitet.)

---

* In der Folge Abkürzung für Lion Feuchtwanger.

11.1.3 Romane, Dramen und Sachbücher

Erfolg. Gustav Kiepenheuer Verlag, Berlin 1930, Bd. 1 + 2.

Heinrich Heines „Rabbi von Bacherach". Fischer Verlag, Frankfurt am Main 1985 (Das Buch enthält auch: Heine, Heinrich: Der Rabbi von Bacharach.)

Jefta und seine Tochter. Rowohlt-Verlag, Hamburg 1957.

Jud Süß. In: Dramen I, Gesammelte Werke in Einzelausgaben, Bd. 15, Aufbau-Verlag, Berlin und Weimar 1984.

Jud Süß. Drei Masken Verlag, München 1925.

Die Jüdin von Toledo. Aufbau-Verlag, Berlin 1955.

Nationalismus und Judentum. In: LF und Arnold Zweig: Die Aufgabe des Judentums, Verlag des Europäischen Merkurs, Paris 1933, S.5-44.

Die Söhne. Querido Verlag, Amsterdam 1935.

Der Tag wird kommen. Berman Fischer Verlag, Stockholm 1945.

Unholdes Frankreich, Editiorial „EL LIBRO LIBRE", Mexico 1942.

11.1.4 Zeitungs- und Zeitschriftenbeiträge Feuchtwangers
(Auszug - in der Reihenfolge ihres Erscheinens)

Heinrich Heine und Oscar Wilde;
Der Spiegel, München, 30.09.1908, Nr. 12

Judith;
Die Schaubühne, 02.09.1909, 5. Jg., Nr. 36

Shylock auf unseren Bühnen;
Frankfurter Zeitung vom 15.09.1909

Die Hermannsschlacht;
Die Schaubühne, 07.10.1909, 5. Jg. Nr. 41

Nathan der Weise in der Franziskanerkutte;
Die Schaubühne, Berlin, 1910, Jg. 6, Nr. 21, S. 577-579

Die Perser des Aischylos; in Fortsetzungen;
Die Schaubühne, 1914, Jg. 10, Nr. 41-52

München und der Krieg;
Die Schaubühne, Berlin, 19.11.1914, Jg. 10, Nr. 46, S. 393-396

An die patriotischen Dichter;
Die Schaubühne, Berlin, 28.01.1915, Jg. 11, Nr. 4, S 80

Lied der Gefallenen;
Die Schaubühne, Berlin, 1915, Jg. 11, Nr. 8, S. 189

Die drei Sprünge des Wang-Lun;
Die Schaubühne, 1916, H. 37

Alfred Döblins Roman;
Die Schaubühne, Berlin,12.09.1916, Jg. 12, Nr. 37, S. 240-242

Die Verjudung der abendländischen Literatur;
Der Spiegel, 1920, 2. Jg., Nr. 14/15

Der Autor über sich selbst;
Frankfurter Zeitung vom 18.03.1928

Wie ich meine erste Dichtung schrieb;
Die Literarische Welt, 20.04.1928, 4. Jg, Nr. 16

The author of „Jew Suss";
John O'Londons's weekly, London, 28.05.1927

Gestalten und Probleme meines nächsten Romans;
Historische Gegenwart;
Berliner Tageblatt, 07. Juni 1928

The Essentials of German Character;
The New Republic, New York, 18. Juli 1928.

Ode an die Schreibmaschine;
Berliner Tageblatt Nr. 551, 21.11.1928

Über „Jud Süß";
Freie Deutsche Volksbühne, Berlin,
(Das blaue Heft), 05.01.1929, Nr. 1

Roman-Rezept;
Querschnitt, (Oktober 1929), 9.Jg.

Landmarks in my career;
Library Review, Coatbridge, 1930, Nr. 16, S. 435-438

Der Weg zur Politik;
Die Weltbühne, Berlin, 09.09.1930, Jg. 26, Nr. 37, S. 392-393

Der historische Prozeß der Juden;
Jüdisches Gemeindeblatt, Berlin, Oktober 1930, Jg. 20, Nr. 10

The Jews;
Time and tide, London, 18.10.1930

Wie kämpfen wir gegen ein Drittes Reich?;
Welt am Abend, Berlin, 21.01.1931, Nr. 17

Was bedeutet der Weltkrieg dem deutschen Romancier?;
Neue Freie Presse, Wien, 10.05.1931 (Beilage)

Von der Friedensbewegung der Juden;
Gemeindeblatt der Jüdischen Gemeinde zu Berlin, August 1931, 21. Jg., Nr.8., S. 1-2

Rede zum 60. Geburtstag Heinrich Manns;
In: Heinrich Mann, fünf Reden und eine Entgegnung zum 60. Geburtstag, Weimar, 1931

Historischer Roman - Roman von heute;
Berliner Tageblatt, 15. November 1931, 1. Beiblatt, Nr. 540; Kopie in der Sammlung Lion Feuchtwanger, Akademie der Künste, Berlin

Motive, die nicht zu ergründen sind;
Berliner Tageblatt, 28.02.1932

Der Roman von heute ist international;
Berliner Tageblatt, 25.09.1932, S. 1-2

Nationalism and Judaism;
Adress delivered before Men's Club of Congregation Emanuel, New York City, 26.01.1933, abgedruckt in: New York Compliments of the Men's Club of Congregation Emanuel, New York, 1933

Selbstdarstellung;
Die Literarische Welt, 27.01.1933

Hitler's War on Culture;
New York Herald Tribune Magazine, N.Y., 19.03.1933

Suis-je un écrivain allemand ou international;
Revue politique et littéraire, Paris, 15.04.1933, Nr. 4, S. 232, Revue Bleue

Gegen die Phrase vom jüdischen Schädling;
(Mitverfl.) L.F/H. Mann/A. Holitscher, Prag, 1933 (Amboss-Verlag)

Nationalismus und Judentum;
Erstmalig veröffentlicht in: Die Aufgabe des Judentums; Hg. mit Arnold
Zweig, Europäischer Merkur, Paris, 1933

Hermann der Cherusker;
Die Sammlung, Amsterdam, 1934, 1. Jg., Nr. 3, S. 137-152

Wir warten;
Neue Deutsche Blätter, Prag, 1934, 1. Jg., Nr. 11, S. 682-687

Der Mord in Hitler Deutschland;
Braunbuch II, Dimitroff contra Goering, Editions du carrefour, Paris, 1934

(Vorwort) zu:
World Comitee for the Victims of German Fascism, London, 1934

Wahrer der großen Traditionen;
Deutsche Zentral-Zeitung, Moskau, 1934, Nr. 189

Offener Brief an den Bewohner meines Hauses, Mahlerstraße 8 in Berlin;
zuerst englisch veröffentlicht, dann im Pariser Tageblatt, Paris, 20. März 1935

Vom Sinn und Unsinn des historischen Romans;
Internationale Literatur, Moskau, September 1935, Nr. 9, S. 19-23

Vorwort zu:
Account of thirteen months spent in a concentration camp, New York, Dutton,
1935

Germany, a winter's tale;
Nation, New York, 22. April 1936, Nr. 142, S. 505-506

(Vorwort) zu:
Der gelbe Fleck, Die Ausrottung von 500.000 deutschen Juden, Paris, 1936

Der Weg zur Weltvertretung;
Pariser Tageszeitung, Paris, 26.5.1996, S. 1

Wie das Dritte Reich die Schriftsteller verfolgt;
(Rede, gehalten am 22.6.1937 auf dem XV Internationalen PEN-Kongreß in
Paris), abgedruckt in: Pariser Tageszeitung, 23.6.1937, Nr. 376, S. 1

Das deutsche Buch und die Emigration;
Pariser Tageszeitung, Paris, 3. Juli 1937

Arnold Zweig (zum 50. Geburtstag);
Die neue Weltbühne, Prag, 1937, Nr. 45, S. 1412-1415

Größe und Erbärmlichkeit des Exils;
Das Wort, Moskau, 1938, 3. Jg., Nr. 6, S. 3-6

Fund Raising Speech before the Unitarians in Boston;
16.10.1940, in: Lion Feuchtwanger Memorial Library, USC, Los Angeles

Offener Brief an sieben Berliner Schauspieler;
Zuerst in Englisch veröffentlicht, in: Atlantic Monthly, April 1941; in Deutsch,
in: Aufbau vom 04.07.1941, New York, und: Die Weltbühne, Berlin, 1947, Jg.
2, Nr. 17, S. 735-739

My stand on the war;
New Masses, New York, 15. Juli 1941

To my friends the actors;
Atlantic Monthly, Boston, 1941, Nr. 167, S. 500-501

Caliban; Hitler und die Juden;
El Libro libre, Mexiko, 21.11.1942

Arbeitsprobleme des Schriftstellers im Exil;
Proceedings of the Writers' Congress, Los Angeles, 1943, und, in: Heinz L.
Arnold (Hrsg:) Deutsche Literatur im Exil, I. Dokumente, Frankfurt 1974, S.
238-242

Lion Feuchtwanger an Döblin zum 65. Geburtstag (10.08.1943);
in: Alfred Döblin, 1878-1978. Eine Ausstellung des Deutschen Literaturarchivs im
Schiller-Nationalmuseum, Marbach am Neckar, München 1978, S. 401

Vom Wesen der Deutschen und der Nazi;
Referat für den Schriftsteller-Kongreß, Los Angeles, Oktober 1943. In: Writers
Congress - The Procceedings held in October 1943 under the sponsorship of the
Hollywood Writers Mobilization an the University of California, Berkeley and
Los Angeles. University of California Press, 1944 (Kopie in der Lion Feucht-
wanger Memorial Library, USC, Los Angeles)

Der Prozeß von Nürnberg, ein Ende und ein Anfang;
De Groene Amsterdamer, Amsterdam, 08.12.1945

Arnold Zweig: Sinn und Form;
Sonderheft Arnold Zweig, November 1952

Vom Geschichtsbewußtsein der Juden;
Berliner Allgemeine Wochenzeitung der Juden in Deutschland, Düsseldorf,
25.4.1958, Nr. XIII/4, S. 9

Vom Schicksal des Buches „Jud Süß“;
Sonntag, Berlin, 6. Juli 1959, Nr. 27, S. 11

Lion Feuchtwanger über seine Beziehungen zum Münchner Judentum;
Münchener Jüdische Nachrichten, München, 1959, Nr. 6

11.2 Sekundärliteratur

Abbott, Jacob: Darius The Great. Harper & Brothers Publishers, New York und
London, 1901

Anonym: Wozu treibt der Mensch Historie? Geschichtlichkeit und Geschichtsro-
man bei LF, in: Diskussion Deutsch, H. 80, Dez. 1984, S. 603-624

Arnold, Heinz-Ludwig (Hrsg.): LF, Text & Kritik, Band 79/80, München, 1958

Bahr, Eberhard: Der Schriftstellerkongreß 1943 a.d.Universität v. Kalifornien: Dt.
Exilliteratur seit 1933, Band I, Kalifornien

Baldus, Alexander: LF: Spanische Ballade, Welt und Wort, München, 1955, Jg.
10, S. 333-334

Batt, Kurt: Klio und Kalliope. Gedanken zu LF „Das Haus der Desdemona“, in:
Neue Deutsche Literatur, H.10, 1962, S. 98 ff

Ben-Chorin, Schalom: Jugend an der Isar, Gerlingen, 1980

Benz, Wolfgang/Neiss, Marion (Hrsg): Deutsch-jüdisches Exil: das Ende der Assimilation? Metropol, Berlin, 1994

Berendsohn, Walter A.: Der Meister des politischen Romans: LF 1958, Schriften
des Deutschen Institutes der Universität Stockholm, Nr. 3; Stockholm, 1975

ders.: Die humanistische Front. Einführung in die deutschsprachige Emigranten-
Literatur, Zürich, 1946

ders.: Fs historische Romane, in: Tribüne, Zeitschrift zum Verständnis des Judentums, H. 10, Frankfurt a.M., 1964, S. 1084 ff

ders.: Gehört F zur Weltliteratur?, in: Allgemeine unabhängige jüdische Wochenzeitung, Nr. 26, 26.09.1969

ders.: Der Meister des politischen Romans: LF. Schriften des deutschen Instituts
der Universität Stockholm, Nr. 3, 1975

ders.: LF and Judaica, in: Spalek, LF, S. 25 ff

Berndt, Wolfgang: Die frühen historischen Romane LFs („Jud Süß" und „Die häßliche Herzogin"). Eine monographische Studie, Diss., Berlin, 1953

ders.: Macht und Geist im Jud Süß, in: Almanach des Greifenverlages, Rudolstadt, 1954

ders.: The Triology „Der Wartesaal", in: Spalek, LF, S. 131 ff

Boehlich, Walter: Der Berliner Antisemitismusstreit, Frankfurt a.M., 1965, (= Sammlung Insel 6)

Böhmer, Jürgen: Historische Romane von LF, in: Deutsche Rundschau, 79. Jg., Heft 8, 1953

Brandt, Sabine: Auto, Krawatte, Musikschrank. Der Briefwechsel zwischen LF und Arnold Zweig, in: Frankfurter Allgemeine Zeitung, 13.12.1986

dies.: Menschheit im Feuer der Geschichte. Der Dichter LF und der deutsche historische Roman, in: Berliner Zeitung, 15.10.1953

Brauer, Wolfgang: Tun und Nichttun. Zu LFs Geschichtsbild, in: Neue Deutsche Literatur, Berlin, 1959

Braun, Felix: Esther, A. Hartleben Verlag, Wien und Leipzig, 1925

Bredel, Willi: LF in Moskau, in: Neue Deutsche Literatur, Nr. 6, 1959, S. 144 ff

Brod, Max: Eine Königin Esther. Kurt Wolf Verlag, Leipzig, 1918.

Brückener, Egon/Modick, Klaus: LFs Roman Erfolg. Leistung und Problematik schriftstellerischer Aufklärung in der Endphase der Weimarer Republik, Kronberg/Ts., 1978

Büdinger, Matthias: LF und das Judentum, Magisterarbeit, München, Oktober 1990

Burkard, Joachim: Prediger oder Literaten? Drei Thesen zum schriftstellerischen Engagement, Zürich/Stuttgart, 1967

Clason, Synnöve: Die Welt erklären. Geschichte und Fiktion in LFs Roman „Erfolg". Armqvist & Wiksell International, Stockholm, 1975.

Dahlke, Hans: LF als Dramatiker. Nachwort in LF Dramen II, a.a.O., Seite 685-718, Aufbau-Verlag, Berlin, 1984

Delling, Manfred: Gechichtsroman und Literaturkritik im Exil, Habil. Schrift, Leipzig, 1976

Denis, Joseph: Der andere Jud Süß. Zu Lothar Mendes Film aus dem Jahre 1934, in: Der Tagesspiegel, 1973

Dietschreit, Frank: Lion Feuchtwanger. Metzler, Stuttgart, 1988

ders.: Fs „Jud Süß", in: Neue Züricher Zeitung, 12.03.1986

Dietz, Karl (Hrsg): LF zum Gedenken. Greifenverlag, Rudolstadt, 1959.

Döblin, Alfred: Der historische Roman und wir, in: Das Wort, Jourgaz, Moskau, Heft 4, 1936

ders.: Flucht und Sammlung des Judenvolkes. Gerstenberg Verlag, Hilfesheim, 1977 (Originalausgabe 1935)

ders.: Glückwünsche für LF, in: Alfred Döblin, Aufsätze zur Literatur, Walter Verlag, Olten und Freiburg im Breisgau, 1963

ders.: Historie und kein Ende, in: Pariser Tageblatt, Jg. 4, 1936

ders.: Kritik der Zeit; in: Rundfunkbeiträge 1946-1952, Walter Verlag, Freiburg im Breisgau 1992

Dukes Ashley: Jew Süß. A tragic comedy based upon the romance by LF, Secker, London, 1929

Durzak, Manfred: Die deutsche Exilliteratur 1933-1945, Stuttgart, 1973

Eckert, Willehad Paul: „Die Jüdin von Toledo", Lope de Vega - Franz Grillparzer - LF. Ein Beitrag zum Geschehen der literarischen Repression, in: Emuna, Heft 3, 1972, S. 190 ff

Eifler, Horst: Beschwörung des Vergangenen, in: Der Tagesspiegel, 02.10.1955

Elwenspoek, Curt: Jud Süß Oppenheimer. Der große Finanzier und galante Abenteurer des 18. Jahrhunderts, Stuttgart, 1926

Eykmann, Christoph: Geschichtspessimismus in der deutschen Literatur des 20. Jahrhunderts, Bern, Francke, 1970

Faulseit, D.: Die Darstellung der Figuren (spez. Figurentechnik) in den beiden Romantrilogien LFs (Wartesaal-Trilogie und Josephus-Trilogie), Diss., Leipzig, 1963

Feuchtwanger Lion: 1994-1958. Katalog zur Ausstellung anläßlich der Eröffnung der Sammlung Lion Feuchtwanger bei der Akademie der Künste, Berlin-West, 1969

Feuchtwanger, Ludwig: Die Juden und die Entstehung des Kapitalismus, in: Lamm, Hans (Hrsg): Von Juden in München. Ein Gedenkbuch, München, 1958, S. 136-140

Feuchtwanger, Marta: Nur eine Frau. Erinnerungen aus 90 Jahren, aufgezeichnet und dokumentiert von R. Hoffmeister, München, 1981

dies. (interviewed by Lawrence M. Weschler): An Emigré Life, in: Oral History Programm, Regents of the University of California, vier Bände, Los Angeles, 1975.

Feuchtwanger, Martin: Ebenbilder Gottes. Ein Roman, Olympia, Tel Aviv, 1947

ders: Zukunft ist ein blindes Spiel. Langen Müller Verlag, München, 1989

Fischer, Ludwig: Die exilspezifische Entwicklung des historischen Romans LFs, in: Stephan/Wagener, Schriftsteller im Exil

ders.: Vernunft und Fortschritt. Forum Academicum, Königstein, 1979

Flapan, Simcha: Die Geburt Israels. Mythos und Wirklichkeit. Knesebeck und Schluer, München, 1988

Frenzel, Elisabeth: Stoffe der Weltliteratur. Kröner Verlag, Stuttgart, 1989

Freud, Sigmund: Der Abriß der Psychonalyse. Das Unbehagen in der Kultur, Frankfurt a.M., 1972

ders.: Der Mann Moses und die monotheistische Religion, in: Schriften über die Religion, Frankfurt a.M., 1975

Freyhan, Wilhelm: Der Weg zum Judentum, Frankfurt a.M., 1959

Fried, Erich: LF und Oskar Maria Graf. Begegnungen mit dem Werk von Schicksalgenossen, in: Jahrmarkt der Gerechtigkeit, Staufenberg Verlag, Tübingen, 1987, S. 19-31

Friedmann, Ralph: A visit with F, in: Chicago Jewish Forum, Nr. 17, 1958, S. 85 ff

Gay, Peter: Freud, Juden und andere Deutsche. Herren und Opfer in der modernen Kultur, Hamburg, 1986

George, J.R.: „Jud Süss", Roman (gemäß der nationalsozialistischen Verfilmung von Veit Harlan). Ufa-Buchverlag, Berlin, 1941

Gerber, Barbara: Jud Süß. Ein Beitrag zur historischen Antisemitismus- und Rezeptionsforschung, Hans Christians Verlag, Hamburg, 1990

Gieseke, Hans: Menschen der Bibel im Roman (Über Jefta und seine Tochter), in: Neue Zeit, 07.05.1958

Goethe, J.W. v.: Neueröffnetes moralisch-politisches Puppenspiel (Das Jahrmarktsfest zu Plundersweilern), Weygand, Leipzig, 1774

Goetz, Gertrude: A Critical Bibliography of LFs Work in German, Dissertation, University of Southern California, Los Angeles, 1971

Graf, Oskar Maria: Zum 70. Geburtstag LFs, in: Greifenalmanach 1955, Rudolstadt, 1955

Grillparzer, Franz: Sämtliche Werke in 20 Bänden, hrsg. von August Sauer. Cottasche Verlagsbuchhandlung, Stuttgart, 1892 und 1893.

Grimm, G.E./Bayersdörfer, H.-P.: Im Zeichen Hiobs. Jüdische Schriftsteller und deutsche Literatur im 20. Jahrhundert. Königstein/Ts., 1984

Haas, Willi: F liebte die einsamen Revolutionäre, in: Die Welt, 23.12.1958

Härtling, Peter: Das Ende der Geschichte. Über die Arbeit an einem historischen Roman. Wiesbaden, 1968

Harpprecht, Klaus: Ein Schuft, sichtbarlich erhöht. Über LFs „Jud Süß", in: Frankfurter Allgemeine Zeitung, 11.11.1981

Hartmann, Horst: Kunst als Waffe. LF 1884 bis 1958, in: Deutschunterricht, Nr. 12, 1964, S. 641 ff

Hauff, Wilhelm: Jud Süß, in: Hauffs Werke, Bd. 3, hrsg. v. M. Mendheim, Leipzig, Wien, o.J.

Haym, H: Süss-Oppenheimer-Bibliographie, in: Zeitschrift für Bücherfreunde, Jg. 8, 1904/1905

Heine, Heinrich: Sämtliche Werke in sieben Bänden, Hrsg. v. Ernst Elster, Leipzig, 1893

Hermand, Jost: Judentum und deutsche Kultur. Beispiele einer schmerzhaften Symbiose. Verlag Böhlau, Köln, 1996

Hilscher, Eberhard: Aus biblischer Frühzeit. Zu Fs Roman „Jefta und seine Tochter", in: Der Greifenalmanach zu 1960, Rudolstadt, 1959

Hilscher, Eberhard: Gottes Gegenspieler und Soldat: LFs Roman Jefta und seine Tocher, in: Sternburg, Wilhelm von (Hrsg.): LF: Materialien zu Leben und Werk, Fischer, Frankfurt a.M., 1989, S. 352

Hochwälder, Fritz: Esther, in: Dramen I, Styria Verlag, Zürich, 1975

Hofe, Harold von: LF u. Arnold Zweig. Eine Dichterfreundschaft. Erstveröffentlichung 1989, 1989 by Fischer Tabu-Verlag GmbH, Frankfurt a.M.,

ders.: LF, das Judentum und die Dritte Aufklärung, in: Huder./Knilli, LF ... für die Vernunft

Hoffmann, Gerd: Menschen in der Entscheidung. Über „Die Jüdin von Toledo", in: Aufbau, H. 6/7, 1956, S. 638 ff

Hollstein, Dorothea: Jud Süß und die Deutschen. Antisemit. Vorurteile im nationalsozialist. Spielfilm, Frankfurt/Berlin/Wien, 1983 (= Ullstein Mater.)

ders.: Dreimal Jud Süß: Zeugnisse schmahlichster Barbarei: Hauffs Novelle, Fs Roman und Harlans Film in vergleichender Betrachtung, in: Der Deutschunterricht: Beiträge zu seiner Praxis und wissenschaftlichen Grundlegung, Seelze, 1985

Huder, Walter/Knilli, Friedrich (Hrsg.): LF ... für die Vernunft gegen Dummheit und Gewalt, Berlin, 1985

dies.: Das Literarische und existenzielle Erbe des jüdischen Schriftstellers deutscher Sprache LF. Aufklärung und Herausforderung, 1984

dies.: Über LF, in: Katalog der Ausstellung LF (1884-1958), Akademie der Künste, Berlin, 1969

Humm Sernau, Lola: Erinnerungen an LF, in: Greifenalmanach für 1960, Rudolstadt, 1959

Jahn, Werner: Die Geschichtsauffassung LFs in seiner Josephus-Trilogie, Rudolstadt, 1954

Jaretzky, Reinhold: Lion Feuchtwanger, Rowohlt, Hamburg, 1984

Jelenski, Manfred: Über Frieden und Krieg, in: Berliner Zeitung, 23.06.1956

Jenssen, Christian: Möglichkeiten u. Gefahren des historischen Romans, Rendsburg, 1954

Jeske, Wolfgang/Zahn, Peter: LF oder Der arge Weg der Erkenntnis. Eine Biographie, Metzeler, Stuttgart, 1984

Jespersen, Robert C: Jefta und seine Tochter: The Problem of Credibility, in: Spalek, LF

Jung, C.G: Persönlichkeit und Übertragung, Walter Verlag, Olten und Freiburg 1984

Kahn, Lothar: Exil in Amerika; in: Deutsche Exilliteratur seit 1933, Band I: Kalif, Teil 1, hrsg. v. J. M. Spalek u. J. Strelka, Francke Verlag, Bern, 1976

ders.: LF, in: Spalek, John/Strelka, Joseph (Hrsg.): Deutsche Exilliteratur, Leipzig, 1967

ders.: Insight and Action. The Life of F, Associated University Press, Canbury-London, 1957

ders.: LFs Historical Judaism, Mirrors of the Jewish Mind, South Brunswick and N.Y., 1968

Kaiser, Joachim: Am Rande der Sprache, in: Frankfurter Allgemeine Zeitung, Nr. 290, 14.12.1957

ders: Das Los der Erfolgreichen, Abschied von LF, in: Stuttgarter Zeitung, 23.12.1958

196

Kanzog, Klaus: „Staatspolitisch besondes wertvoll", Edition Film, München, 1994

Kändler, Klaus: Um die Einheit des Volkes, in: Deutsche Literatur, H. 4, 1958

Kantorowicz, Alfred: Anwalt der Wahrheit, in: LF zum 70. Geburtstag, Worte seiner Freunde, Berlin, 1954, S. 29-43

ders.: Die Geächteten der Republik, in: Alte und Neue Aufsätze, hrsg. von A.M. Mytze, Berlin, 1977

ders.: Widerlegung von bösartigen Legenden, in: Deutsches Allgemeines Sonntagsblatt, Nr. 29, 17.07.1978

Kaufmann, Hans/Dahlke, Hans: Krisen und Wandlungen der deutschen Literatur von Wedekind bis Feuchtwanger, Aufbau-Verlag, Berlin und Weimar, 1969

Keilbach, Herta: A Bibliography of LFs Works in English Translation, Diss., Univ. of Southern California, L.A., 1973

Kesselmann, Heidemarie: LFs historischer Roman Jud Süß und seine Lehren für die Geschichte, in: Literatur für Leser, 1979, S. 81-102

Kessler, Harry Graf: Walter Rathenau. Sein Leben und Werk, Fischer Verlag, Frankfurt a.M., 1988

Kircher, Hartmut: Heinrich Heine und das Judentum, Bonn, 1973

Klemperer, Victor: Kunst und Nur-Kunst. LFs Centum Opuscula, in: Neue deutsche Literatur, 5. Jahrg., H. 7, 1957, S. 138 ff

Kleinknecht, Theodor (Hrsg.): Heine in Deutschland. Niemeyer Verlag, Tübingen, 1976

Klussmann, Paul Gerhard: LFs Roman „Jud Süß". Gedichtete Psychologie und prophetischer Mythos der Juden, in: Wolff, LF, S. 94-120

Knilli, Friedrich/Zielinski, Siegfried: LFs Jud Süß und die gleichnamigen Filme von L. Mendes (1924) und V. Harlan (1940), in: Text + Kritik, H. 79/80, S. 99 ff

Knilli, Friedrich/Maurer, Thomas/Radevagen, Thomas/Zielinski, Siegfried: Jud Süss, Filmprotokoll, Programmheft und Einzelanalysen, Verlag Volker Spiess, Berlin, 1983.

Koebner, Thomas: Ein Denkmal für Jud Süß: Anmerkungen zu LFs Roman, in: Sternburg, Wilhelm von (Hrsg.): LF: Materialien zu Leben und Werk, Fischer, Frankfurt a.M., 1989, S. 95-112

Köpke, Wulf: Lion Feuchtwanger, C. H. Beck, München, 1983

ders.: LFs Josephus: Ost und West, in: Sternburg, Wilhelm von (Hrsg): LF: Materialien zu Leben und Werk, Fischer Taschenbuch Verlag, Frankfurt a.M., 1989, S. 134-150

ders.: „Judesein" im Jahre 1933. Selbstbesinnung und die Diskussion um Judentum und Deutschtum, in: Horch, H./Shedletzky, Itta: Deutsch-jüdische Exil- und Emigrationsliteratur im 20. Jahrhundert, Max Niemeyer Verlag, Tübingen, 1993, S. 29-42

ders.: LFs Discovery of Himself in Heinrich Heine, Tübingen, Niemeyer, 1992

Krobb, Florian: „Mach die Augen zu, schöne Sara": Zur Gestaltung der jüdischen Assimilationsproblematik in Heines „Der Rabbi von Bacharach", in: Butler, G.P.G./ Foster, Leonard (Hrsg): German Life and Letters. A Quaterly Review. BD. XLVII, Blackwell Publishers, Oxford, 1994, S.167-181

ders.: Die schöne Jüdin, Niemeyer Verlag, Tübingen, 1993

Krumbholz, Eckart: Lieber F, liebster Zweig; in: Sonntagsblatt, Berlin/DDR, Jg. 38, 28.10.1984

Krupp, Michael: Zionismus und Staat Israel. Ein geschichtlicher Abriß, Gütersloher Verlagshaus, Gütersloh, 1992

Lamm, Hans (Hrsg): Von Juden in München. Ein Gedenkbuch, München, 1958

Landmann, Salcia: Jüdische Weisheit aus drei Jahrtausenden, München, 1987

Landshut-Martin, Peter: Die Romantechnik bei LFs Jefta und seine Tocher, Diss., University of Southern California, Los Angeles, 1967

Larsen, Egon: From „Jew Süss" to „The Jewess of Toledo". Postscript on LF, in: AJR Information, London, 1959, S. 6

Lissauer, Ernst: Das Weib des Jephta, Verlag Oesterheld & Co., Berlin, 1928

Ludwig, Emil: Historie u. Dichtung, Nachdruck aus der Neuen Rundschau, Berlin, 1955

Lühe, Barbara von der: „Der gläubige Skeptiker", LFs zentraler Roman, in: Neue Deutsche Literatur, Nr. 2, 1959

dies.: LFs Roman Jud Süß und die Entwicklung des jüdischen Selbstbewußtseins in Deutschland, in: Wolff, LF, S. 34 ff

Lukacs, Georg: Der historische Roman. Probleme des Realismus III (1937), Neuwied, Berlin, 1965

Luther, Martin: Die Bibel, Cansteinsche Bibel Anstalt, Halle, 1908

Mann, Golo: Erinnerungen und Gedanken. Eine Jugend in Deutschland, Fischer, Frankfurt a.M., 1986

Mann, Heinrich: H. Mann und ein junger Deutscher: Der Sinn dieser Emigration, Europäischer Merkur, Paris, 1934

ders.: Jud Süß. Ein Bühnenstück von LF, in: Berliner Tageblatt, 29.10.17 (auch in LF: Dramen II, Aufbau-Verlag, 1984, S. 672 ff)

ders.: Der Roman, Typ Feuchtwanger, in: Ost und West, H. 6, 1949, S. 13 ff

Mann, Klaus: LF, Talent und Tapferkeit, in: K. Mann, Prüfungen. Schriften z. Literatur, Hrsg. v. Martin Gregor-Dellin, München, 1968, S. 304 ff

Mann, Thomas: Freund F. Zu LFs 70. Geburtstag, in: Die Weltwoche, Zürich, 02.07.1954, Jg. 22, Nr. 1077, S. 5

ders.: Adel des Geistes. Sechzehn Versuche zum Problem der Humanität, Stockholm, 1945

Marcuse, Ludwig: LF, in: Das Neue Tagebuch, 07.07.1934, Jg. 2, Nr. 27

ders.: LF 1884-1958, Hrsg. Regierung der Bundesrepublik Deutschland, Bonn, 1959

Mayer, Hans: LF oder die Folgen des Exils, in: Die Neue Rundschau, Nr. 1, 1965

Mayer-Petuchowsky, Elisabeth: Some Aspects of the Judaic Element the Work of LF. Diss. Univ. of Cincinnati, 1971; später: Petuchowsky, Elizabeth M.: Some Aspects of the Judaic Element in the Work of LF, in: Year Book XXII, Leo Baeck Inst., London, Jerusalem, New York, 1978

Metzler, Georg: Juden raus, in : Die Schaubühne 15, 1919, Nr. 50, S. 685-689

Meyer, C.F.: Der Heilige, Haessel Verlag, Leipzig 1880.

Milfull, John: Geschichte und Auftrag des Judentums bei LF, Literatur und Geschichte 1788-1988, Bern, 1990

Minaty, Wolfgang (Hrsg.): Das Alfred-Döblin-Lesebuch. Walter Verlag, Freiburg im Breisgau, 1985

Modick, Klaus: LF als Produzent. Über die kuriosen, eigentümlichen, ja wunderlichen Methoden des Dr. F, in: Text + Kritik, Nr.79/80, München, 1983

ders.: LF im Kontext der zwanziger Jahre. Autonomie und Sachlichkeit, Scriptor, Königstein, 1981

ders.: Werkbiographie LF, in: Diskussion Deutsch, H. 80, 1984, S. 572 ff

Müller-Funk, W.: Literatur als geschichtliches Argument. Peter D. Lang, Frankfurt a.M. und Bern, 1981

ders.: LF und die Unterträglichkeit einer Epoche, in: Jahrmarkt der Gerechtigkeit, Staufenberg Verlag, Tübingen, 1987

Nagel, Bert: Jud Süß und Strafkolonie. Das Exekutivmotiv bei LF und Franz Kafka, in: Festschrift H. Ehlers zum 65. Geburtstag, Niemeyer-Verlag, Tübingen, 1972

Nyssen, Elke: Die Veränderung des historischen Romans bei den deutschen Emigranten 33-45 unter besonderer Berücksichtigung von H. Mann, Th. Mann, LF u. J. Roth, Diss. Freie Universität, West Berlin, 1994

Ongha, Hamid: Geschichtsphilosophie und Theorie des historischen Romans bei LF, Peter Lang, Frankfurt a.M., 1982

Ottwald, Ernst: Das gute Beispiel (Über Heinrich Manns Der Haß u. LFs Die Geschw. Oppermann), in: Neue Deutsche Blätter, H. 6, Prag, 1934

Oven, Wilfried von: Jud Süß wiederauferstanden. „Literarische Wiedergutmachung" für LF, in: Deutsche National-Zeitung, München, 7.3.1980

Pazi, Margarita: Jud Süß - Geschichte und literarisches Bild, in: Literatur und Kritik (Österreichische Monatsschrift), H. 111, 1977

dies.: Zwei kaum bekannte Jud-Süß-Theaterstücke (P. Kornfeld u. M. Avi-Shaul), in: Huder/Knilli, LF ... für die Vernunft, S. 100 ff

Pischel, Joseph: Lion Feuchtwanger, Röderberg-Verlag, Frankfurt a.M., 1984

ders.: LFs Jud Süß: Lob der Asphaltliteratur. Weimarer Beiträge, in: Zeitschrift für Literaturwissenschaft, Ästhetik und Kulturwissenschaften, Wien, 1983

ders.: Lion Feuchtwanger. Versuch über Leben und Werk. Leipzig, 1976

Poritzky, J.E.: Jud Süß von LF, in: Weltstimmen, H. 5, 1928, S. 161 ff

Rehrmann, Norbert: „Ein sagenhafter Ort der Begegnung". LFs Roman „Die Jüdin von Toledo" im Spiegel von Kulturgeschichte und Literaturwissenschaft, Edition Tranvia, Berlin, 1996.

Reich-Ranicki, Marcel: Ein neues Meisterwerk deutscher Prosa, in: Neue Deutsche Literatur, 4 Jg., H. 3, 1956, S. 134-138

ders.: LF oder Der Weltruhm des Emigranten, in: Durzak, Manfred (Hrsg.): Die Deutsche Exiliteratur 1933-1945, Reclam, Stuttgart, 1973, S.443-456

ders.: LF oder der Weltruhm und seine Folgen, in: Frankfurter Hefte, 28. Jg., 1973, S. 357 ff

Richarz, Monika: Jüdisches Leben in Deutschland, 3 Bde., Stuttgart, 1979

Rindfleisch, Ruth: LFs Josephus-Trilogie. Gestaltungsprobleme und Entwicklungstendenzen beim literarischen Erfassen der Held-Volk-Beziehungen im Roman mit vergangenheitsgeschichtlichem Stoff des deutschen bürgerlichen Realismus von 1932/33-1945, Diss., Greifswald, 1969

200

Rittinghaus, Johanna: Nicht nur Historie (zu Die Jüdin von Toledo), in: Die Buchbesprechung, H. 8, 1956, S. 456 f

dies.: „Jefta und seine Tochter", in: Der Blibliothekar, H. 4, 1958, S. 371 f

Rothmund, Doris: Exilerfahrung und deutsch-jüdisches Selbstverständnis, Peter Lang, Frankfurt a.M., 1990

Scheibe, Elke: Feuchtwangers Judentum, in: Wolff, LF, S. 12 ff

Schneider, Sigrid: Das Ende Weimars im Exilroman. Literarische Strategien zur Vermittlung von Faschismustheorien. Kommunkation und Politik 13, K.G. Saur, München, 1980

Schönberg, Arnold: Pro Zion!, in: Seiden, Rudolf (Hrsg.): Pro Zion! Vornehmlich nichtjüdische Stimmen über die jüdische Renaissancebewegung, Wien, 1924, 2. Folge, S. 33-34.

Schoenberner, Franz: Innenansichten eines Außenseiters, Kreisselmeier, Icking b. München, 1965

Scholz, Günther: Der kann nicht viel taugen, den verstehen wir ja. Neue Bücher über LF und eins aus seinem Nachlaß, in: Süddeutsche Zeitung, 21./22.7.1984

Schröter, Klaus: Der historische Roman, in: Grimm, R./Hermand, J. (Hrsg.): Exil und innere Emigration II, Frankfurt a.M., 1972

Schulz, Eckard: Feuchtwanger als Dramatiker, Felix Bloch Erben, Berlin, 1974

Schwadron, Abraham: Ostjuden, in: Die Schaubühne 13, 1917

Schwerin, Christoph: LF. Jefta und seine Tochter, in: Neue Deutsche Hefte, Jg. 5, Nr. 48, 1958/59, S. 364-366

Sergejewa, N.: Spanische Ballade (zu: Jüdin von Toledo), in: Neue Zeit, Nr. 7, 1956, S. 28 ff

Sernau, Lola: An LFs Schreibmachine. Intimitäten des Diktats, in: Berliner Tageblatt, Nr. 148, 28.3.1929

Sievers, Lea: Juden in Deutschland. Die Geschichte einer 2000jährigen Tragödie, München, 1980 (= Goldmann/Stern Bücher 11510)

Small, William: In Buddhas Footsteps: Fs Jud Süß, Walter Rathenau, and the Path to the Soul, German-Studies-Review, Tempe, AZ, 1989

Skierka, Volker/Jäger, Stefan: Lion Feuchtwanger, Quadriga Verlag, Berlin, 1984

Spalek, J.M. (Hrsg.): LF, The Man - His Ideas - His Work. A Collection of Critical Essays, University of Southern Calif, Hennessey & Ingalls, L.A., 1972, darin eine Biographie von Hilde Waldo und Beiträge von Walter Berendsohn,

Harold von Hofe, Werner Jahn, Uwe Karl Faulhaber, Manfred Keune, Dennis Müller, W.E. Yuill, Wolfgang Berndt, Ulrich Weisstein, Klaus Weissenberger, Lothar Kahn, Hans-Bernhard Möller, Hans Wagener, Robert Jespersen, Cornelius Schnauber, Faithe G. Norris und Joehn Fuegi

Steiner, Carl: Untersuchungen zum historischen Roman der deutschen Emigrantenliteratur nach 1933, Diss., George Washington University, Washington, D.C., 1966

Stephan, Alexander/Hans Wagener (Hrsg.): Schreiben im Exil - Zur Ästhetik der deutschen Exilliteratur, 1933-1945, Bonn, 1985

Stern, Selma: Jud Süß. Ein Beitrag zur deutschen und zur jüdischen Geschichte, Berlin, 1929

Sternburg, Wilhelm von: Ein deutsches Schriftstellerleben. Verlag Athenäum, Königstein/Ts., 1984

ders. (Hrsg.): LF: Materialien zu Leben und Werk, Fischer Verlag, Frankfurt a.M., 1989

Sypherd, Wilbur Owen: Jephtah and his daughter, University of Delaware Press, Newark, N.J., 1948.

Todd, Janet: Preface to Mary Shelley: Matilda, Penguin Classics, London, 1991

Varga, József: Zur weltanschaulichen Entwicklung und Geschichtsauffassung LFs in seinen historischen Romanen nach 1945, Diss. Debrecen, 1971

Vietor-Engländer, Deborah: Wetcheeks Welterfolg. Ein kritischer Forschungsbericht, Fischer Verlag Frankfurt a.M., 1989

Vogt, Hanna: Joch und Krone. Geschichte des jüdischen Volkes vom Exodus bis zur Gründung des Staates Israel, Frankfurt a.M., 1963

Wagener, Hans: LFs Die Jüdin von Toledo, in: Spalek, LF, S. 231 ff

Waldo, Hilde: LF: A Biography (July 7, 1984-December 21, 1958), in: Spalek, LF

Walter, Hans-Albert: Bedrohung und Verfolgung bis 1933, Deutsche Exilliteratur 1933-1950, 2 Bde., Luchterhand, 1972

Wassermann, Jakob: Mein Weg als Deutscher und Jude, Fischer Verlag, Berlin, 1921.

Weiskopf, F.: Hier spricht die deutsche Literatur: Zweijahresbilanz der Verbannten, in: Der Gegen-Angriff, Jg. 3, Nr. 19, 12.05.1935

ders.: Judäa - Dachau - Verdun. Zu einigen neuen Werken der deutschen Emigrationsliteratur, in: Der Gegen-Angriff, Jg. 3, Nr. 5, 1935

Windfuhr, Manfred: Jüdisches Selbstverständis: Beim Wiederlesen von Fs „Rabbi"-Dissertation, Heine-Jahrbuch, Hamburg, 1993

Winston, Richard: F tells a Tale of Old Spain against Islam (zu Jüdin von Toledo), in: Herald Tribune, 22.4.1956

Witznitzer, Manuel: Die Jüdin von Toledo: Fs Rückkehr zur jüdischen Thematik, in: Sternburg, Wilhelm von (Hrsg.): LF: Materialien zu Leben und Werk, Fischer, Frankfurt a.M., 1989, S. 352

Wolf, Arie: LF und das Judentum, in: Bulletin des Leo-Baeck-Instituts, Jerusalem, 1982

Wolff, Rudolf (Hrsg): LF. Werk und Wirkung, Bouvier Verlag, Bonn, 1984

Yuill, W.E: Jud Süß, Anatomy of a Best-Seller, in: Spalek, LF, S. 113 ff

ders.: LF - German Man of Letters, hrsg. v. Alex. Natan III, Oswald Wolff, London, 1964, S. 179-206

Zeyer, René: LFs historischer Roman, Diss., Zürich, 1985.

Zielinski, Siegfried: Jud Süß. Filmprotokoll, Programmheft und Einzelanalysen, Verlag Volker Spiess, Berlin, 1983.

Zimmermann, Manfred: Josef Süß Oppenheimer, ein Finanzmann des 18. Jahrhunderts. Ein Stück Absolutismus und Jesuitengeschichte, Stuttgart, 1874

Zweig, Arnold: Bilanz der deutschen Judenheit, Köln, 1961 (Vorrede aus der Erstausgabe, Paris, Herbst 1933)

ders.: Der Genius des Krieges, in: Die Schaubühne 11, Nr. 16, 1915, S. 368-371

ders.: Fs imaginäres Theater. Essays, Bd. I. Ausgewählte Werke in Einzelausgaben, Bd. XV, Aufbau-Verlag, Berlin, 1959, S. 320-324

ders.: Fs Reifezeit, in: LF zum 70. Geburtstag - Worte seiner Freunde, Rudolstadt, 1954, S. 115 ff

ders.: LF, in: ders.: Juden auf deutscher Bühne, Weltverlag, Berlin, 1928, S. 245-251

ders.: Rede über F, in: Die Weltbühne, 23, Jg., Nr. 30, 1927, S. 140 ff

ders.: LF. Die Arbeitsprobleme des Schriftstellers im Exil, in: Sinn und Form, H. 3, Deutsche Akademie der Künste, Berlin, 1954

Zweig, Stefan: Geschichtsschreibung von Morgen, in: Zeit und Welt. Gesammelte Aufsätze und Vorträge, 1904-1940, Stockholm, 1943

11.3 Werke Lion Feuchtwangers

Werke Lion Feuchtwangers im Erscheinungsjahr und soweit in Deutsch noch unter anderen Bezeichnungen in Buchform erschienen. (Versuch einer vollständigen Auflistung seiner Romane, Dramen, Bearbeitungen, Übersetzungen, Essays, Erzählungen und Uraufführungen.)

1903

Die Einsamen, Zwei Skizzen, Wenn Menschen Götter werden; Und die Schwingen, die Schwingen gebrochen; Erzählungen, Monachia-Verlag, München (Allg. Taschenbibliothek Bd. 4).

1905/06

Kleine Dramen, Zwei Bände, Müller Verlag, München, mit Joel, König Saul, Das Weib des Urias, Der arme Heinrich, Donna Bianca, Die Braut von Korinth; am 25.September 1905 Uraufführung von 2 dieser Einakter als eine Vorstellung des Vereins „Phöbus" im Münchner Volkstheater, König Saul + Prinzessin Hilde (= Donna Bianca); die restlichen 4 Stücke wohl nicht uraufgeführt.

1907

Der Fetisch, Schauspiel in fünf Akten, Gg. Müller Verlag, München und Leipzig; wohl nicht uraufgeführt.

Der Rabbi von Bacherach, Dissertation über Heines Fragment; Hofbuchdruckerei Kastner und Callwey; wie noch im gleichen Jahr bei J. Lindauer, München.

1908

Karneval von Ferrara, Erzählung

1910

Der tönerne Gott, Roman, E.W. Bonsels + Co., München

1911

D`r neij Musikdirigent, Schwank (elsässische Mundart), München; Verlag E.W. Bonsels, München; LF teilweise (W+G) zugeschrieben.

Ein feste Burg ist unser Gott, Bearbeitung des Volkstückes von Arthur Müller, Verlagsbuchhandlung Jos.C. Huber, Diessen, Uraufführung am 30.11.1911 im Volkstheater München.

1912

Tartuff im Reifrock, eine Farce in 5 Bildern; Bearbeitung nach Arthur Müllers „Gute Nacht Hänschen", G. Müller Verlag, München, Uraufführung am 12.10.1912, Altes Theater Leipzig; Regie: Adolf Winds.

1912

Der Kirschgarten, Tragikomödie von A. Tschechow in 4 Aufzügen, Bearbeitung mit Sigfried Aschkinasy, Gg. Müller, München. Uraufführung am 09.11.1917, Kammerspiele, München; Regie: Lion Feuchtwanger.

1915

Julia Farnese, Trauerspiel in 3 Akten, Georg Müller Verlag, München und Berlin. Uraufführung am 10. Januar 1916, Thalia Theater Hamburg; Regie: Hermann Röbeling.

Die Perser des Aischylos, übertragen von Lion Feuchtwanger, zuerst als Bühnenmanuskript im Verlag der Schaubühne, Charlottenburg; später bei Felix Bloch Erben, Berlin, o.J. (Verlagsangabe *1962*); die reguläre Ausgabe erschien *1917* bei Georg Müller, München, Uraufführung am 20. Januar 1917, Schauspielhaus, München; Regie: Eduard Scharrer - Santen.

1916

Pierrots Herrentraum, Pantomime in 5 Bildern, Musik von Adolf Hartmann-Trepka, Drei Masken Verlag, Berlin, Uraufführung am 26.05.1917, Schauspielhaus, München; Regie: Friedrich Peppler.

Vasantasena, Schauspiel in 3 Akten, 7 Bildern, Bearbeitung nach dem indischen „Das irdene Wägelchen", Georg Müller Verlag, München. Als Bühnenmanuskript bei Felix Bloch Erben, Berlin, o.J. (Verlagsangabe *1953*) und in der DDR, Aufbau Bühnen Vertriebs GmbH, *1954*; Uraufführung am 04. März 1916, Großherzogliches Hof- und National-Theater, Mannheim; Regie: Carl Hagemann.

Warren Hastings - Gouverneur von Indien, Schauspiel in 4 Akten und ein Vorspiel, Georg Müller Verlag, München und Berlin, als Bühnenmanuskript beim Drei Masken Verlag, Berlin, 1916; Uraufführung am 23.09.1916, Schauspielhaus, München; Regie: J. Georg Stollberg.

1917

Der König und die Tänzerin, Spiel in 4 Akten, Bearbeitung nach der Indischen Vorlage des Kalidasa „Malavikagnimitra", Georg Müller Verlag, München, Uraufführung am 13. Oktober 1917, Kammerspiele München; Regie: Wolf von Gordon.

Der neue Herodes, ca. 1917, Übersetzung nach Chiarelli, Drei Masken Verlag, München - Berlin. Wohl nicht uraufgeführt.

1918

Friede, Ein burleskes Spiel, Bearbeitung nach den Acharnern und der Eirene des Aristophanes, Georg Müller Verlag, München, copyright 1916; als Bühnenmanuskript beim Drei Masken Verlag, Berlin und bei Bloch Erben Berlin o.J. *(1953)*; Uraufführung erst am 29.12.1954, Hans Otto Theater Potsdam; Regie: Kurt Rabe.

Jud Süß, Schauspiel in drei Akten, Georg Müller Verlag, München Uraufführung am 13.Oktober 1917, Schauspielhaus München; Regie: J. Georg Stollberg.

Appius und Virginia, Trauerspiel in 5 Akten, Bearbeitung nach John Webster, Georg Müller Verlag, München; wohl nicht uraufgeführt.

1919

Die Kriegsgefangenen, Schauspiel in 5 Akten, Georg Müller Verlag, München; 1920 von den Münchner Kammerspielen mehrfach als Uraufführung angekündigt, wurde dann jedoch wegen pazifistischer Tendenzen verboten - wohl nicht uraufgeführt. Als Bühnenmanuskript mit den Titeln „Ein Lied im Sommer", beim Drei Masken Verlag, Berlin, sowie dort auch als „Les prisonniers de querre"; mit diesem Titel auch bei Le journal du Peuble, Paris, als Fortsetzungen vom 20.12.1921 bis 10.01.1922, erschienen.

1920

Thomas Wendt, Dramatischer Roman, Georg Müller Verlag, München, Theaterproben müssen wegen der Revolution in München abgebrochen werden. Als Bühnenmanuskript wohl schon *1919* im Drei Masken Verlag, Berlin; gelegentlich auch als „Thomas Brecht" angekündigt. Uraufführung am 22. November 1924, Theater Bielefeld; Regie: Hans Abrell; auch veröffentlicht als

Neunzehnhundertachtzehn, Querido-Verlag in „Stücke in Prosa" *1938*, diese umgearbeitete Version von Thomas Wendt wurde erstmals in einer sehr verfremdeten Fassung aufgeführt mit dem Titel „Neunzehnhundertachtzehn oder Sklavenkrieg"; Uraufführung am 14.01.1990, Schauspiel Frankfurt, Bockenheimer Depot; Regie: Einar Schleef.

An den Wassern von Babylon, Ein fast heiteres Judenbuch, „Gespräch mit dem Ewigen Juden" Sartirenband München, zusammen mit H. Sinsheimer, F. Cassirer und P. Schlesinger; Georg Müller Verlag, München.

1921

Der Amerikaner oder Die entzauberte Stadt, Eine melancholische Komödie in 4 Akten, Drei Masken Verlag, München, Uraufführung am 08.Dezember 1920, Kammerspiele München; Regie: Otto Falkenberg.

Herr Hannsickes Wiedergeburt, Erzählung

1922

Die Auferstandenen, Bearbeitung nach der ital. Komödie „Die Maske und das Gesicht" von Luigi Chiarelli, als Bühnenmanuskript beim Drei Masken Verlag, Berlin, Uraufführung am 28. Mai 1922 mit dem Titel „Die Furcht vor der Lächerlichkeit" am Schauspielhaus Leipzig; Regie: Robert Pirk.

Der Maler Antonello, ca. 1922, Schauspiel, Drei Masken Verlag, München-Berlin. Wohl nicht uraufgeführt.

1923

Der holländische Kaufmann, Schauspiel in 3 Akten, Drei Masken Verlag, München, Uraufführung am 05. Januar 1923, Residenz Theater München; Regie: Kurt Stiehler.

Die häßliche Herzogin, Roman, Wegweiser Verlag, Berlin; Buchclubausgabe; als reguläre Ausgabe erst *1926* erschienen mit dem Titel *Die häßliche Herzogin Margarete Maultasch*, Kiepenheuer, Potsdam.

Der Frauenverkäufer, Stück in 3 Akten, Bearbeitung nach Calderon; Drei Masken Verlag, München-Berlin; als Bühnenmanuskripte Felix Bloch Erben,o.J. (Verlagsangabe *1952*) wie auch mit dem Titel (nur neu hinzugefügtes Titelblatt)

Frauenverkäufer, Drei Masken Verlag, Berlin, *1923*, Uraufführung am 24. März 1922, Kammerspiele München; Regie: Rudolf Frank.

1924

Leben Eduards II. von England, Theaterstück nach Marlowe, geschrieben zusammen mit Bert Brecht, aber nur unter dessen Namen veröffentlicht; Kiepenheuer Verlag, Potsdam. Uraufführung am 18.03.1924, Kammerspiele München; Regie: Bert Brecht.

Vasantasena, veränderte Ausgabe von 1916, Drei Masken Verlag, München.

1925

Jud Süß, Roman, Drei Masken Verlag, München.

Hill, Komödie in vier Akten; Drei Masken Verlag, Berlin.

Nachsaison, Erzählung

1926

Panzerkreuzer Potemkin, Erzählung

Stierkampf, Erzählung

Polfahrt, Erzählung

1927

Die drei angelsächsischen Stücke, Propylaen Verlag, Berlin, darin

Kalkutta 4. Mai, 3 Akte Kolonialgeschichte, ehemals Warren Hastings, von LF als die Fassung für die Gesamtausgabe bestimmt, Bearbeitung zusammen mit B. Brecht; als Bühnenmanuskript schon *1925*, Drei Masken Verlag, Berlin, und *1949* Aufbau Bühnen Vertriebs GmbH, Berlin sowie Bloch Erben, Berlin, o.J. (*ca. 1950*); Uraufführungen gleichzeitig am 12.11.1927 am Ostpreußischen Landestheater von Königsberg; Regie: Richard Werkhäuser. Und am Stadttheater Krefeld; Regie: Ernst Martin.

Die Petroleum-Inseln, Stück in drei Akten; als Bühnenmanuskript Felix Bloch Erben, Berlin, o.J. (Verlagsangabe *1953*); Uraufführung am 31. Oktober 1927 am Deutschen Schauspielhaus Hamburg; Regie: Erich Ziegel.

Wird Hill amnestiert? Komödie, 4 Akte, Uraufführung am 24.04.1930, Staatlichen Schauspielhaus Berlin; Regie: Leopold Jessners.

208

Marianne in Indien, Erzählung

Im Dickicht der Städte, Schauspiel, Bearbeitung mit B. Brecht von dessen Stück „Im Dickicht", nur unter Bert Brecht veröffentlicht, Propylaen Verlag, Berlin; Uraufführung dieser Version am 10.12.1927, Hess. Landestheater Darmstadt; Regie: Carl Ebert.

1928

PEP, J.L. Wetcheeks amerikanisches Liederbuch, Lyrik, illustriert von Caspar Neher, erschienen wöchentlich im Feuilleton des Berliner Tageblattes 1924/1925, anonym unter J.L. Wetcheeks, als „Die Balladen von Herrn B.W. Smith". Zusammenfassung Gustav Kiepenheuer Verlag, Potsdam.

1929

Polfahrt, Erzählung

Höhenflugrecord, Erzählung

Geschichte des Gehirnphysiologen Dr. BL., Erzählung

1930

Erfolg, Drei Jahre Geschichte einer Provinz, Roman, (Wartesaal-Trilogie I) Gustav Kiepenheuer Verlag, Berlin.

Das blaue Hemd von Ithaka, Erzählung, Kiepenheuer, Berlin. (Eine Version mit Musik von E. Römer, die zweiter Version nur als Text).

Francis Bacon, Versuch einer Kurzbiographie, Berliner Illustrierte.

1932

Der jüdische Krieg, Roman, (Josephus Trilogie I) Propyläen Verlag, Berlin; vorher als Fragment mit dem Titel,

Der Jude von Rom wie im Jahr *1932* auch als

Josephus, bei The Viking Press, N.Y. und bei Secker, London.

1933

Die Geschwister Oppenheim, Roman (Wartesaal Trilogie II) Querido Verlag, Amsterdam, Gesammelte Werke, Bd. 5, im gleichen Jahr als

The Oppermanns, Martin Secker, London, und erstmals in Deutschland unter dem Titel

Die Geschwister Oppermann, Greifenverlag Rudolstadt, *1948*.

Nationalismus und Judentum in: „Die Aufgabe des Judentums", Essay zusammen mit A. Zweig. Die Streitschriften des Europ. Merkur, Bd. Nr. 1, Paris.

1933

Gegen die Phrase vom jüdischen Schädling, Amboss, Prag, mit Max Brod, A. Holitscher, Heinrich Mann u.a.

1934

Marianne in Indien, und sieben andere Erzählungen, Verlag Europäischer Merkur, Paris, und wohl 1934/35 bei Hutchinson und bei Secker, London, unter

Little tales, jeweils mit den Titeln, Höhenflugrekord, Stierkampf, Nachsaison, Herr Hannsickes Wiedergeburt, Panzerkreuzer Orlow, Geschichte des Gehirnphysiologen Dr. BL.

1935

Die Söhne, Roman (Josephus Trilogie II), Querido Verlag, Amsterdam, Gesammelte Werke, Bd. 4, wie im gleichen Jahr als

The jew of Rome, Secker, London.

Vom Sinn und Unsinn des historischen Romans, Essay, Internationale Literatur, Heft 9/1935.

Neros Tod, Erzählung

1936

Der falsche Nero, Roman, Querido Verlag, Amsterdam, Gesammelte Werke, Bd. 9.

Stücke in Prosa, Querido Verlag, Amsterdam, Gesammelte Werke, Bd. 11, mit den Titeln - Kalkutta 4. Mai, Der Holländische Kaufmann (leicht umgearbeitet), Die Kriegsgefangenen (umgearbeitet), 1918 (wesentlich umgearbeitet), Die Petroleuminseln (wesentlich umgearbeitet).

1937

Moskau 1937, Ein Reisebericht für meine Freunde, Querido Verlag, Amsterdam, und im gleichen Jahr mit dem Titel

Moscow 1937, bei Victor Gollancz, London, und bei The Viking Press, N.Y.

Emigranten, Fragment, 71 Schreibmaschinenseiten. Stück über das Schicksal deutscher Emigranten in Paris, zum Teil eingearbeitet in das Buch Exil, geschrieben für das Moskauer Wachtangow Theater, wohl nie in Druck gegangen und uraufgeführt.

1939

Zwei Erzählungen, Moskau, Verlag Meshdunarodnaja kniga - mit Nachsaison + Marianne in Indien.

1940

Exil, Roman, (Wartesaal-Trilogie III) Querido Verlag Amsterdam, Gesammelte Werke, Bd. 8, wie auch im gleichen Jahr mit dem Titel

Paris Gazette, Hutchinson, London und The Viking Press, N.Y.

Wollstein, Erzählung

Eine Wette, Erzählung

Der Kellner Antonio, Erzählung

1941

The Devil in France, The Viking Press, New York, und mit dem Titel

Unholdes Frankreich, Meine Erlebnisse unter der Regierung Petain, Mexico, Verlag El Libro Libre, *1942,* und als

Der Teufel in Frankreich, Greifenverlag, Rudolstadt, *1954.*

1942

Josephus and the Emperor, Roman (Josephus Trilogie III) The Viking Press, N.Y., wie auch im gleichen Jahr als

The day will come, Hutchinson & Co., London, und als

Der Tag wird kommen, Bermann-Fischer Verlag, Stockholm, *1945,* wie auch mit dem Titel

Das gelobte Land, als Band 3 der Romantrilogie „Josephus", Greifenverlag, Rudolstadt, Ausgabe *1954*.

Der treue Peter, Erzählung

Die Lügentante, Erzählung

Das Haus am grünen Weg, Erzählung

Venedig/Texas, Erzählung

1943

Double, double toil and trouble, von The Viking Press, N.Y., und als

The Lautensack brothers, Hamish Hamilton, London, im Jahr *1944*, dann bei H. Hamilton in Deutsch als

Die Brüder Lautensack, auch mit dem ursprünglichen Entwicklungstitel, „Die Zauberer", als Typoskript existent; Greifenverlag Rudolstadt, *1956*.

1944

Simone, Roman, in Englisch bei The Viking Press, New York u. Hamish Hamilton, London; 1944 in Deutsch gedruckt, Neuer Verlag, Stockholm. Wohl aber erst 1945 ausgeliefert.

1945

Stories from far and near, The Viking Press, New York; als

Venedig (Texas), und vierzehn weitere Erzählungen, Aurora Verlag, N.Y., *1946;* enthaltend: Das Haus am grünen Weg, Geschichte des Gehirnpysiologen Dr. BL., Der treue Peter, Herrn Hannsickes Wiedergeburt, Die Lügentante, Eine Wette, Der Kellner Antonio, Neros Tod, Marianne in Indien, Stierkampf, Wollstein, Nachsaison, Polfahrt, Panzerkreuzer Potemkin.

1947/48

Waffen für Amerika, Querido Verlag, Amsterdam; 1. Band 1947, 2. Band 1948, innerhalb der Gesammelten Werke, Bd. 17 + 18, und ohne erkennbaren Hintergrund - jeweils zeitgleich - ebenfalls dort als Gesammelte Werke, Bd.17 + 18; als Bühnenmanuskript mit gleichem Titel bei Bloch Erben, Berlin, *1950*.

Die Füchse im Weinberg, diese Doppelbände erschienen dann *1948* als

Proud destiny, The Viking Press, N.Y. und bei Hutchinson International Authors, London, jeweils in einem Band verkürzt zusammengefaßt, vom gleichen Übersetzer, Moray Firth, aber textlich voneinander abweichend.

1948

Wahn oder Der Teufel in Boston, Stück in drei Akten, Pazifische Presse, Los Angeles, 1948; als Bühnenmanuskript, Aufbau Bühnen Vertrieb, Berlin, *1949*, und Felix Bloch Erben, Berlin, o.J. (Verlagsangabe *1954*); Uraufführung am 15. März 1949 im Kleinen Theater am Zoo, Frankfurt/Main; Regie: Fred Schroer.

Odysseus and the Swine and other Stories, Hutchinson International Authors, London, oder als

Odysseus und die Schweine und 12 andere Erzählungen, Aufbau Verlag, Berlin, *1950*, mit Das Haus am grünen Weg, Wollstein, Der treue Peter, Nachsaison, Herr Hansickes Wiedergeburt, Polfahrt, Die Lügentante, Panzerkreuzer Potemkin, Neros Tod, Venedig (Texas), Marianne in Indien, Stierkampf.

1949

Lion Feuchtwanger, Auswahl aus seinen Werken zum 65. Geburtstag, Greifenverlag, Rudolstadt.

1951

Goya oder Der arge Weg der Erkenntnis, Roman, Neuer Verlag, Frankfurt und Stockholm, und im gleichen Jahr auch mit dem Titel

This is the hour, Viking Press, N.Y.

1952

Narrenweisheit oder Tod und Verklärung des Jean-Jacques Rousseau, als Fragment (2 von 5 Teilen, 293 S.) bei Pazifische Presse, Los Angeles, wie erstmals komplette bei Frankfurter Verlagsanstalt, Frankfurt/Main.

1953

Panzerkreuzer Potemkin und 4 andere Erzählungen, Reclam, Leipzig; ausgewählt von Hans Marquart mit, Das Haus am grünen Weg, Der treue Peter, Neros Tod, Marianne in Indien.

1954

Stücke in Versen, Greifenverlag, Rudolstadt, mit Vasantasena, Die Perser des Aischylos, Friede.

Die Jüdin von Toledo, Roman, als Fragment (1 von 3 Teilen, 203 Seiten) bei Pazific Palisades L.A.; *1955* vollständig bei Aufbau Verlag, Berlin, und als

Die spanische Ballade, bei Rowohlt Verlag, Hamburg; und Europäischer Buchclub, Stuttgart, *1955*.

1956

Centum Opuscula, Greifenverlag, Rudolstadt, eine Auswahl herausgegeben von Wolfgang Berndt, oder auch mit dem Titel

Ein Buch nur für meine Freunde, Fischer, Frankfurt, *1984*,

Die Witwe Capet, Stück in drei Akten, Greifenverlag, Rudolstadt, als <u>Bühnenmanuskript</u>. o.J.(nach Verlagsangabe schon *1953*), Felix Bloch Erben, Berlin, und in der DDR im Henschelverlag, Berlin *1962*, als Uraufführung am 05. September 1956, Staatstheater Dresden; Regie: Hannes Fischer.

1957

Die Gesichte der Simone Machard, oder auch mit dem Titel „Die heilige Johanna von Vitry" angekündigt; geschrieben mit Bert Brecht, nur unter dessen Namen veröffentlicht; geschrieben schon 1941 bis 1943; als <u>Bühnenmanuskript</u> bei Suhrkamp Verlag, Frankfurt, Uraufführung am 08. März 1927, Städtische Bühnen Frankfurt; Regie: Harry Buckwitz.

Jefta und seine Tochter, Roman, Rowohlt Verlag, Hamburg + Aufbau Verlag, Berlin.

1958

Stücke in Prosa, erweiterte Ausgabe von 1936, Greifenverlag, Rudolstadt, mit Kalkutta 4. Mai, Der Holländische Kaufmann, Die Kriegsgefangenen, 1918, Die Petroleuminseln, Wahn oder der Teufel in Boston.

1960

Waffen für Amerika, Szenenfolge in 2 Akten, 6 Bildern; <u>Bühnenmanuskript</u> Henschelverlag, Berlin, später dann in Dramen II, Aufbauverlag, Berlin

1984; Uraufführung unter dem Titel „Die Füchse im Weinberg" am 19.10.1962, Stadttheater Zwickau; Regie: Wolfgang Wischnewski.

1961

Das Haus der Desdemona oder Größe und Grenzen historischer Dichtung, ein Fragment aus dem Nachlaß L.F. mit Unterstützung von Martha F. und Hilde Waldo, hrsg. F. Zschech, Greifenverlag, Rudolstadt.

1976

Altindische Schauspiele, Reclam, Leipzig mit „Vasantasena" (Mischung aus Buch wie Bühnenmanuskript) und „Der König und die Tänzerin".

1984

Dramen, Zusammenfassung, 2 Bände, Aufbauverlag, Berlin, mit

I	II
Die Perser des Aischylos	Der Frauenverkäufer
Vasantasena	Der Holländische Kaufmann
Der König und die Tänzerin	Wird Hill amnestiert
Friede	Kalkutta 4. Mai
Jud Süß	Die Petroleuminseln
Appia und Virginia	Waffen für Amerika
Die Kriegsgefangenen	Wahn oder der Teufel in Boston
Neunzehnhundertachtzehn	Die Witwe Capet

Gesamtausgaben

Querido, Amsterdam, 10 Bände, 1933 ff

1 Die häßliche Herzogin
2 Jud Süß
3 Der jüdische Krieg
4 Die Söhne
5 Die Geschwister Oppermann
6 Erfolg
8 Der Wartesaal, Exil
9 Der falsche Nero
11 Stücke in Prosa
17/18 Waffen für Amerika + parallel als Die Füchse im Weinberg

Aufbau-Verlag, Berlin, 16 Bände, 1959 ff

1 Die häßliche Herzogin + Jud Süß   9 Die Jüdin von Toledo und Jefta...
2 Der jüdische Krieg   10 Erfolg
3 Die Söhne   11 Geschwister Oppermann
4 Der Tag wird kommen   12 Exil
5 Der falsche Nero   13 Die Brüder Lautensack, Simone
6 Die Füchse im Weinberg   14 PEP, Erzählungen
7 Goya oder der ...   15 Dramen I
8 Narrenweisheit oder ...   16 Dramen II

Lion Feuchtwanger als Herausgeber

Der Spiegel, Blätter für Literatur, Musik und Bühne, 15 Nummern, München
(April bis Oktober 1908, Spiegel Verlag, München)

Das Wort, Literarische Monatszeitschrift, zusammen mit B. Brecht u. Willy
Bredel, 1936 - 1939, 6 Ausgaben 1936, 12 Ausgaben in 11 Bänden 1937, 12
Ausgaben 1938 und 3 Ausgaben 1939; einschließlich 6/38 im Verlag Jourgaz
Moskau, dann Meshdunarodnaja Kniga, Moskau; danach aufgegangen in der
Zeitschrift Internationale Literatur, Deutsche Blätter, Verlag für schöne Lite-
ratur, Moskau.